大圣皇帝 /WUZETIAN/
武则天

郭艳红◎编著

辽海出版社

图书在版编目(CIP)数据

大圣皇帝武则天 / 郭艳红编著. —沈阳：辽海出版社, 2017.6
ISBN 978-7-5451-4099-6

Ⅰ.①大… Ⅱ.①郭… Ⅲ.①武则天(624-705)-传记 Ⅳ.①K827=421

中国版本图书馆 CIP 数据核字(2017)第 136771 号

责任编辑：孙德军
封面设计：李　奎

出版者：辽海出版社
　地　址：沈阳市和平区十一纬路 25 号
　邮　编：110003
　电　话：024-23284381
　E-mail：dszbs@mail.lnpgc.com.cn
　http://www.lhph.com.cn
印刷者：北京一鑫印务有限责任公司
发行者：辽海出版社

幅面尺寸：155mm×220mm
印　张：14
字　数：218 千字

出版时间：2017 年 7 月第 1 版
印刷时间：2017 年 8 月第 1 次印刷
定　价：29.80 元

《世界名人传记文库》编委会

主　编	游　峰	姜忠喆	蔡　励	竭宝峰	陈　宁	崔庆鹤
副主编	闫佰新	季立政	单成繁	焦明宇	李　鸿	杜婧舟
编　委	蒋益华	刘利波	宋庆松	许礼厚	匡章武	高　原
	袁伟东	夏宇波	朱　健	曹小平	黄思尧	李成伟
	魏　杰	冯　林	王胜利	兰　天	王自和	王　珑
	谭　松	马云展	韩天骄	王志强	王子霖	毕建坤
	韩　刚	刘　舫	宫晓东	陈　枫	华玉柱	崔　武
	王世清	赵国彬	陈　浩	芝　羿	姜钰茜	全崇聚
	李　侠	宋长津	汪　裴	张家瑞	李　娟	拉巴平措
	宋连鸿	王国成	刘洪涛	安维军	孙成芳	王　震
	唐　飞	李　雪	周丹蕾	郭　明	王毓刚	卢　瑶
	宋　垣	杨　坤	赖晖林	刘小慈	张家瑞	韩　兆
	陈晓辉	鲍　慧	魏　强	付　丽	尹　丛	徐　聪
	主勇刚	傅思国	韩军征	张　铧	张兴亚	周新全
	吴建荣	张　勇	李沁奇	姜秀云	姜德山	姜云超
	姜　忠	姜商波	姜维才	姜耀东	朱明刚	刘绪利

	冯　鹤	冯致远	胡元斌	王金锋	李丹丹	李姗姗
	李　奎	李　勇	方士华	方士娟	刘干才	魏光朴
	曾　朝	叶浦芳	马　蓓	杨玲玲	吴静娜	边艳艳
	德海燕	高凤东	马　良	文　夫	华　斌	梅昌娅
	朱志钢	刘文英	肖云太	谢登华	文海模	文杰林
	王　龙	王明哲	王海林	台运真	李正平	江　鹏
	郭艳红	高立来	冯化志	冯化太	危金发	仇　双
	周建强	陈丽华	叶乃章	何水明	廖新亮	孙常福
	李丽红	尹丽华	刘　军	熊　伟	张胜利	周宝良
	高延峰	杨新誉	张　林	魏　威	王　嘉	陈　明
总编辑	马康强	张广玲	刘　斌	周兴艳	段欣宇	张兰爽

总　序

　　我们每个人心中都有自己崇拜的名人。这样可以增强我们的自信心和自我认同感，有益于人格的健康发展。名人活在我们的心里，尽管他们生活在不同的时代、不同的国度、说着不同的语言，却伴随着我们的精神世界，遥远而又亲近。

　　名人是充满力量的榜样，特别是当我们平庸或颓废时，他们的言行就像一触即发的火药，每一次炸响都会让我们卑微的灵魂在粉碎中重生。

　　名人带给我们更多的是狂喜。当我们迷惘或无助时，他们的高贵品格就如同飘动在高处的旗帜，每次招展都会令我们幡然醒悟，从而畅快淋漓地感受生命的真谛。只要我们把他们视为精神引领者和行为楷模，就会不由自主地追随他们，并深刻感受到精神的强烈震撼。

　　当我们用最诚挚的心灵和热情追随名人的足迹，就是选择了一个自我提升的最佳途径，并将提升的空间拓展开来。追随意味着发现，发现名人的博大精深，发现时代赋予我们的使命，发现最真实的自我；追随意味着提升，置身于名人精神的荫蔽之下，我们就像藤蔓一般沿着名人硕大粗壮的树干攀援上升，这将极大地缩短我们在黑暗中探索的时间，从而踏上光明的坦途。

不要说这是个崇尚独立思考的年代，如果我们缺乏敬畏精神，那么只能让个性与自由的理念艰难地生长；不要说这是个无法造就伟人的年代，生命价值并不在于平凡或伟大。如果在名人的引领下，读懂平凡世界中属于自己的那本书，就能够成为最好的自己。

名人从芸芸众生中脱颖而出，自有许多特别之处。我们追溯名人成长的历程，虽然每位人物的成长背景都各不相同，但或多或少都具有影响他们人生的重要事件，成为他们人生发展的重要契机，并获得人生的成功。

名人有成功的契机，但他们并非完全靠幸运和机会。机遇只给有准备的人，这是永远的真理。因此，我们不要抱怨没有幸运和机遇，不要怨天尤人，我们要做好思想准备，开始人生的真正行动。这样，才会获得人生的灵感和成功的契机。

我们说的名人当然是指对世界和人类做出突出贡献的伟大人物，他们包括著名的政治家、军事家、发明家、文学家、艺术家、思想家、哲学家、企业家等。滚滚历史长河，阵阵涛声如号，是他们，屹立潮头，掀起时代前进的浪花，浓墨重彩地描绘着人类的文明和无限的未来，不断开创着辉煌的新境界和新梦想，带领我们走向美好的明天。

政治家是指那些在长期政治实践中涌现出来的具有一定政治远见和政治才干、掌握权力，并对社会发展起着重大影响作用的领导人物。军事家是指对军事活动实施正确指引或是擅长具体负责军事行动实施的人，一般包括战略军事家和战术军事家。

政治家、军事家大多充满了文韬武略，能够运筹帷幄，曾经叱咤风云，纵横天地，创造着世界，书写着历史，不断谱写着人类的辉煌篇章，为人们留下了许多宝贵的精神财富和物质财富。

科学发明家是指专门从事科学研究和发明，并做出了杰出贡献的人士。他们从事着探索未知、发现真相、追求真理、改造世界和造福人类的大学问。他们都有献身、求实、严谨和持之以恒的精神，都具有一颗好奇心。从好奇心出发，他们希望探知事物规律，具有希望看到事物本质一面的强烈意识与探索激情。还有就是他们都有恒心，他们在科学研究中不断努力，努力，再努力，锲而不舍，具有永不止步的追求精神。

文学家是指以创作文学作品为自己主要工作的知名人士和学者等。其中，诗人是指诗歌的创作者，小说家指小说创作者，散文家指散文创作者，而文学家则是指在诗歌、小说、散文、戏剧等各种文学体裁领域均取得一定成就的创作者，他们是人类精神财富的创造者。

艺术家是指具有较高审美能力和娴熟创作技巧并从事艺术创作劳动而具有一定成就的艺术工作者。进行艺术作品创作活动的人士，通常指在绘画、表演、雕塑、音乐、书法及舞蹈等艺术领域具有比较高的成就，并具有了一定美学造诣的人。他们是生活中美的发现者和创造者，极大地丰富着我们的生活。

哲学家、思想家是指对客观现实的认识具有独创见解并能自成体系的人士。思想主要是用言语和符号来表达的，而致力于研究思想并且形成思想体系的人就是哲学家、思想家。他们用独到的思想解决生活中遇到的问题，且在此过程中逐渐认识自我与宇宙，以此解决人们思想认识上矛盾迷惑的问题。他们是我们人类灵魂的工程师，塑造着我们的人格，探讨所有人类重要的问题和观念，并创造出一种思考和思想的能力，闪烁着智慧的光芒，照耀着人类前进的步伐，推动着人类思想和精神不断升华，使人类不断摆脱低级状态，不断走向更高境界。人是有思想和精神的高级动物，因此，哲学家和思想家是人类不可或缺的，是我们人类的伟大导师。

企业管理家是最直接创造财富的人。他们创造物质财富，推动社会不断进步，使得人们更加幸福。财富虽然只是一个象征，但它与人们的生活、国家的发展、民族的强盛等息息相关。企业家也创造巨大的精神财富，他们在追求财富过程中所表现出来的创新、冒险、合作、敬业、学习、执著、诚信和服务等精神，是我们每一个人学习的榜样。

我们追踪这些名人成长发展过程中的主要事件，就会发现他们在做好准备进行人生不懈追求的进程中，能够从日常司空见惯的普通小事上，碰撞出思想的火花，化渺小为伟大，化平凡为神奇，从而获得灵感和启发，获得伟大的精神力量，并进行持久的人生追求，去争取获得巨大的成功。

影响名人成长的事件虽然不一样，但他们在一生之中所表现出来的辛勤奋斗和顽强拼搏的精神，则大同小异。正如爱迪生所说："伟大人物最明显的标志，就是他们拥有坚强的意志，不管环境怎样变化，他们的初衷与希望永远不会有丝毫的改变，他们永远会克服一切障碍，达到他们期望的目的。"

爱默生说："所有伟大人物都是从艰苦中脱颖而出的。"因此，伟大人物的成长也具有其平凡性。正如日本著名歌人吉田兼好所说："天下所有伟大人物，起初都是很幼稚且有严重缺点的，但他们遵守规则，重视规律，不自以为是，因此才成为名家并进而获得人们的崇敬。"所以，名人成长也具有其非凡之处，这才是我们应该学习的地方。

英国著名哲学家培根说："用伟大人物的事迹激励青少年，远胜于一切教育。"为此，本套作品荟萃了古今中外各行各业最具有代表性的名人，阅读这些名人的成长故事，探知他们的人生追求，感悟他们的思想力量，会使我们从中受到启迪和教育，让我们更好地把握人生的关键，让我们的人生更加精彩，生命更有意义。

简 介

武则天（624～705）本名武照，称帝后改为武曌。初唐并州文水人。初唐时期的皇帝、政治家和诗人。她是中国历史上唯一的正统女皇帝，也是即位年龄最大、寿命最长的皇帝之一。她于公元655年被唐高宗李治立为皇后，开始参与朝政，唐高宗驾崩后，她于公元690年自立为皇帝，定都洛阳，改称神都，建立武周王朝，国号大"周"。

武则天14岁时被唐太宗召入宫，后在太宗驾崩后入感业寺为尼。李治即位后，复召她入宫，拜昭仪，进号宸妃。永徽六年，李治立武则天为皇后。武则天聪明过人，兼涉文史，在656至661年末起，她趁高宗体弱多病之机，开始处理朝政，威势日重。

上元元年，高宗称"天皇"，武后称"天后"，宫中称为"二圣"。武则天成为皇后以后，把反对她做皇后的人都贬到边疆，把他们赶出了政治舞台。弘道元年，高宗去世，中宗李显即位，武则天临朝称制。嗣圣元年，武则天废中宗为庐陵王，立睿宗李旦，继续临朝称制。后武则天于天授元年称帝，国号周，自以"曌"字为名。并废睿宗为皇嗣，改东都洛阳为神都。

武则天对教育十分重视，她发展科举，重用寒门子弟。她任用了很多贤臣来治理天下，在历史上以知人善任著称。她善于用人还体现在用人制度的改革和创新上，她改革科举，提高进士科的地位。举行殿试，开创武举、自举、试官等多种制度，选拔了一大批贤才，如狄仁杰、李昭德、姚崇、宋璟及张柬之等人，让大批出身寒门的子弟有一展才华的机会。

在经济方面，高宗在位时，武则天曾上疏建言十二事，其中有劝农桑、薄赋敛等进步主张，高宗应允，促进了农业的发展。武则天掌权后,加强了对地主官吏的监察。对于土地兼并和逃亡农民,采取比较宽容政策。因此,她当政时期,社会相当安定,农业、手工业和商业都长期很稳定,极大促进了经济的快速发展。

在军事上,由于武则天称帝前后诛杀了许多能征惯战的将帅,加之均田制的瓦解,导致兵将匮乏,国防较弱,使得当时对外战争频频失利。但随着政治的稳定,武则天逐渐挽回了颓势。在东北,发生了营州之乱,契丹也不断崛起,武则天多次派兵讨伐,损兵折将,最后在突厥帮助下得以平定。武则天感到西域辽阔,不易管辖,便在长安二年重新规划了天山以北地区,另置北庭都护府,治理庭州。安西四镇被吐蕃占领后,长寿元年,她派遣王孝杰等大破吐蕃,恢复了四镇。

武则天非常重视著述,召集学士先后撰成《玄览》《古今内范》《青宫纪要》《少阳政范》《维城典训》《紫枢要录》《凤楼新诫》《孝子传》《列女传》《内范要略》、《乐书要录》《百寮新诫》《兆人本业》、《臣轨》等书。她另有《垂拱集》《金轮集》等著述。

在武则天主政期间,国家政策稳定、兵略妥善、文化复兴、百姓富裕,社会经济发展很快,国库丰盈、国家欣欣向荣,故有"贞观遗风"的美誉,也为其孙唐玄宗在鼎盛时期的开元盛世奠定了基础,对历史做出了巨大的贡献。

神龙元年,就是公元705年,武则天病重,宰相张柬之等人趁机发动兵变,迫使武则天让位与李显,这次兵变史称神龙革命。武则天在禅位后,于公元705年辞世,时年82岁。唐中宗恢复唐朝后,上尊号武则天为"则天大圣皇帝",后遵武氏遗命改称"则天大圣皇后",并以皇后身份入葬乾陵。唐玄宗开元四年,改谥号为则天皇后。天宝八年,加谥则天顺圣皇后。

目 录

武氏普通家世 …………………………… 001
武家女儿成长 …………………………… 005
初入宫廷日子 …………………………… 008
宫中深不得宠 …………………………… 011
争夺太子风云 …………………………… 014
含泪入尼姑庵 …………………………… 019
带心愿返皇宫 …………………………… 027
勇夺皇后之位 …………………………… 031
后宫易主风云 …………………………… 043
努力经营权位 …………………………… 054
开始垂帘听政 …………………………… 059
朝中摄政伊始 …………………………… 068
稳定朝中大局 …………………………… 072
接连废掉太子 …………………………… 085
平定扬州叛乱 …………………………… 090
清除宰相裴炎 …………………………… 094
平定诸王叛乱 …………………………… 097
武后登基称帝 …………………………… 103
改变为政举措 …………………………… 105
用奇才狄仁杰 …………………………… 113
用名将娄师德 …………………………… 118

用奇人裴行俭…………………………………… 123
用姚崇为宰相…………………………………… 130
用大将郭元振…………………………………… 137
诛杀残忍酷吏…………………………………… 143
神龙政变爆发…………………………………… 159
爱女太平公主…………………………………… 174
悍女安乐公主…………………………………… 180
欣赏上官婉儿…………………………………… 185
晚年愈爱荣华…………………………………… 191
阻断皇嗣之争…………………………………… 193
女皇驾鹤归西…………………………………… 201
附：武则天大事年表…………………………… 209

武氏普通家世

那是在唐王朝的武德七年，就是公元624年，在并州的文水，就是后来的山西文水，有一个武氏家族出生了一个女子。传说，这个女子在出生时与其他婴儿的啼哭声不同，她是笑着来到人世间的。因为这个女孩子排行老二，父母就给她取了一个小名叫"二囡"。

随着二囡的不断长大，她千娇百媚的柔弱外表下，却隐藏着异于常人的刚毅性格，表现出非同一般的男子性格特点。但是，她的父母一点都没有觉得奇怪。

武氏家族祖祖辈辈都不是小户人家，当然也不是十分显赫的门庭。二囡的父亲叫武士彟，武士彟先祖曾居住在安徽宿县。

六代祖名洽，是魏国的平北将军，曾封为晋阳公，因此迁徙到了文水。五代祖名神龟，曾当过国子祭酒。高祖名克己，官至本州大中正、越王长史。曾祖名居常，曾任北齐镇远将军。祖父名俭，曾任后周永昌王咨议参军。武士彟父亲名华，曾任隋东郡丞，是管理工程和水利之类的官员，不是什么显耀的职位。

到了武士彟这一代，就只能以经商为主，主要经营木材，他也就是一个庶族子弟。因此，二囡出生在一个并不显赫，但也绝不贫穷的家庭中。

二囡的家族因为祖辈都是作官的，所以在当地也有些名望。她的父亲武士彟排行老四，有3个哥哥，3个哥哥都是踏实本分的农民。可是，这个四弟却有着一些野心与抱负。武士彟想换一种方式生活，于是他决定经商。当时正是隋炀帝大兴土木的时期，武士彟看到有利可图，便做了木材商人。

这时，正是隋炀帝统治时期。隋炀帝好大喜功，喜欢大搞基本建设,到处修建离宫别馆。特别是他修建东都洛阳,对建筑木材的需求量特别大。武士彟是个精明的人,他看准了这个商机,便开始做起了长途贩运木材的生意,并借此发了家,可以说是一夜暴富。

在那时,富有家庭并不一定就拥有尊贵的地位。人们根据所从事的行业被分成4个等级,分别是士、农、工和商,而商人是最低下的阶层。因为,人们都认为商人是靠着投机取巧过生活的,是没有道义和责任感的,所以商人在那个时候是绝对受到歧视的。

尤其是在魏晋南北朝时期,商人出门都不能骑马,不可坐车,穿鞋时两只也不能穿一样颜色的。这就是为了告诉大家,此人是商人,是狡诈卑贱的下等人。

在漫长的古代社会里,商人虽然可以过锦衣玉食的生活,但是却无法摆脱社会的歧视。即使因为巧合得以进入政界,那也会受到排挤,根本就没有施展才能的空间。就算得到了军功,可以晋级显位,仍会受到他人的轻视。

武氏一族生长在以晋商闻名的晋中地区,这里山清水秀,养育出了具有商业头脑的武士彟。他酷爱学习,虽然没有上过几年私塾,却读了不少的书,尤其对兵书极为喜爱。

武士彟由于喜欢读书和擅做生意的原因,他逐渐养成了沉稳、刚毅和善谋的性格。因为家里比较富裕、出手也比较大方,所以武士彟的人缘极好。

武士彟也是个有理想的人,他不愿意一辈子都遭到别人的鄙视,因此,他不满足于只当一个富翁,他还想要改变自己的身份,提高自己的地位。

经过考虑,武士彟决定走从军的道路。从军大概是清贫子弟在科举制实行以前最主要的起家途径了。首先,从军不需要家世背景,只要勇敢和身强体壮就可以了。另外,从军的周期短,如果能够打一场胜仗的话,那就可以得到提拔了。

武士彟有钱,所以他不用从一名普通的士兵做起。在从军的开始,他就当了一个小小的武官,也就是隋朝府兵制体系下所有常任军官中最低级的官员了。

武士彟当官的地方,就是他的家乡文水。也就是在任职时,他结识了影响自己一生的人,那就是山西河东慰抚大使。公元615年,李渊奉隋炀帝之命讨伐反叛,在路过文水时,武士彟一看有大官经过,于是便好酒好肉地进行款待,宾主尽欢,双方都留下了极为深刻的印象。

李渊高大威猛、仪表堂堂，而武士彟则是温文尔雅、沉静从容。两个不平凡的人相见后，必然要衍生出不平凡的事情来。李渊知道武士彟的身份后，又对他的背景有了进一步的了解和掌握。

作为一个政治人物，李渊能一眼看出哪些人是对自己有用的。武士彟家大业大，必要时能够为自己提供足够的后方供给。同时，武士彟拥有的人脉关系也能够帮助自己打通各种环节，使自己的目的更容易实现。

武士彟也不是个等闲之辈，他拥有商人的敏锐嗅觉，对机遇的把握非常敏捷。当他见到李渊后，便知道这就是他未来要结交的人，这个人很有可能会给他带来无尽的好处与机会。

随着进一步接触和了解，武士彟知道李渊是世家豪门，与隋朝宗室有着密切的联系。隋炀帝继位后，曾封李渊为卫尉少卿。隋炀帝征讨辽东时，曾命令李渊运送粮草，对他也是十分的信任。

在礼部尚书杨玄感谋反时，李渊向隋炀帝举报了此事，在隋炀帝平乱后，就给立了大功的李渊起兵的成本，这就是弘仕郡和关右谷军队的指挥权，这个时候的李渊可以说是大权在握了。于是，基于一些对自己有利方面考虑，两人都有结交下去的意愿。

隋炀帝是个具有妒忌心的人，有时，他看谁不顺眼就要处罚他一下，搞得大臣和地方官员们没有不害怕的。后来，隋炀帝的疑心越来越重，大臣们小心提防、人人自危，连见都不敢见他。

有一天，隋炀帝叫人去召李渊前来见他。李渊怕生出事端，于是便把生病当成了说辞。可是，谁知隋炀帝居然跟李渊较上了劲儿。他问李渊的外甥王氏，怎么还不见李渊来见呢？

王氏告诉隋炀帝说道："舅舅生病了，他骑不了马了。"

隋炀帝听到王氏这么一说，顿时有些生气地说道："该不会是死了吧？"

身为一个君王，竟然说出这样的话来，也着实令人感到气愤。随后，王氏便把这句话传给了李渊，李渊没有办法，只好硬着头皮来见隋炀帝。李渊知道隋炀帝是因为自己没有来见他心里有气，于是便想着平息怨气的办法。他知道隋炀帝最爱玩乐，便找来良马鹰犬进献给他，果然赢得了隋炀帝的赞扬。

大业十三年，由于隋炀帝荒淫无道，加之滥用民力，致使民变频频发生，各地不断地出现了农民起义。天下大乱，群雄蜂起的局面随即发生，都想推翻隋炀帝的统治。

在当时，隋炀帝正在江都（今扬州）巡游，他是故都难回。于是，他便任命李渊为太原留守，防守整个北方地区。李渊到了太原后，想起了当年武士彠对他的热情款待。于是，他想趁此机会提拔一下武士彠。在李渊的提拔下，武士彠当上了行军司铠参军，掌管武器兵仗等。

此时，农民起义的战火并未因为隋朝的镇压而熄灭。各地军阀纷纷起兵，自立门户，隋王朝处于风雨飘摇之中。武士彠看到眼前的局面，料定隋朝的统治不会长久了。于是，他认真研究了兵书，并写成了《兵书典要》，希望能够以此来说服李渊起兵反隋。

其实，李渊也正在为是否起兵而犹豫。如果起兵不成，就要落个乱臣贼子的恶名，所以起兵也要在时机成熟之时。可以说李渊是个识时务的人，他对当时的局势持观望态度不是没有道理的。群雄并起并非就是绝好的机会，好机会是在鹬蚌相争、两败俱伤，而自己却毫发无伤之时。李渊非常明白这一点，此时，他正在为自己的大计蓄积着力量。

随后，李渊交给武士彠一个重要的使命，那就是让他积蓄粮草，以备将来的不时之需。武士彠接到命令后，便回去准备粮草。当李渊经过了一次有惊无险的牢狱之灾后，他下定了起兵的决心。

也许人只有在经历生死的时候才会有重大感悟，当想明白了后，李渊便不愿再在不冒险的等待中耗费时间了。于是，在隋大业十三年，也就是公元617年，李氏父子以3万兵众从太原起兵，利用群雄牵制隋军主力的机会，借人心厌隋之势头，乘虚而入长安。第二年五月建立了唐朝，李渊成了唐朝的第一代皇帝，并改年号为武德。

由于李渊太原起兵后，武士彠一直都追随着他，并且全心全意地为李渊效命。于是，在李渊称帝后，他下诏敕封包括武士彠在内的14名开国元勋。武士彠被封为光禄大夫，加封太原郡公，还封他为长安城的城防将军。

正是由于武士彠的际遇，不仅使他出人头地了，也使他与大唐帝国的帝王将相结下了不解之缘。同时，也奠定了武氏家族名满天下的好兆头。

武家女儿成长

当武家一跃成了新朝的显贵后，同时，还成了并州文水老家街头巷尾人们议论的话题。武士彟是个能干事业的人，他勤于王事，公而忘私。就在原配妻子相里氏病危时，他正在跟随李渊在并州视察，虽然离家也只是半天的路程，但是他也仍然没有回家看望，他忠诚地守护着皇上。后来，这件事情被皇上得知后，感慨不已。于是，他特地诏表武士彟，提拔他为三品工部尚书，封为应国公。

不仅如此，唐高祖还在操心武士彟的婚事。于是，他打算为武士彟娶一位有贵族血统的老婆，以此来提高武家的社会地位。唐高祖翻阅了《氏族志》，并向周围的皇亲国戚询问商议，后来，经过了再三的斟酌之后，选中了前隋朝皇族的宗室即曾经担任过宰相的杨达的女儿。

在隋朝灭亡后，杨达就已经过世了，杨姓的社会地位也大不如从前，但毕竟还是位列《氏族志》前几名，乃天下名门、血统高贵，也正是寒门新贵期待的择偶对象。

但是，美中不足的是，此时的杨氏已经年过40了，不再是个20岁左右的黄花闺女了。唐高祖想到这里便召见了武士彟，将杨氏的情况给他介绍了一番。武士彟听到皇帝为了自己的事情，竟然是如此的费心，十分感动。于是，他连忙跪地磕头谢恩。

那是在武德三年，也就是公元620年，由唐高祖亲自做媒，李世民的同母妹妹桂阳公主主婚，44岁的武士彟和杨氏结了婚，结婚费用也全部是由国库来支付的。

通过这场婚姻，武家血统和社会地位焕然一新，身上的穷酸味和商人的铜臭味也淡化了许多。从此，武家完成了从富有到高贵的重大人生飞跃。婚后的杨氏是十分幸福的，两人的性情和脾气都较为契合，因此也使得两个人的感情特别好。

公元620年，唐高祖李渊封武士彟为工部尚书，并赏赐他800户。不久，李渊又封武士彟为应国公。武士彟双喜临门，杨氏又为他添了一女。又过了两年，杨氏再有身孕，杨氏希望自己能够生个男孩，将来也有个依靠。武士彟也希望有个男孩，可以继承自己的爵位。夫妻两个人都诚心诚意地为添个男丁而祈祷。

可是，谁知当杨氏经历了剧烈疼痛之后，却听到了一阵连自己都感到诧异的咯咯的笑声。她细寻声源，竟然是自己所生下的女婴发出的。武士彟也感到大为惊奇，他觉得这个女儿必然会是与众不同的，不管是福是祸总归是投到了我武家门下，这是上天给的缘分，不能不遵从。

丫鬟们忙着给武士彟道喜，说夫人生了个喜气的漂亮女儿。当武士彟接过这个笑着的女孩，心里不禁感叹：这个孩子可真是不一般哪！她真是个美人坯子呀！

这时，武士彟看出杨夫人的失望之情，便宽慰她说，这是上天给我们的厚礼。你看她多漂亮啊！将来一定会是个大富大贵之人，这个女儿我很喜欢。杨夫人也是个知书达理之人，听到老爷这样说也颇感欣慰了一些。后来，夫妻二人又给她了个小名叫"二囡"。

在二囡出生几个月后，武士彟就被调到了扬州做官。由于孩子还小行动起来不方便，于是他便没带家眷去赴任，而是将杨氏母女留在了长安，住在平康坊府邸。4年后，武士彟才将母女接到了自己的身边。

就在武士彟刚到扬州上任时，长安城内发生了一件惊天动地的大事。这个事件就是"玄武门之变"。

太原起兵本是李世民的谋略，李渊曾答应他在事成之后立他为太子。

但是，李渊建立了唐朝后，便立了李建成为太子。天下平定之后，李世民功名日盛，李建成随即联合李元吉共同来排挤李世民。此外，李渊的优柔寡断也使朝中政令相互冲突，从而也加速了诸子的兵戎相见。

武德九年，也就是公元626年，李渊退位称太上皇，禅位于李世民。李世民登基为帝，称为唐太宗，第二年改元贞观。

正所谓一朝天子一朝臣，李世民即位后当然希望自己的政权能够巩固。因此，他特别重视前朝元老的态度。为了探明前朝旧臣的态度，李世民将李渊派到外地的旧臣全部召回，武士彟也在召回之列。

武士彟的大智若愚得到了李世民的信任，李世民将他派往四川广元做都督，还兼职处理广元的军政要务。这可是个既有权又有名的高等职位，这也使得武士彟对李氏王朝更加感恩图报了。

随着二囡逐渐长大，武士彟便教她学习各种技艺，令他感到十分欣慰的是二囡琴棋书画样样精通。但是，她却与其他女孩子有些不同，她不仅精通琴棋书画，还十分喜欢骑射和追问天下大事。武士彟觉得这个女儿很有从政的天赋，可惜她却是个女儿身，是不可能涉足政坛的。

武士彟原本就是一个武官，因此，他也不反对女儿骑马驾车，这也就使得二囡从小便养成了好胜和任性的个性。由于父母的悉心培养，她的才艺进步神速，诗词歌赋、书法马术没有一样是不出色的。

贞观五年，唐朝内部对官吏制度进行了改革，除了4个督府外，其他都督都被裁减。武士彟被调到了荆州出任都督，二囡也同父亲一起去了荆州。她在荆州那个物产富饶、人才荟萃的地方又度过了4年的美好时光。可是，就在二囡一天比一天大的时候，一件不幸的事情发生了。李渊死了，李渊的死对武士彟的打击很大，因为在他们之间已经产生了一种深厚的情谊。武士彟很伤心，导致哮喘病发作，随后便一发不可收拾，最终吐血而死，扔下了年仅11岁的二囡与母亲相依为命。

在武士彟下葬之后，杨氏母女的命运陡然直转。没有了武士彟的庇护，杨氏只好带着孩子们回到了并州文水老家生活。但是，在这时，身为武家后人的武元爽和武元庆等人又开始合力排挤杨氏母女。

没有办法，杨氏只好带着孩子们来到了长安，投奔自己的娘家人。宫中的杨妃知道姑姑在外面受苦受难，心里也十分不好受，于是便伸出了援手。紧接着，杨氏带着女儿们，由堂兄和侄女安排在长安住了下来。一直到二囡被选入宫中为止，她们一家都是在接济之下生活着。

自古以来美丽就是女人改变命运的重要资本，当杨氏看着女儿美丽漂亮的脸庞时，也不禁开始动起了重振家业的念头。自从她有了这个念头之后，整个杨氏家族就开始行动起来了。

当时，在杨氏一族中有几个姑娘都已经当上了唐太宗的妃嫔，鉴于拥有这样的优势，这些人便开始在宫里宣传起二囡的美貌来。这样一来二去，当然就传到了唐太宗的耳朵里。于是，唐太宗就决定征召二囡进宫当才人。那可真是：武家有女初长成，一朝选在君王侧。

由于家庭的变故，让年纪尚小的二囡初次体会到了世间的现实和世态的炎凉。她不想屈服于自己的命运之下，但是，此时的她也没有能力去改变这样的命运，她为此也在苦恼着。

初入宫廷日子

二囡想通过进宫的机会来改变自己的人生，可是谁又能保证宫廷之中就一定是美好的呢？

在杨家人的筹划下，二囡迈进宫廷的步伐也就不远了。其实，杨氏是不太愿意送二囡进皇宫的，如果能够得到皇帝的垂青还好，若是得不到，那一辈子就会被埋没在宫廷之中，寂寞地老去，这对一个女子来说是最最不幸的事情了。况且以女儿刚烈的性格，又怎么能够适应后宫的生活呢？

可是，转念一想，对一个14岁的小姑娘来说，刚进宫就被封为五品才人，这确实是件很荣耀的事情呢。因此，是否进宫的这件事情，在杨氏的内心中也是十分矛盾的。

在送二囡入宫的时候，母亲抚摸着她的头，默默地流下了泪水。二囡看到母亲这个样子，对她说道："我这是要去见天子啊！您怎么知道这就不是一件好事呢？"

其实，此时的二囡已经有自己的想法，她觉得家里的生活前景已经十分暗淡了，如果进了宫，也许还会有新的机会出现。因此，她愿意为此去冒险试一下。于是，二囡在贞观十一年，带着改变命运的梦想，正式走进了宏伟壮丽的大唐宫殿。

在皇宫中，也是有着高低贵贱之分的。皇帝的嫡妻，也被称为皇后，是后宫中众妃之主。在皇后之下，也就是那些妃嫔们，她们也是分等级的，并且在每个等级中还有着固定的名额。

第一等级叫妃，有4个人，为一品；妃之下是二品的嫔，共有9个人；嫔之下，就是三品的婕妤，共有9个人；婕妤之下便是四品的美人，也是9个人；再往下就是五品的才人，共有9个人。

唐朝后宫在吸纳新人入宫时，都要对她们进行培训。在皇宫中有两个培训新人的地方：一个是宫教馆，主要是培训宫女算术、书法、美术和音乐等方面的技能；而另一个则是文学馆，主要是培训宫女诗词歌赋的造诣。当然，还会有人来专门教授她们礼仪课程。

二因年纪轻轻，却是个争强好胜的人，学习时样样都不会落人之后。进入皇宫后，她一边被宫中的富丽堂皇吸引着，一边又为能够学习到新的东西而感到欣慰。她曾经模仿《诗经》写了一些祭祀和宴饮的宫廷诗词，后来，乐师们配上了乐曲将这些传唱了出去，结果大受欢迎，宫中人都传说她十分有才华。久而久之，这些话就传到了唐太宗的耳朵里。唐太宗是个爱才之人，于是，便接见了她。

唐太宗看到眼前的女孩子竟是如此的妩媚动人，于是，便封了个武才人给她，并赐给她一个名字叫武媚娘。唐太宗喜欢武媚娘一段时间后，由于忙着军国大事就把她给忘记了。武媚娘怎么能够容忍皇帝把自己给忘记了呢？她要寻找机会，在皇帝面前好好地表现自己。

其实，唐太宗极为欣赏武媚娘的才华，便将她留在身边做了近身侍女，主要是给唐太宗端茶倒水、伺候笔墨。也因为如此，武媚娘同唐太宗接触的机会多了起来。

不可否认，武媚娘是个争强好胜、表现欲极强的人。怎样能够得到她所崇敬之人的赏识，这也是她一直都在思考的问题。她希望能够引起唐太宗的注意，并非完全出于想得到晋升的机会。她爱表现的性格决定了她不甘心被众多妃嫔所埋没，她决心赢得他人的尊重。只是她没有想到她的表现欲没有给她带来她想象中的声誉，反而失去了得到唐太宗宠爱的机会。

这个事件就是狮子骢事件。狮子骢是一匹马的名字，由于鬃毛长得像狮子，所以被叫作狮子骢。这匹马长得高大威猛，神骏异常，但是，性子却是十分的暴烈，因此没有人能够驯服得了它。狮子骢是极为骄傲的，它总是会摆出一副傲视群雄的样子。

唐朝之所以在历史上享有如此高的声誉，不光是因为它封建经济的辉煌，也因为它全面开放的政策。唐朝的统治者有北方胡人的血统，也因为受此前北方民族的影响，对妇女的束缚比较少。妇女不缠足，并且还经常参加户外活动，比如像狩猎、踏青和马球等。特别是宫廷妇女，常常需要陪伴皇帝一起去狩猎，因此她们对马并不陌生。

唐太宗是个极其爱马的人，越是特别的马他就越是有兴趣，他希望看到有人能够驯服这匹烈马。有一天，唐太宗想看看那匹狮子骢被驯服得怎么样了。于是,他便带着嫔妃们来到了跑马场。

唐太宗围着狮子骢转了一圈,不由得一声叹息:这可真是一匹好马呀,可惜就是没有人能够驯服得了它。妃嫔们都是默不作声,一片寂静。

武媚娘作为唐太宗的贴身侍女也在随从之中,她想引起唐太宗的注意,得到赏识。于是,她便挺身而出走到唐太宗的面前,深施一礼说道:"皇上,我能够制服它。但是,需要皇上能够给我准备几样东西。"

唐太宗上下打量了武媚娘一番,急忙问道:"你需要准备什么东西呢?"

武媚娘十分胸有成竹地说道:"铁鞭、铁檛和匕首。"

唐太宗听武媚娘说完后当即就是一愣,心想:这些可都是利器啊!她要这些要干什么呢?于是,他有些不解地问道:"这些都不是驯马用的东西,你拿它来要做什么呢?"

武媚娘兴高采烈地说道:"皇上您不知道,这匹马的性子是如此的刚烈,所以要用特殊的手段才能够制服它。我先用铁鞭抽它,它要是不服我就用铁檛打它的头,再不行的话我就用匕首捅了它。"

唐太宗听到武媚娘这么一说,心里顿时凉了半截,他倒吸了一口冷气,心想:这个娇弱如花的小姑娘,心肠怎么会是如此的狠呢?一下子他都不知道该说些什么了。

可是,唐太宗毕竟是身经百战的圣君,他既没有责怪武媚娘的残忍,也没有盛赞她的勇敢,只是淡淡地说了一句:"以后再说吧!"狮子骢事件也就此结束了。但是,它留给唐太宗和武媚娘的记忆却没有因此而消失。从此,唐太宗便很少再去接近武媚娘了,武媚娘对此也感觉有些困惑。

从狮子骢事件可以看出,此时的武媚娘还不具备宫廷争斗的经验。如果她真的有很重的心机,那么就应该能够观察得出唐太宗推行的是宽厚的仁政,很少会采用暴力的手段去对待下臣。她要迎合唐太宗的想法,就不应该采用这么极端的方式来表现自己,因而也暴露出了她不成熟的一面,也由此一直不被唐太宗所喜爱。

宫中深不得宠

　　武媚娘对朝中之事是格外热衷的，后来，经过唐太宗一段时期的观察，他发觉武媚娘是个争强好胜的女子，如果她是个男人的话，或许他们会是很好的一对君臣。但是，现在作为自己的女人，唐太宗还是摇了摇头。他觉得，这样的女子一旦得了势，必定会搅乱宫廷的。

　　武媚娘本身就是一个极有眼光和谋略的人，她说出的话自然就会与唐太宗接触过的其他女子有所不同。有时，娇小、妩媚的武媚娘竟然能够站在一个统治者的高度，分析出事情的态势和利弊。这作为一个女子来说，是多么的不简单啊！

　　自从狮子骢事件后，唐太宗便很少再去亲近武媚娘了。因为，唐太宗实在是不喜欢她的性格。她在唐太宗的眼里太过强悍了，同时，也太过于智慧了。武媚娘在14岁时就进了宫，到了22岁还是个才人。由此可见，唐太宗是多么的不喜欢她。

　　其实，在唐太宗一生中，最敬重的女人就是长孙皇后，他对长孙皇后的爱是刻骨铭心的。长孙皇后从小就知书达理，在13岁时就嫁给了李世民，并且与他同甘苦度过他们最为青涩的年龄，一路陪伴李世民由秦王做到了皇上。

　　长孙皇后是李世民的贤内助，在李世民发动玄武门之变之前，长孙皇后为李世民在唐宫中建立起了偌大一张关系网。这也是后来玄武门之变爆发后，没有引发大规模骚动的原因之一。

　　此外，长孙皇后还能够帮李世民在宫中安插耳目，因此知道了一些他人无法获悉的情报。当玄武门之变爆发时，这位大智大勇的皇后便亲自在自己的家中安排护院，从而免去了李世民的后顾之忧。

　　士兵们在平日里受到了两位主子的爱护，深感报效的时刻已经到来,并且在长孙皇后的激励下,将士们个个都是斗志昂扬。有了长孙皇后,李世民的后院就相当于安了一道保险阀,可以让他没有后顾之忧地去打仗。可是,这位贤德的皇后在三十六岁时就撒手人寰了。就在长孙皇后病入膏肓时,她对唐太宗说不要重用外戚,因为自古由于外戚干政,都没有什么好结果。

此外,长孙皇后还对唐太宗说道:"我死之后,千万不要厚葬。我活着时,作为一个女人,无益于天下;死了,怎么能够让国家浪费资财在我的葬礼上呢!"长孙皇后是一个多么简朴又识大体的皇后典范呀!

其实,长孙皇后并不是真的对政治漠不关心,她对政治深谙其道,所作所为也是极其到位,并且还十分有分寸。所以当她闭上眼睛时,唐太宗简直是悲痛欲绝,说道:"我在内宫失去了一位好帮手啊!"此后,唐太宗再也没有立过皇后。由此可见,长孙皇后在唐太宗心中的位置是无人能及的。

长孙皇后死后,唐太宗还特地在宫内建造了一座塔,登塔瞭望,便可以看到皇后所葬之地昭陵。唐太宗想用这种方式,来寄托他对长孙皇后的哀思。

徐惠也是个较为贤惠的女人,她是个才女,身上也有着大家闺秀的书卷气。当她看到唐太宗因为大唐的国势蒸蒸日上而有些飘飘然时,便对太宗说道:"皇上您一定要保持一颗平常心啊!得志、失志都要保持冷静的头脑,要像当初一样用谨慎、减少过错来增加自己的功德,要不断地吸收经验教训来避免一些闪失的出现。"这样的话一说出来,唐太宗立即注意起她来,因为他觉得徐惠太像长孙皇后了。

此时,唐太宗也需要一个可以在他背后给他一些意见的女人。于是,他渐渐对徐惠产生了喜爱,并且对她的喜爱远远超过了武媚娘。

不久之后,徐惠就被封为婕妤,连升了两级。此后,唐太宗经常会与婕妤讨论一些国家大事。其实,如果换作武媚娘,同样也会与唐太宗讨论国家大事。可是,唐太宗实行的是德政,与武媚娘的凶狠形成了鲜明的对比。所以,武媚娘再也没有机会与唐太宗共论国事了。

后来,徐婕妤又荣升为充容,这也就进入了嫔的行列。武媚娘有些羡慕,但是也没有办法,唐太宗不喜欢她。所以,武媚娘只好继续当才人。每当在夜深人静的时候,武媚娘也会想起当初进宫时,母亲哭着送她的情形。现在想想母亲所说的话是对的,大半个青春都过去了,自己却没有任何起色,到现在还是个才人。杨氏家族指望着她能够复兴家业,谁知自己却是这样的不争气,这么些年连个婕妤都没有当上。

想当初，徐惠和自己同为才人，自己的才华又不比她差，凭什么会是如此的落寞呢？此时，在武媚娘的心中充满了不甘和愤恨。她责怪命运的不公平，责怪皇室的深宅大院，同时也在责怪唐太宗的有眼无珠。一晃10多年过去了，对一个女人来说是何等的宝贵啊？难道自己要一直这样荒废青春吗？武媚娘为自己的命运暗自慨叹着。

然而，事情并没有因为武媚娘的落寞而停止，更不幸的命运还在等着她呢！到了贞观末年，宫内外开始流传起"女主武王"的说法。武媚娘听到这个传闻后，简直是被吓坏了。从此，她便提心吊胆地在宫中生活着，真怕哪一天唐太宗会因为此事而迁怒于她。

当唐太宗知道了这件事情时，就秘密地找来了袁天罡的徒弟李淳风来问话。李淳风来到唐太宗的面前煞有介事地说："臣夜观天象，发现太白经天，这说明有女子要执掌大唐的朝政啊！"

紧接着，李淳风又神秘地说道："我仔细地推算了一下，结果发现这个女子已经在皇帝您的宫中了。用不了30年，她就会接替您的位置，执掌大唐江山，而且还会诛杀您的子孙。但是，到最后她还是会把江山还给李氏的。"

唐太宗一听十分震撼，自己辛辛苦苦打下来的江山，怎么可以落到旁人手里，而且还是个女人。于是，他便将与"武"字沾边的人都召集来，让李淳风进行辨认。可是，李淳风却对唐太宗说："此是天机，不可泄露。况且王者是不可杀的。"唐太宗听后又垂头丧气地将包括武媚娘在内的一群人给解散了，武媚娘提到嗓子眼的心终于落了下来。

其实，武媚娘在唐太宗时期的生活是不如意的，她在宫中经历了惊涛骇浪。宫廷争斗以及朝中的变故，是她不能够忽视的。这个时候的她或许已经萌生了改变命运的想法，因为她已经厌倦了这种万事不由己的生活。武媚娘希望生活能够有些转机，而这个转机在不久后便到来了。

争夺太子风云

唐太宗晚年，宫廷之中出了一件震惊朝野的大事，这就是立太子之事。因为这是个关系到后继统治者的大事件，所以这个问题也成了千百年来困扰皇室家族的最棘手的问题。

唐太宗一生共有14个儿子，他与长孙皇后生有3个儿子：长皇子李承乾、次皇子李泰和三皇子李治。太宗对这3个儿子，一直都是宠爱有加。尤其是对皇长子承乾，更是十分的疼爱。

皇子们为了成为太子，可以不惜代价地进行着争夺，根本就不会念及骨肉亲情。唐太宗深知立太子的利害关系，所以，他早早地便立了长子承乾为太子，并且还认真地按照皇帝的标准来培养他。可见，唐太宗对承乾寄予了多么大的期望。

可是，即便是这样，也还是没有办法避免皇位的争夺。由于唐太宗十分疼爱长孙皇后，因此他对长孙皇后生的3个儿子也是爱屋及乌，十分疼爱他们，并且还把他们带在身边亲自抚养教育。

李承乾天资聪慧，机敏过人，深得唐太宗的喜爱。唐太宗一直以为李承乾是个治国的人才，好好培养一定会有所成就。于是，他便给李承乾请了最好的老师教他读书识礼和经世治国；并且还让太子处理政务，以此来锻炼他处理政务的能力。

太子李承乾也竭尽全力地完成了父亲交给他的各种任务，唐太宗对太子的表现还是比较满意的。当唐太宗出巡时，便把太子留下来看管国家，同时，他还在大臣面前夸奖太子有自己的样子，以此来树立太子的威信，也使得朝中大臣对太子颇为敬重。

太子看到父亲这样地看重自己，朝中大臣对自己又是敬重有加，以为自己的太子之子已经坐稳了，于是就飘飘然起来。在以后的日子中，他便整日地游手好闲，吃喝玩乐也是样样精通。

　　太子有个怪癖，就是喜欢突厥文化。于是他便叫人修建了突厥人住的帐篷和房屋，并且还命手下的人穿着突厥人的服饰。更离谱的是，他还一个人直挺挺地躺在地上，让穿了突厥衣服的手下为装死的自己哭喊、号叫，因而把唐宫搞得乌烟瘴气。唐太宗知道这件事后，对太子失望至极，便派东宫的大学问家孔颖达、于志宁和张玄素等人前去劝导太子。

　　太子这种有失储君风范的品行，使得太宗皇帝十分失望。之所以没有马上废黜他，是看在他年少无知，又是长皇子的份上。同时太宗也希望他能够悔过自新，所以才只是教训了太子一番，而没有立即废除他。

　　但是，太子非但没有领会父王的心意，反而以为太子之位是板上钉钉的事，父王也不会轻易易储。所以，对于之前的教诲太子早已经抛之脑后，当他一回东宫就又被身边的人引入歧途了。

　　李承乾表面上装作认真悔改的样子，暗地里却将劝导之人打得半死。唐太宗对太子的所作所为十分恼怒，但一时间也没有办法。唐太宗对太子承乾抱的希望很大，所以太子的堕落给他的打击也很大。

　　见此情形，在贞观十年前后，太宗皇帝开始产生了易储的念头。他又把目光停留在魏王李泰的身上。唐太宗的二儿子魏王李泰，看到哥哥这样不争气，认为机会来了，于是便动起了歪脑筋。此时，他已经对太子之位有些虎视眈眈了。

　　在此时，李泰做了两件事，第一件就是不断地去讨好唐太宗，他知道唐太宗喜爱文学，于是，便认真地学习文学以及治国方略，唐太宗看了很是欢喜。

　　第二件事就是礼贤下士。唐太宗对人才极为爱惜，魏徵反复地顶撞唐太宗，唐太宗却也总是接受他的建议，并称他是自己的一面镜子。李泰把父亲的这些爱好看在眼里，记在心上。

　　此外，为了博取唐太宗的好感和信任，李泰还网罗了天下有才之士编写了《括地志》呈献给唐太宗。唐太宗高兴极了，认为二儿子是个可造之才，将来有希望接替太子的位子。于是，便在朝廷里不断地提高李泰的声望，想以此取代大儿子承乾。

　　此时，魏徵认为唐太宗这样做是不对的。李泰在平日里就结党营私，还不断地排除异己，这样的一个人怎么能够做太子呢？于是，魏徵和褚遂良一商量，决定联合起来对唐太宗进谏，希望唐太宗能够停止对李泰的提拔。冷静下来的唐太宗也回想起太子承乾的种种好，便又寄希望于承乾，希望他能够改掉恶习，恢复到原来的样子。

当李泰看到唐太宗对自己的态度不如之前好了，就知道事情已经起了变化，于是，他便加紧了夺位的步伐。李泰拉拢驸马柴令武、房遗爱、黄门侍郎韦挺、工部尚书杜楚客做自己的幕僚。此后，他还威逼利诱大臣，企图逼迫唐太宗立他为太子。

这个时候的武媚娘，已经把这些都看在眼里了，她的心凉了。宫廷里的明争暗斗将她最初进入唐宫的喜悦与憧憬冲刷得荡然无存，她明白皇宫中将会出现一场厮杀。而这场厮杀是否有硝烟她不知道，但是她知道它一定会发生。目前，她所能做的也只有静观其变。此时，太子承乾并没有因为唐太宗对他的容忍而有所改变。他没有改掉胡作非为的行为，依然是终日饮酒作乐。唐太宗对承乾也由失望转为了绝望。

唐太宗遥望昭陵，对死去的长孙皇后频频问道："面对这样一个不争气的儿子，我该怎么办啊？我如果废了承乾，是对不起皇后你啊！我如果不废他，那是对不起大唐江山社稷啊！我该何去何从啊？"说着说着，唐太宗便老泪纵横了。

武媚娘看到唐太宗这样的难过，也不知如何是好，因为，她知道在唐太宗心里，她什么都不是。唐太宗从来都不肯多看她一眼，因此，她根本就没有说话的份。

后来，经手下人的提醒，承乾终于意识到了问题的严重性。于是，他便串通了自己的叔叔李元昌、吏部尚书侯君集、中郎将李安俨等官员打算谋反，直接取代自己的父亲称帝。当然，此时的李泰也一直没有闲着，更是紧锣密鼓地进行着他的夺位计划。由此可见，一场宫廷政变一触即发。

然而，最为可笑的是，还没等到承乾和李泰动手，齐王李祐便率先造起反来。李祐与李承乾差不多，也是个游手好闲的人。当唐太宗得知消息后，十分气愤，将李祐关进了大牢，并交由刑部进行审问。

后来，当唐太宗知道了李承乾要谋反的事情后，他简直不敢相信自己的耳朵。于是，他赶紧将案子交给了最信任的老臣长孙无忌和房玄龄来进行审理。结果，证据确凿，由不得唐太宗不信。

唐太宗气瘫在龙椅上，你们既然起了谋反之心，我就要给你们点儿颜色看看。一气之下，唐太宗废了太子李承乾。这个时候，武媚娘也为唐太宗感到寒心，同时也更加佩服他的果断与坚决。同时，她也更加清醒地认识到宫廷之战就是你死我活，一旦斗争就只能是斗到底，没有任何回头路可走。

后来，唐太宗想立二儿子李泰为太子。但是，老臣长孙无忌却坚决反对。因为李泰是长孙无忌看着长大的，这孩子从小就爱耍心眼、捉弄人，对下人总是横挑鼻子竖挑眼。李泰长大后，表面上对长辈们毕恭毕敬，事实上却在朝中安插自己的势力，排挤元老。长孙无忌认为李泰阴险狡诈，不可以立为储君，一旦李泰得势必定会使朝廷大乱。

可是，唐太宗却不这么认为。他对大臣们说："昨天李泰在我的怀里说'我能成为父皇您的孩子，是我的福气啊！我有一个孩子，等到我死的时候，就将他杀死，让位给我的弟弟晋王。'有谁不疼爱自己的孩子呢？我看他也实在可怜啊！"

这时，褚遂良一听，便对唐太宗说道："皇上啊，您觉得他可怜，微臣倒觉得他可怕呢！您试想一下，等到皇上您驾鹤西去了，魏王就会占据天下，他还会杀了他的爱子，传位给晋王吗？以魏王的言行来看，你要先立魏王就要先妥善安排好晋王。不然，魏王恐怕会先向晋王下手啊！"这话一语中的，长孙无忌憋了很久的话终于被褚遂良说了个痛快。

唐太宗不是不知道这里面的利害关系，只是他不愿意去接受这个现实。就在唐太宗商量着怎么处理李泰的时候，李泰也没闲着，他怕唐太宗立李治为太子，就去找弟弟李治，威胁他说道："你和李祐的关系不错，现在太子和李祐都因为谋反被处决了，你难道就不害怕吗？"

李治本来就是个胆小怕事的人，听到哥哥这么一说，大气都不敢出了。之后，李治就终日愁眉紧锁，闷闷不乐。唐太宗觉得李治有些奇怪，便询问起他来。

李治将实情和盘托出后，唐太宗愣了好半天，心想：李泰竟然跑到弟弟那里去威胁他，真是太让我失望了。后来，唐太宗想来想去，还是立了李治为太子。

其实，李治对于做太子的事情想都没想过，他不像其他皇子那样对权位感兴趣，他更加喜欢舞文弄墨。在李治的身上，文人的气质太浓郁了，他善良、敏感、柔弱、不喜争功。作为自己的接班人，可以说唐太宗对李治并不太满意。他太了解这个儿子了，他宽厚、仁爱，但是不够果决，他满腹经纶却缺少雄韬伟略。但是，他是长孙皇后的儿子，只有这一点就够了，其他是可以慢慢培养的，唐太宗也只能这样来安慰自己。

唐太宗知道李治在朝中没有两个哥哥有声望，平日里他又很少与大臣交往，因此大臣们多半是不愿意臣服于他的。于是，唐太宗想了一个办法，让大臣们臣服于李治。

这一天，唐太宗将大臣们召到了两仪殿中。在两仪殿内，唐太宗对大臣们说："我的儿子做出这样荒唐的事来，我实在没有脸见诸位爱卿了。"说着便拔出剑来就要自裁。

这下可吓坏了左右的大臣，他们急忙跑上前去阻拦。其实，这是唐太宗能够想到的。当时，长孙无忌就在唐太宗的身边，他握着唐太宗的手腕不让他动。于是，唐太宗便将剑指向了李治，长孙无忌是何等聪明的人，立即知道了唐太宗的意思，于是就说道："皇上，请您明示吧！我们都听从您的吩咐。"

这时，唐太宗放下剑对大臣说道："我想立李治为太子，你们看怎么样啊？"长孙无忌一听这也没什么不好，反正也是自己的亲外甥；虽然李治没有唐太宗的英明，但总归还是有些德行的；况且他虽没有治国之智，却有用人之明。长孙无忌第一个就表示了赞成，其他大臣见唐太宗决心已定，也就没什么话可说了。

唐太宗见状，对李治说："大臣们都愿意拥护你，你还不拜谢？"李治这才急急地叩头。幸运之神就这样降临到了李治的身上，一个没有想过要当皇帝的人，却在"鹬蚌相争"之下，坐享了"渔翁得利"的硕果。

含泪入尼姑庵

当李治成了太子之后,已经年老的唐太宗急切地希望他能够撑起大唐的江山。于是,便加紧了对他进行帝王式的良好训练。唐太宗整天把他拴在自己的身边,教他治世之道以及驾驭百官之术。无论大事小情,也都要叫李治来问一问,不会放过任何一个教导他如何做好一个君王的机会。

由于李治频繁地往来于唐太宗的宫殿,便引起了一个人的注意,她就是武媚娘。李治拥有着文人的儒雅气质,他对宫里的人一向都是以礼相待,即使是侍女也不会有所轻视。

武媚娘在唐太宗的宫中伺候笔墨,因而与李治也能够经常见面。李治看见武媚娘也是以礼相待,不会菲薄她的才人身份。而武媚娘也在李治这里找到了一份尊重,这也许是武媚娘愿意接近李治的原因之一。

在李治眼里的武媚娘是有些特别的。她不像其他女人那样端腔拿调,而是很麻利地做着事。话不多说,脸上也不堆笑。见惯了女子逢迎的李治对武媚娘产生了一种莫名的情愫,因而总是很渴望见到她。于是,他也总是往父王的宫里跑。此时,唐太宗还以为李治已经走入了正轨,一边为他高兴,一边也放松了对他的监督。因此,武媚娘和李治之间才会有更多的独处机会。

李治是长孙皇后的小儿子,又深得唐太宗的疼爱,因此他的依赖心理也是比较强的。此外,他本人的感情又极为细腻,对粗犷、刚强的人物较为倚重。

可以说,正是由于武媚娘身上的野性和强悍对李治产生了致命的吸引。而李治对武媚娘的一份尊重,也让她有一种得到荣耀的快感。随着两人接触的增多,各自心里都渴望接近对方。只是碍于伦理,不能如愿，但是，两人眼神的交会却从未少过。

在贞观十八年时，高句丽派兵袭击了大唐的藩邦新罗，唐太宗很生气，便决定亲自带兵去攻打高句丽。大臣们觉得唐太宗的年龄大了，路途遥远，都劝他不要去。可是，唐太宗也是个好胜之人，他没有听从众人的劝告，执意带着兵出发了。

就在饯行的时候，太子李治害怕唐太宗这一去就再也见不到他了，便不由自主地哭了起来。唐太宗看到他这个样子十分生气，于是，便厉声阻止李治哭下去，随后扬鞭而去。

这时，武媚娘见到李治这样失态，又被痛骂，不免有些同情。因为她知道李治是个感性的人，见不得生离死别，此时的她心疼李治的成分则是更多一些。

在这之后不久，被废掉的太子李承乾在被流放黔州时死了。李治听到这个消息后，又是一阵感伤。武媚娘觉得李治是个重情重义之人，于是，她对李治便多了一些信任与关爱。因为唐太宗在外征战，用不着侍女，所以武媚娘便成了太子的侍女。

也就是在这一段时间，武媚娘对李治多了些了解。她在李治身边好言相劝，李治也深感到武媚娘在他身边的重要性，于是就更加喜爱她。因此，两个人的感情急剧升温。

在贞观十九年的冬天，唐太宗终于肯班师回朝了，与高句丽的战争没有多大进展，唐太宗灰心丧气地回到了长安。经过战争，再加上风寒与劳累，唐太宗累病了。

只见唐太宗躺在病榻上，情况时好时坏。此时，又是祸不单行，这时他最喜爱的小女儿又不幸死去了。唐太宗很伤心，一个多月都吃不进去东西，整日以泪洗面。也许当人到老了的时候，感情也会变得更加脆弱吧。

从此以后，唐太宗对周围发生的事情经常会感到悲观，也常常会叨念自己是不是时日不多了。每次听到这里，李治和武媚娘就会忍不住地难过起来。

唐太宗十分渴望自己能够多活些时日，于是便找来人给他炼丹，希望能通过吃丹药来延长自己的寿命。结果却是适得其反，丹药越吃越多，而精神却越来越萎靡了，使得唐太宗整天都是心神不宁，他变得十分的焦虑。

在贞观二十三年的时候，又发生了一件不幸的事情。和唐太宗一起出生入死，也是唐太宗最为倚重的爱将李靖离他而去了。听到这个消息后，唐太宗悲痛不已。

后来，唐太宗觉得在长安城的太极宫住着很不舒服，因为太极宫地势低洼，让人感觉气闷。为了养病，他在地势比较高敞开阔的终南山修建了翠微宫，作为疗养的行宫。此时，唐太宗并没有停止服用丹药，在疗养期间，他还是在吃着丹药，结果导致上吐下泻，病情也愈加严重。

在这段时间，武媚娘与李治每天都会在宫中服侍唐太宗。李治终日忧心着父亲的病情，一方面他的确是个孝子，而另一方面，他也是个依赖性极强的人，他怕父亲一死，这偌大个王朝就要靠他自己来支撑，他没有信心能够像父亲那样撑起李氏江山，这也是他比较担心的地方。

其实，在这个时候心情忧虑的又何止李治一个人呢，武媚娘也是极为难过的。此时的她心里十分清楚，一旦唐太宗驾崩，那自己的前途就会变得更加渺茫了，她也无法得知自己将来命运的走向。

在唐太宗病危期间，也是李治最为无助的时候，武媚娘一直都陪在他的身边，时刻都在宽慰着他。武媚娘说："太宗是治世的英才，会万世留名的，他还留给你这么多大臣，你不用担心自己不能胜任，而且我也相信太子你会像太宗一样做个好皇帝。"

李治听了武媚娘的话很是感动，这时的武媚娘较之前已经成熟了许多，她已经知道如何去揣摩他人的心理了。而李治看到娇媚的武媚娘竟有如此强劲的生命力，他是越看越喜欢，不知不觉便将她揽在了自己的怀中。

然而，有些事情是不可逆转的，唐太宗最终还是以他的步伐走向了另一个世界，在病危之际，他召见了自己的老臣长孙无忌和褚遂良，将后事做了一番交代。

唐太宗对老臣说："太子是仁慈之人，你们要好好辅佐他，不要辜负了我的嘱托。"

随后，唐太宗又对太子李治说道："有这两位贤臣来辅佐你，你不必杞人忧天，时刻都要想着当好一国之君啊！"接着，唐太宗又召见了自己的妃嫔以及太子妃，对她们也进行了一番交代。

当唐太宗把要说的话说完后，便慢慢地合上了眼，大家痛哭了起来。此时，武媚娘也为自己将来的去向感到有些迷茫，她曾经为自己所设想的美好，好像也在这一瞬间变得异常灰暗了。

皇帝病死在宫城之外，对政治可能会产生非常不利的影响，并且还容易引发动乱。所以，在唐太宗去世后，长孙无忌和褚遂良立刻安排了禁军护送太子李治回到了长安，以此先来稳定局势。同时，他们带领其他随行人员护送唐太宗的灵柩返回长安。当两批人马会合之后，才昭告天下，宣布皇帝驾崩的消息。

那是在贞观二十三年，也就是公元649年，22岁的太子李治在长安太极殿即位，是为唐高宗。李治即位后，颁布命令大赦天下，对文武百官加官晋爵。长孙无忌被封为太卫兼任中书令，并立太子妃王氏为皇后。封皇后的父亲为魏国公，母亲为魏国夫人。所有的一切，都在有序地进行着。

在唐太宗驾崩后，武媚娘对于自己将来的何去何从，也不知如何是好了。其实，根据北朝以往的惯例，死去皇帝的妃嫔有3种安置方式。

第一种，妃嫔自己育有子女的，就可以跟随自己的孩子到宫外居住，安享晚年。当然，这也是最好的情况了。

第二种，如果妃嫔没有子女，但是却具备了某种特殊的才能。这样的人会继续留在宫中，来为新皇帝服务。

第三种，就是妃嫔既没有子女，也没有任何的特殊才能的人。那么，这些人或者是被安排到为故去的皇帝修建的别庙里，或者是被安排到国家指定的尼姑庵或道观之中，去当尼姑或者是道姑。当然，这也是大多数人的命运。

此时，武媚娘也知道了自己的命运走向。她还清晰地记得，她同太子在老皇帝病中时的私下谈话，这是她和其他出家的妃嫔所不同的地方。当然这种心思，使她得以压抑耻辱和仇恨。

有一天，病中的唐太宗突然问侍候汤药的武媚娘，说道："朕当不久于人世，以后你将作如何打算呢？"

武媚娘两眼含泪，她怎么会不知道皇帝身边侍女的将来呢，于是，她答道："妾将削发为尼，为陛下念经求福。"唐太宗听了点了点头。

这时，太子李治听了却是神色一变。事后，他问武媚娘："你怎么在父皇面前说这样说呢？难道你就忍心离开我吗？"

武媚娘苦笑着说："我也不愿意离开殿下，但是，皇上只要我侍候你，并没有将我赐给你呀。我怎么会不顾名义去求皇上呢？我还不过是皇上身边的侍女而已，如果有一天皇帝驾崩，我也只有削发为尼，这谁又能违抗呢？殿下还是忘了我吧！"

这时，太子急忙说道："那我去求见皇上，我不愿意让你就这样走了。"但是，当太子见到父皇病成那样的时候，又怎么敢在这种时候去求父皇赐给他一个侍女呢？

在守灵的长夜里，皇帝的灵柩停放在大殿里边，武媚娘以先皇侍女的身份守候在这里,并侍候着新君,陪着这位软弱的新君哭泣着。在单独的场合,这对恋人依依不舍。武媚娘说:"皇上现在舍不得我,将来我身处尼姑庵,皇上若能记得今天,心里还有我,我已经是感恩不尽了。"

此时的李治并没有想出挽留武媚娘的办法,他为即将到来的分离肝肠寸断,流着泪说道:"我是不会忘记你的,我会时常来看你,你要相信我啊!"

武媚娘再也控制不住感情了,她大放悲声,哭着说道:"皇上千万不要忘了我啊,如果忘了我,我只有死在陛下面前了。"

李治对武媚娘一再发誓,说道:"我一定会去看你,你就放心吧。"

在武媚娘出宫的那天,李治悄悄地来看她。只见武媚娘一边擦拭着眼泪,一边小声地叮嘱道:"皇上答应我的事,一定要办到啊!"

李治深深地向她点了点头,说道:"等服丧期满后,我就会来接你入宫。"说完后,便解下了身上的九龙玉环,偷偷交给了武媚娘,说,"以此为证,誓不相负。"武媚娘看到李治对自己的一片痴心,感动得热泪盈眶。

那是在贞观二十三年,武媚娘入感业寺为尼。当时,她还不到26岁。感业寺依山傍水而建,这里风景秀丽,空气清新,是个修身养性的好地方。但是,对于生命力旺盛的武媚娘来说,那里简直就如同牢笼一般。

在感业寺中没有了往日的喧闹,只有木鱼的当当声;没有了平日的华衣美食,只有粗茶淡饭相伴。此时此刻,当武媚娘望着眼前的生活时,竟有些不知所措了。

武媚娘听着老尼姑嘴里念的经,心头就感到一阵阵的烦乱,这样的生活比宫中还寂寞。虽然有了相对的人身自由,但是却根本没有打发时间的办法,这样清淡的生活真的不适合武媚娘。

武媚娘需要的是惊涛骇浪、浓墨重彩的繁华生活,而现在的生活简直让她极度地崩溃,她时刻都在盼望着赶快离开这里。对现实生活的不满和对唐高宗的思念,将武媚娘的心绞揉得乱七八糟。

可是,武媚娘是个十分聪明的人。虽然她对当今的新皇帝怀有满心的希冀,但是,她对自己的前途却是迷惘得很。因为,武媚娘不能肯定唐高宗会真的来看她,并且会接她入宫。在未来的漫长岁月中将要怎样度过呢?自己是否还会有出头之日呢?这也许是她始终都在思考的一个问题吧。

在武媚娘初入寺院时，她整天都是以泪洗面，痛不欲生。但是，在她渐渐冷静下来后，她想起了唐高宗对她说的话：皇上曾经答应过她会来看她，会来接她进宫。因此，她决不能灰心丧气，自轻自贱，而是要振作起来，等待新皇上的到来。如果自己一味悲观失望，摧残自己，那可能就坚持不到见到高宗的那一天了。她必须要相信皇上，因为这也是她唯一的希望。

武媚娘在感业寺住的这几年，使她成熟了许多。哪些事能做，哪些事不能做，哪些话应该说，哪些话不应该说，说话、做事要怎样达到自己想要的结果，她在心中不断地在总结着。

此后，武媚娘为了打发孤寂痛苦的相思岁月，开始烧香礼佛，面壁打坐，诵读和研究佛经。对佛门之地，她并不陌生，母亲杨氏就是一个信佛之人。

在西蜀利州时，母亲经常会带她到利州古寺拜佛，因此她早就已经略懂一些佛教知识了。而今在感业寺中，她却要整天都与佛和佛教经典打交道了。

武媚娘有着深厚的文字功底，对佛经的诵读理解无师自通。所以，与其他入寺的妃嫔们相比，武媚娘对佛教的理解和领悟是最为深邃的。

尽管对佛教研习有了浓厚的兴趣，但是，武媚娘却并没有因此而遵守佛门的清规戒律。她的人虽然出了家，但是心却没有出家，对唐高宗的思念与期盼从来都没有中断过。

在漫漫长夜里，武媚娘曾经写下了悱恻动人的相思诗句，以此来表达她的心境。冬去春来，相思难熬，命运不卜，武媚娘却时刻都在隐忍着，她的确可以称得上是一个非凡的女人。已经有着极高的抱负、学养和政治才能，怀抱着炽热的爱情，对生活充满热爱和追求的武媚娘，而此时却深陷于佛门之中，面对如此痛楚的处境却也没能把她给压垮，她是一个多么坚强的女人啊！

可是，这种隐忍和克制，却更加磨砺了武媚娘这个20多岁就历经磨难的女人的性格和意志，有自强不息、敢作敢当，当然也有残忍凶狠和不择手段的一面。

有一天，一个天大的好机会降临到了武媚娘的头上。感业寺的老尼告诉武媚娘，唐高宗要来感业寺为唐太宗祭奠了。当武媚娘听到了这个消息时，她简直不敢相信。但是，在她冷静下来之后，她觉得这是一个好机会，必须得抓住它，否则自己就将永无出头之日了。

唐高宗终于来感业寺了。其实在武媚娘入寺的两年时间里，唐高宗的日子过得也并不畅快。在后宫中，皇后王氏以出众的淑静贤德而闻名，从未有失于一个国母的身份。

皇后恭顺依从，从来都不会违背皇帝的意愿，但是，由于她太过于拘泥，高宗并不爱她。而且王皇后还是关陇大族的后代，是关陇在朝堂上的势力向后宫的延伸，高宗无形中成了被监视的对象，因此，他也是不得不小心翼翼，否则就会有人来劝谏他、引导他，直到说得他厌烦透了为止。

在朝堂之上，唐高宗依赖着舅父长孙无忌等顾命大臣，这些人对唐太宗一直都是忠心耿耿的，因此在帮助、劝谏、指教唐高宗时也都尽心尽力。高宗生活得小心谨慎，不敢随心所欲。

唐高宗本不是一位英明有才能的君主，但是，作为一国之君他又不能不去处理朝政，以此来不辜负死去的父皇对他的期望。可是，高宗对朝政事务也很难有自己的主张，他不得不事事都得听命于大臣，这又使他感觉到羞愧自卑。长孙无忌等大臣并不了解他这种软弱无助的心理，都还在夸赞他从善如流、一言一行毫无过失呢。

当唐高宗感到无处倾诉时，有一个女人让他暂时忘记了种种烦恼，那就是萧淑妃。美丽动人的萧淑妃，由于受到了高宗宠爱，变得任性骄纵。其实，高宗深知与萧淑妃只可共享玩乐，而不能够谈及心声。

萧淑妃被唐高宗宠爱，王皇后便有些嫉妒了，于是，两个人都在高宗面前彼此攻讦，喋喋不休。唐高宗既不袒护王皇后，也不袒护萧淑妃，因此令他感到心烦意乱。

每当在这个时候，唐高宗便思念起武媚娘来。武媚娘善解人意，往往能够体谅他的心思，那种既妩媚又坚毅的神态，简直让他如醉如痴。经过这两年的时间，忙乱和心烦几乎使他忘了这个曾让他有些痴迷的女人了。

在唐高宗服丧届满之时，他履行了诺言，前往感业寺去烧香，并借机去看望武媚娘。礼完佛事之后，高宗觉察到侍立的尼姑中有一个人在低声啜泣，哭得特别的伤心，简直令人心碎，仔细一看，正是他日夜想念的武媚娘。

眼前的武媚娘虽然身着缁衣，但还是那样的光彩照人，唐高宗心里顿时感到十分的惊喜。随后，他便以"龙体劳累"为借口，停驾寺中厢房歇脚并派人秘密召见了武媚娘。

两人一见面，武媚娘百感交集，哭泣着把满腹哀怨与痛楚说了出来："陛下位登九五，竟忘了九龙玉环的旧约吗？"

唐高宗看着武媚娘，也落下泪来，说道："朕何曾忘记过你我的约定呢？只因丧服未满，不便传召。今天特到此，名是悼祭先帝，实际上是来看望你的呀！"

武媚娘非常感动，便向高宗倾诉了这两年来对他的思念之苦。唐高宗自恨失约，其间没有来看望过她。

随后，武媚娘将《如意娘》读给唐高宗听：

看朱成碧思纷纷，憔悴支离为忆君。
不信比来长下泪，开箱验取石榴裙。

唐高宗听完后深为感动，原来武媚娘在这里时刻都在思念着他。宫廷里的女人多是为了争宠才在他面前曲意逢迎，而武媚娘却是在这荒凉的寺院里一心想着他，这是多么厚重的情谊啊！

此时，唐高宗已经感受到了莫大的幸福。只是他还不知道，此时的武媚娘已经不是之前的武媚娘了。经过多年的磨砺，在武媚娘的心里，也许曾经的爱现在却变成借以攀缘权力的阶梯。

从此以后，唐高宗总会找机会来偷偷地看望武媚娘。在一次相聚之后，武媚娘告诉唐高宗她已经怀有身孕了。唐高宗一听，又喜又愁，喜的是要添一个龙子了，愁的却是武媚娘在寺中已经不能安身了，可是却无法把她接回宫里。

当武媚娘看到唐高宗这种为难而犹豫的表情时，她感到失望极了。可是不管武媚娘有多失望，在她的内心深处都是希望唐高宗接她回宫的。

带心愿返皇宫

在唐高宗承诺将武媚娘接回宫中后,他也感到有些为难,因为这毕竟不是一般的事情。首先武媚娘的身份是最大的障碍;其次,便是王皇后。因为后宫之事都是由皇后进行管理的,如果武媚娘想要进宫,那就必须经过王皇后的同意。

俗话说得好:"好事不出门,坏事传千里。"当唐高宗与尼姑有染之事被传得沸沸扬扬时,王皇后也知道了此事,她勃然大怒,觉得皇帝太不像话了,怎么能够与一个尼姑情投意合呢。

可是,在愤怒之余,王皇后心里又打起了算盘。她想:如果不答应,有悖恭顺之后德,皇上对自己就会更加不喜欢了,而且她也不一定就能阻止得了皇上;如果答应了,那将会添加劲敌,这显然是在自找苦吃。

思来想去,王皇后想出了一个好主意:现在对自己威胁最大、自己最恨的就是萧淑妃,那就把武媚娘接进宫来,既送个顺水人情,迎合了皇上的心思,又可以让武媚娘笼住皇上的心,以此来疏远萧淑妃。到了那个时候,再与武媚娘一结盟,就可以轻而易举地除去萧淑妃了。

此时的王皇后的确是太轻视武媚娘了,她觉得武媚娘是个出家的尼姑,又是先皇的侍妾,地位十分卑下,谅她也不敢像萧淑妃那样放肆。

王皇后想:如果武媚娘太放肆的话,那再去除掉她也是很容易的事。何况我又有恩于她,她也会因为感恩而服从于我的,并且还会甘愿受我的控制。这么一想,王皇后便释然了许多。

由此可以看出,其实,上天待武媚娘还是不薄的,让她在回宫的这一问题上得到了转机。也正是由于王皇后与萧淑妃之间存在着的不合因素,使武媚娘有了再次进入皇宫的希望。

随后,王皇后便将她的想法告诉了母亲柳氏,柳氏也很赞同。为了谨慎行事，她又找来舅父进行商量。由于他的升迁是与当今皇后紧密相关的，所以当皇后遭到萧淑妃的为难后，他当然不能坐视不管了。

在舅父听了王皇后与柳氏的离间之计后，权衡再三，也觉得这一方法可行：武媚娘出身寒微，在朝廷上也没有任何可依靠的人，又曾为先皇妃嫔，即便今后得宠，其威胁也比萧淑妃小得多。因此，他主张速行此计。

当王皇后要将在感业寺的武媚娘接回宫的事情告诉唐高宗时，高宗高兴坏了，他没有想到王皇后竟然是这么的深明大义，愿意成全自己。

同时，唐高宗又觉得往日对王皇后太过于冷落了。此外，王皇后还安排下了武媚娘的住处，并把这一安排告诉了唐高宗。唐高宗果然欣喜，对王皇后的态度也热情了许多。

紧接着，王皇后便派人到感业寺吩咐武媚娘蓄发。武媚娘得到皇后要接她进宫的消息后，既高兴又震惊，她没想到皇后是一个非常宽厚的人。

但是，武媚娘也感到这中间似乎有着某种特殊的意味。因为，武媚娘从高宗当时要接她进宫的为难表情里可以看出，皇后这一关应该是很难通过的，而现在却是这么轻而易举地就过了这一关，她也为此而感到意外。

武媚娘身为尼姑，又是先皇下层侍女，自己的命运太不容易受自己的控制了，因此即便进了皇宫，自己也得多加小心。她对后宫的斗争曾是熟悉而又厌恶的。

武媚娘告诫自己，为了使自己和腹中的胎儿能够安全，要对皇后百依百顺，力求通过皇后先站住脚跟，等到了解了宫中的形势，自己就好自处了。

不久之后，宫中果然来了人，把武媚娘打扮了一番，用小轿悄悄地把她接回了皇宫。在正宫，王皇后笑脸相迎，武媚娘急忙跪下行礼："臣妾叩见皇后娘娘。"

王皇后答礼不迭，嘘寒问暖："起来，起来。姐姐在寺里受委屈了。皇上早先并没有对哀家提到过姐姐，要不哀家早就要劝皇上接你进宫了，就不会让姐姐受到这么多的苦了。"

武媚娘连忙谢道："臣妾劳动娘娘心神，不胜感愧，娘娘的大恩大德，臣妾永生难忘。"说着，武媚娘又拜见了魏国夫人柳氏。柳氏不发一言，面容冷漠，因为她根本就瞧不起这个先皇的侍女。

王皇后见此，立即打破了尴尬，说道："姐姐不必拘礼，今后以姐妹相处，有姐姐陪伴，哀家就多个说知心话的人了。"

武媚娘感动地说道："臣妾甘愿侍候娘娘左右，报效娘娘的大恩大德。"

王皇后扶起武媚娘，亲热地说道："哀家已经替姐姐安排好了。"于是，便令侍妾送武媚娘到左房去歇息。

当高宗得知武媚娘已经被接到正宫的消息后，便急匆匆地前往正宫。武媚娘与高宗相聚后，恩爱有加，高宗喜不自胜。每日下了朝，高宗立刻就会回到正宫。但是，武媚娘却力劝皇上要多加礼遇皇后，不要再到她这里来。

皇后得知后非常满意，就在高宗面前多次称赞武媚娘，并且还劝高宗给武媚娘一个名分，以此来笼络武媚娘，让萧淑妃坐冷板凳。

这个时候的萧淑妃，已经坐了一段时间的冷板凳了，现在她有些坐不住了。有时，萧淑妃见到了皇后，见她已不像往日那样酸溜溜和恼怒的样子，而是一副得意满足的神情，对自己一脸的嘲弄和蔑视，她十分不解。

后来，经过打听，萧淑妃才知道皇后把一个叫武媚娘的尼姑接进了正宫，而且同自己一样有了身孕。怪不得皇上每晚都会留宿在正宫，原来皇后找了个人合伙整我呀！萧淑妃要看看这个武媚娘是个什么妖媚模样儿，于是便决定到正宫去看个究竟。

皇后听到萧淑妃来了，便也想看看她落魄失魂的样子。武媚娘入宫后，已渐知后妃争宠之究竟，也知道了自己在其中的用处。她是偏向皇后的，因为如果不是皇后，她是进不了皇宫的。但是，她还没弄清萧淑妃这个人，暂时还不想贸然触犯她。

王皇后出外迎接萧淑妃，就用以前萧淑妃对她说过的话讥笑道："哎呀，什么风把淑妃吹来了，在家坐不住了吧。如果淑妃记挂皇上，何须亲自来呢？哀家会给皇上说的。"

淑妃冷冷一笑，说道："臣妾今天特意来看娘娘，听说娘娘从尼姑庵里找了个女人来，我想看看是只凤凰还是只野鸡呢？"

这时，武媚娘腆着肚子走了出来，她知道此时是免不了一场交锋了，从这个女人的嘴里她便知道了其阴毒厉害。但是，她身份低，便隐忍着羞耻，先施礼道："妾拜见淑妃。"

萧淑妃打量了她片刻，并不答礼，哈哈大笑地说："噢，果然齐整，怪不得能让皇上入迷，专门从尼姑庵里捡回来呢。"又说，"瞧你这样恭谨有礼，本妃怎么受得起呀？"

武媚娘不软不硬地说道:"知礼乃人道,非礼乃禽兽之道耳。淑妃在皇后娘娘面前非礼,妾却不能不知礼也。"

一句文雅清冷的话竟是这样有理有力,无形中又回敬了淑妃先说的"野鸡"的侮骂,让淑妃一愣,竟无话可答,惹得王皇后娇笑不止。萧淑妃讨不到便宜,悻悻而去。

萧淑妃回去后,并没有善罢甘休。有一天,皇上下朝回驾,忽听路边亭榭里传出娇嫩清脆的一声"父皇",一看是5岁的长女义阳公主,就叫停驾,独步过去。义阳向父皇跪下行礼毕,就一下扑到父皇的怀抱。女儿聪颖可爱,高宗搂住女儿,百般亲昵。这时,义阳公主问道:"父皇怎么不来看我们,母妃整日思念着父皇。"

高宗道:"好女儿,带父皇去见你母亲。"说着即来到淑妃宫中。萧淑妃不理不睬,泪流满面。高宗问道:"淑妃为何这般哭泣呀?"

萧淑妃怒气冲冲地说:"皇后纵容那个武媚娘辱骂臣妾,说臣妾是禽兽。"

高宗道:"不会吧,武媚娘恭仁有礼,皇后屡次说她贤德呢。"

萧淑妃本想高宗为她出一口气,不想高宗反而称赞武媚娘,顿时妒火中烧,更娇哭起来:"哪里来的野尼姑,还配亲近皇上?在宫中求宠,辱没亵渎圣体。"

高宗是最怕别人揭此隐私的,因此当他听到萧淑妃这么一说,不免愠怒,拂袖而去,丢下萧淑妃在那里自哭自闹。回到正宫后,高宗又听王皇后添油加醋的一番说辞,更佩服武媚娘识大体,也就更加厌恶起萧淑妃来。

不久,武媚娘青丝已长,一如出宫时的模样,可以出来露面见人了。高宗又顺从王皇后的美意,满心欢喜地封武媚娘为昭仪。昭仪为九嫔之首,仅次妃一级,这时的武媚娘终于可以站住脚跟了。

自此以后,武媚娘便开始了另一段人生征程。此时的武媚娘能想到的或许只是有一天能够摆脱王皇后的控制,与其他妃子平起平坐,或许更好一点则是争夺到皇后的位子,但这也只是她的一个愿望而已。

其实,在很多时候,人们过多地考虑一个人行为处事的连贯性,而忽略了人的成长性。人并不是一开始就知道自己要干什么,要取得怎样的成就,人对自己内心的探索是一个循序渐进的过程。而在这个过程当中,左右自己决定的是自己所处的位置和对周遭事物的认知,而对周遭事物的认知又与人自身的经历有着很大的关系。

勇夺皇后之位

在皇帝的后宫中，表面上歌舞升平、繁花似锦，实际上却是明枪暗箭、硝烟四起。这也许是后宫女人的悲哀，但却不是武媚娘的炼狱。后宫的争斗，锻炼了武媚娘处理政治事件的能力，也使她能够游刃于政治的旋涡之中。

武媚娘正式入住唐宫后，好不容易重逢的两个人终于可以长相厮守了，高宗除了上朝以外，寸步不离武媚娘。此时的武媚娘也是尽其所能地迎合着高宗，日子过得也是十分的惬意。但是，事情并不会像她想的那么简单，在到处都充满着火药味的皇宫中，要想过安稳的日子谈何容易。

武媚娘进宫后，如王皇后所愿，萧淑妃确实受到了冷落。而这个时候的高宗也只知道有武媚娘，而不知道有后宫了。之所以会出现这种情况，一方面与高宗确实喜爱武媚娘有关，而另一方面也是因为武媚娘的手段和霸气所致。

经过长时间的宫中生活，武媚娘深知作为帝王的高宗，随时都有可能会抛弃自己，所以要趁着这个时机，来不断地笼络住高宗的心。也只有这样，她才能在宫中进一步站稳脚跟，才能在宫中的斗争中取得胜利。

此后，武媚娘还不断地揣摩着高宗的心思，她知道高宗的秉性，也知道高宗喜欢什么性格的人，因此，不难看出在这场心理战中，武媚娘会成为一个最大的赢家。

武媚娘时而表现得温柔妩媚，时而又表现得声色俱厉，尽管是这样的难以琢磨，但是，在高宗看来却是越发迷恋着她。

此时的王皇后看在眼里，却急在心上。这该如何是好呢？王皇后也开始琢磨起武媚娘来。武媚娘当然知道此时自己的处境，所以她行事也就更加谨慎小心了。

公元652年，武媚娘生了一个男孩，这也让她悬着的心放了下来。生了皇子对于后宫的女人来说可是件大事情，俗话说"母以子贵"，这个儿子便成了母亲下半生的依靠。

武媚娘有了皇上的骨肉，自然就会在后宫中有了一席之地。而这时的王皇后，心中也是十分的懊恼，她恨自己的想法是多么的天真，后宫的风起云涌岂是她能够左右的。但是，这个时候，她拿武媚娘也没有什么办法了。

武媚娘觉得自己在高宗心中的位置与宫中的地位渐渐地稳固了，也是为自己争点儿什么的时候了，所以她请求高宗为自己的父亲追加封号。高宗知道武媚娘是想明正身份，光宗耀祖，这个要求也并不过分。

此外，武士彟确实是大唐的开国功臣，也理应有这样的待遇。但是，时隔多年才提及这个问题，朝廷里的人一定会认为是自己偏爱武媚娘的缘故。所以，高宗便把武德时期的功臣都给予追封。这样，武媚娘也就成了名门之后，出身也就不那么寒微了。

这个时候的武媚娘已经被封为昭仪，如果再系出名门，对以后的发展也是大有好处的，也使得武家终于可以扬眉吐气。此时，武媚娘在满足虚荣心的同时，野心也在不断地膨胀。她开始不安于现状，也有了更高的追求。当然，她并不着急，12年的宫廷生活，3年的寺院孤寂，已经让她学会了忍耐。也许，只有忍耐才能够使她达到最高的追求。

从此，武昭仪在宫中的地位扶摇直上，王皇后对此也是又急又恨，可是她又没有办法。她时常在想：这样一个厚颜无耻的女人，勾引丈夫的儿子，出了家还不老实，我把你接回宫来，你还不安分守己地过日子，还要四处招摇，竟然还是这样地得寸进尺。王皇后的内心极度不平衡起来，其实，作为一个皇后，最大的悲哀不是皇帝不爱她，而是她没有皇后的胸怀和智慧。

此时的武昭仪已经学会了一整套宫廷争斗的战略，她学会了阳奉阴违，学会了媚上谄下，也学会了转嫁危机，宫中的生活已经让她过得游刃有余。武媚娘每天照样给王皇后请安，照样把家里人带来的东西进献给王皇后。

谁知王皇后就是不领情，王皇后总是对武昭仪横挑鼻子竖挑眼，不是骂她狐媚就是说她低贱，一个女人做到这种程度也是十分失败，因为她连最起码的风度也都输掉了。当然，这也就注定了王皇后永远成为不了长孙皇后。

　　武昭仪望着高高在上的王皇后，忽然变得有些不屑了。心想：这样的女人怎么配做皇后呢？我比她强多了，这样的人都能够做皇后，我就不信我做不了。这时，依照武氏的想法来看，要继续做个昭仪的确是荒唐可笑的事情，因为她所谋求的是更为远大目标，她要将王皇后的地位取而代之。

　　其实，更加让武昭仪难以忍受的是，王皇后竟然当着众人的面训斥她、侮辱她。武昭仪本来就是个有着强烈自尊心的人，王皇后这样做，让她对王皇后的那点崇敬之心变得荡然无存，对这样的女人没有什么仁慈好讲，你若一直被她踩在脚下，就会永远受她的辱骂。武昭仪压着心头的怒火，脸上却还带着谦和的笑。

　　武昭仪心里十分清楚，王皇后接自己回来的目的就是为了对付萧淑妃。现在，萧淑妃已经失了宠，没了任何的气焰，按照王皇后的个性，接下来就会对付自己了，此时的武昭仪已经做好了与王皇后一决高下的准备。

　　对于后宫中不是你死就是我活的争斗，武昭仪心里清楚得很。她现在不行动是因为时机还不够成熟，她不能再冒狮子骢事件那样的险，她需要步步为营。

　　武昭仪生下儿子，之后又怀孕了。得知这一消息的王皇后气得暴跳如雷。她更加疯狂地对待武昭仪，武昭仪的处境十分险恶，宫中谣言四起，说武氏是狐媚之人，迷惑皇帝，排挤后宫，甚至企图篡夺后位。

　　其实，武昭仪知道这都是皇后勾结萧淑妃所为。皇后还警告武昭仪："谁敢坏了我的规矩，我是不会轻易放过她的。"

　　武昭仪十分清楚：只要有王皇后在一天，日子就不会太平。王皇后对后宫几乎有生杀予夺的大权，要是给自己安上个罪名，再折磨个半死打发了是极有可能的；我不能坐以待毙了，我要巧妙地逼迫皇后走上死路。

　　武昭仪首先要做的就是让皇上知道自己有了危险，其主要目的不是要皇帝来保护自己，而是要为自己将来的行动找到借口，最起码也是个自卫反击。

　　当高宗来到武昭仪的宫中时，武昭仪忧心忡忡地对高宗说道："皇上您不能太宠爱我，这样后妃们难免心理不平衡，皇后要用家法惩治我了，您还是时常到皇后宫里看看吧！安抚一下她的情绪，免得让她伤心。"

高宗也是了解王皇后脾气的，拈酸吃醋的事她没少干，但是要说对哪个妃子动用大刑还是不多见的。所以，高宗对武媚娘的话也是将信将疑，于是，他决定到正宫去见一下王皇后。

王皇后多日没见高宗，以为是武媚娘害怕自己，劝高宗过来看望自己。于是在高宗面前说尽了武昭仪的坏话，还说要给武昭仪一点儿颜色看看，不然她不会服从管制。

其实，王皇后的不理智就表现在这里。第一，她不明白自己的处境，顶着皇后的头衔却得不到皇帝的尊重，更别说是皇帝的爱了，在后宫没有皇帝尊重的皇后，处境比一般的妃子还差。第二，武昭仪挖好的井，她看都不看就兴高采烈地往里跳。你没有德行也就罢了，连智慧都没有，就不能怪别人会取代你了。

高宗看着王皇后丑恶的嘴脸，不免心生厌倦，开口便对王皇后说："皇后，武昭仪从来都没有说过你半句坏话，你为什么总是和她过不去呢？"

王皇后一听更来了劲头："她是故意这么做的，目的就是叫你迁怒于我，皇上您不能相信她呀！"

高宗听了更加心烦，回了一句："皇后你也应该有点儿皇后的样子，这样小的气量以后还怎么做皇后呢？以前我对淑妃好的时候，你老是说淑妃的坏话，现在我对武昭仪好，你又说起武昭仪来，你这是要干什么呢？"

王皇后还要狡辩什么，但是，当她看到高宗的脸色时就住了口。高宗实在不愿意在王皇后这里过夜，于是，便找了个借口又回到了武昭仪那里。

武昭仪初战告捷，她看得出高宗是真心宠爱她的，这下她更加有恃无恐了。上边的工作做得差不多了，就要安抚下面的人，让下面的人做自己的耳目，这样王皇后有什么行动，也便于自己做好准备。

出身并不显赫的武昭仪在这方面独具优势，她经受过苦难，容易与下人们打成一片。武昭仪不仅对自己宫中的下人施以恩惠，对其他宫中接触过的人也以礼相待。只要她得到了皇上的赏赐，她就把侍女叫进去，尤其是服侍她最忠心的、最讨她喜欢的，把皇上赏赐自己的礼物厚赏给她们，如宝石、金饰、银饰、绸缎等。

王皇后为人端庄有礼，而多少失之固执拘泥，时时不忘自己的地位。她一向都不体谅仆人，也不屑于俯就他们，讨他们欢心。皇后的母亲柳氏，也仗着自己是皇后的母亲总是趾高气扬地使唤下人，对仆婢也是粗鲁暴躁,为仆婢极其厌恨。

由此,一进行对比,宫中的人没有不说武昭仪好的。被她笼络的人监视着皇后和淑妃的一举一动,一有风吹草动,立马告诉武昭仪。

皇后平时的寡恩薄施让下人都不愿意接近她,巴不得她被废掉,让武昭仪升为皇后。在后宫之中,也包括高宗在内,基本都被武昭仪给摆平了,剩下的就是要取得朝中大臣的支持。

高宗有很强的依赖心理,有这种心理的人多数对自己不太自信。而武昭仪恰恰是个能给人以自信的女子,这也是高宗喜爱武昭仪的原因。武昭仪性格里刚毅的因子对高宗来说是一种信任和支撑,他在朝中处理不了的事情,便会与武昭仪一起商量解决。

武昭仪从来都不会直接去反对皇帝的意见,总是指点暗示,明明是公正无私的忠言,实则使皇帝所作所为无不暗合己意。自己所求,都能得到,但决不明言。高宗觉得她精明强干,处处能迎合自己的意思。但是,他却不知,实际上自己已经进入了武昭仪那温柔有力而又坚强不破的圈套中了。

武昭仪因为在做太宗才人的时候侍候太宗笔墨,所以对政治文书以及政治权术较为熟悉,又因为年长李治几岁,所以处理起事情来也是干净、麻利。如果武昭仪甘心做一个男人背后的女人,或许也会是一个贤后。

从此,高宗对武昭仪的能力刮目相看,他虽然柔弱,但是他有识人的能力,对于有才能的人,他不会妒忌和迫害。武昭仪对他的鼓励与宽慰使李治更加依赖她,人不管身处哪里,都要做那个不可或缺的人,而不是可有可无的人。

王皇后或是萧淑妃对高宗来说,都是可有可无的人,而武昭仪却是不同的,她能在高宗最为无力的时候给予他力量。也正是因为高宗让武昭仪参与政务,才给了她拉拢朝臣的机会。

有一天,高宗下朝归来,心神不宁,左右思量。武昭仪看到后猜想是什么事让他拿不定主意了呢?于是,她便问高宗:"皇上,您为什么事烦心呢?昭仪能为您做点儿什么呢?"高宗便说了郑州刺史许敬宗要请辞的事儿。

许敬宗就是个有才华的人,贞观初担任著作郎,兼修国史。之后,他又撰成武德、贞观实录,太宗加封男爵,并升为黄门侍郎。后来,许敬宗跟随太宗远征高句丽,起草诏书很快就能写好,太宗很是欣赏,对他更为器重。许敬宗因为向异族的女婿多收了些彩礼被长孙无忌抓到了把柄,才被贬为郑州刺史。

其实,按照高宗的意思是不愿意让他辞职的,可是以长孙无忌为首的大臣却在不断地排挤他,他不得不辞职离去。高宗知道长孙无忌在朝中的地位,因此也不敢轻易作出决定。

武昭仪也曾经听说过许敬宗这个人,只是没有今天听到的这么详细,她对太宗时期的事也较为了解。长孙无忌一直都追随着太宗,深得太宗器重,从而也身居国家要职。

人在高位久了就不免滋生出不良的情绪来,以长孙无忌为首的陕、甘的名门望族势必会排挤其他地区的官员。这不是普通的高官辞职问题,而是涉及朝中权力均衡的大问题,可以说是牵一发动全身的事情。

武昭仪有着政治家的头脑,她立刻知道了高宗的忧心,便说道:"皇上您在这个时候可要坚持自己的意见呀。现在长孙无忌和褚遂良等人已经占据了朝廷的重要位置,而房玄龄和岑文本等人则受到了排挤,大臣们都在观望您是不是有决心平衡朝中权力的分配。许敬宗如果辞了职,以后就没人敢与长孙无忌他们抗衡了,这样,对皇室也是十分不利的。我们不如借着这个机会,把房玄龄一派给扶正了,这样他们之间互相牵制才不会对皇家有威胁。当然,这也要一步一步来,而许敬宗就是第一步。"

经过武昭仪这样一提醒,高宗就知道了该怎么做。随后,许敬宗被调回了中央任职,不降反升。这些都是武昭仪的功劳,而武昭仪如果想让许敬宗知道,也自然会有办法让他知道的。

许敬宗回到朝廷后,武昭仪亲自接见了他,一番嘘寒问暖之后,切入正题。武昭仪旁敲侧击地说在朝中多交些朋友对自己有好处,受排挤的时候也有人给说个话。

许敬宗也是个聪明人,当然知道这话中的意思:第一,要他与武昭仪保持"友谊";第二,在朝中多拉拢一些重臣。皇上的宠妃这样交代,许敬宗还有什么不放心的呢!随后,武昭仪又拉拢了一批官员成为自己的支持者,一场轰轰烈烈的夺后之战马上就要拉开序幕。

武昭仪在朝中自己没有任何亲信的情况下,竟然也培植了一批自己的势力,而且是光明正大地培植。因此,你不能不敬佩她的智慧和才能。

以武昭仪之才,不足为奇。武昭仪既已行动,就绝对不会在中途停止,她能够控制住皇帝、皇后和各嫔妃。她的命运很清楚,她的道路很明显,她的目标很固定。

当武昭仪正在与皇后明争暗斗的时候，朝廷中发生了一件令她瞠目结舌的事件。这件事情也让武昭仪看到了长孙无忌势力的强大，同时，也坚定了武昭仪推倒王皇后的决心。

原来，这时的朝中涌现出了一股反高宗的势力。这就是高阳公主的驸马、房玄龄的儿子房遗爱，以及巴陵公主的驸马柴令武在一起谈论丹阳公主的驸马薛万彻想拥立荆王李元景为王的事儿。这件事后来被长孙无忌探知了，长孙无忌想利用这个机会排除异己，将在朝中反高宗及反自己的势力铲除。

高宗仁爱，不忍心将自己的叔父李元景以及一班参与此事的人处死，于是，便对长孙无忌说道："荆王是我的叔叔，就赦免了他的死罪吧？"

长孙无忌沉吟了一会儿，说道："皇上您宅心仁厚，不想赶尽杀绝，但是我们却不能置国家法律于不顾，如果连这样的事情都不治罪的话，那么，以后再有类似的事情发生，我们应该如何惩治呢？"

高宗没有办法，只好治了这些人的罪。有人说，这次事件是长孙无忌谋划的，也有人说这是长孙无忌正直无私的表现。但是，对于武昭仪来说，她却看到了长孙无忌在朝中的权力，她想要成为皇后，那就必须得过长孙这一关。

朝中的权力之争，更让武昭仪看到了斗争的血腥性，一方胜利了也就意味着另一方的灭亡，她不能被王皇后打倒。于是，武昭仪进一步下定了扳倒王皇后的决心。

可是，要怎样扳倒王皇后是个大问题，首先要有个罪名才行。这个罪名一定要大，最好是害命的。人命关天，想不被废都不行。但是，王皇后可不是轻易杀人的人，即使害过谁，也不是能轻易查出来的。

废后的计划需要天时、地利、人和。天时，还算有，现在的高宗与自己是如胶似漆，凡事都会询问自己的意见。人和，也算做到了一半，宫中的宫女、太监都与自己交好，外廷里也有了一部分自己的人。可是，地利在哪里呢？谋害皇后的地方没有，暗杀是最下策，不到万不得已，谁都不会用。

武昭仪的运气还是不错的，这个地利的条件，她没有等多久就有人给她创造出来了。这个人不是别人就是王皇后自己。自从高宗上次训斥了王皇后之后，王皇后自觉在高宗心里已经没有了地位，因此，她希望能够通过假意与武昭仪交好，来缓和与皇帝之间的矛盾。

于是，王皇后三天两头地往武昭仪的宫里走动。在一段时间内，王皇后与武昭仪也似乎冰释前嫌，出现了后妃和美的景象，高宗知道后也颇感欣慰。可是，这也许只有双方，才会知道这里面有多少虚情假意。

公元654年农历正月，武昭仪又生下了一个小公主。时间过得飞快，转眼5个月过去了。5个月大的小公主已经会逗人笑了，会做很多表情，武昭仪和高宗都很疼爱这个女儿，高宗一有时间就会跑到昭仪宫里来逗小公主开心。

王皇后偶尔也会来看看小公主，但她眼里更多的是妒忌和怨恨。女人的妒忌是很可怕的，她可以毁灭一个人，武昭仪把这些都看在眼里。有一天，王皇后又一次来到昭仪宫看小公主，武昭仪看出了皇后眼神里的羡慕和愤恨，不无挑衅地说："皇后喜欢，孩子长大了可以让她做您的女儿啊！"

皇后听了一愣，冷冷地说："你还是自己留着吧！"说完便转身走了。武昭仪看着皇后的背影，心里产生了一个罪恶的念头。这个念头产生后也吓得武昭仪一激灵，她也不明白自己怎么会有这样的念头，但是，这个念头一产生就像油锅里沸腾的油，时时灼烧着她的内心，让她寝食难安。

这是一个关于自己命运和血肉亲情的抉择，如果处理得好，没有谁会怀疑到自己，也必定会在宫中和朝廷上引起轩然大波。如果处理不好，不但会白白牺牲了自己5个月大的女儿，还会搭上自己的命。

武昭仪想到这里又是一个寒战。看着自己的小公主，这是一个生命啊！母亲要不是事出无奈也不会出此下策，生在帝王家不见得是你的福分，长大了是一场政治婚姻，说不定还会远嫁外邦，生死也难预料。

武昭仪这样想着，心理稍稍舒坦了一些。武昭仪到底要干吗呢？她要谋杀自己的亲生女儿嫁祸给王皇后，希望借此一搏上位。武昭仪在苦苦挣扎之后，终于下定决心用女儿的命换自己终生的地位。武昭仪知道什么是心碎，但她更知道什么才是自己最想要的。

武昭仪计算着平日高宗到来的时间，自己该出场的时间，谋划着必要的安排、实施的步骤等一系列与行动有关的细枝末节。

武昭仪准备好一切之后，按照计划好的时间去请皇后过来，皇后也没多想，就跟着下人们来了，结果，宫女们回话说，昭仪临时有事儿出去一趟，一会儿就回来，请皇后等等她。

皇后在昭仪宫中逗留了一会儿，等不耐烦了就摆弄了小公主几下。小公主咯咯地笑了几声，王皇后觉得厌烦，便起身告辞了。皇后走后，躲在一旁的武昭仪便开始行动起来。武昭仪一边用被子蒙住孩子的头，一边把脸转向一边。过了一会儿，武昭仪探了探孩子的鼻息，没有了，一个小生命就这样结束了。

武昭仪来不及多想，按照计划先是惊叫起来。听她这一叫，所有的宫女、太监都聚拢过来看是怎么回事。结果发现小公主已经死了。这下宫里可炸开了锅，大白天就出了人命，而且这不是一般的人命，是皇上的女儿，所有的下人都慌了。

正在大家乱作一团的时候，皇上来了。高宗来并不奇怪，他几乎每天都要来看望小公主一次，时间也都差不多。不然，武昭仪也摸不着这个规律，更难把握自己作案的时间。

武昭仪见高宗来了，就大哭起来。问左右的人，小公主怎么死掉的，有谁来过昭仪宫。左右的人自然实话实说，告诉武昭仪，皇后来过，还摆弄了小公主好一阵子。实际上这是武昭仪故意问的，明明就是她派人请皇后来的，怎么还问谁来过？

高宗不明就里，一听说是皇后曾经来过，又联想到皇后数次嫉妒其他妃子、排除异己的事儿，高宗火往上撞，认定了是王皇后杀死了自己的小公主。

这个时候，武昭仪不失时机地哭天抢地，添油加醋地诉说之前在皇后那里受到的种种不公，高宗一听更加气愤，前去宫中找皇后质问。

王皇后从昭仪宫里回来之后，一直心绪不宁，似乎预感有什么事要发生。正在坐立不安之时，听外面喊皇上来了。王皇后不知道皇上怎么会来，但她知道皇上来她这里不会是叙旧情的，这是她的经验。

果真，皇上怒气冲冲地冲了进来，指着皇后说："你这歹毒的妇人，竟敢做出这样残忍的事情！真是枉做皇后！之前你拈酸吃醋，朕也就不跟你计较了，而今你竟干出这种泯灭良心的事情。"王皇后心想：近些天来，我已经很谨小慎微了，没做出什么出格的事情啊！

当王皇后正要开口询问原因时，高宗又说道："武昭仪到底是哪里得罪了你，你连5个月大的小公主都要杀害呀？"

"皇上，你说什么？小公主怎么啦？"王皇后不解地问道。

"你还跟我装，真是死不承认呀？"高宗气愤地控诉着王皇后的"罪状"。

王皇后听后都傻了，怎么会有这样的事情呢？自己走的时候小公主明明还是好好的呀，怎么会在这么短的时间内就死了呢？可是，要说是武昭仪的陷害，这也不可能啊？试问哪一个母亲能舍得杀自己的孩子再嫁祸给别人呢？这怎么也说不过去啊！

此时，王皇后真是百口莫辩，连自己都想不通，这究竟是怎么一回事了。高宗见王皇后默不作声，便气愤地丢下一句："是你太不自爱了，那也就别怪朕无情了。"当高宗说出这句话时，也就意味着他已经下定了废后的决心。

废后可不是一件小事儿，甚至关系到整个国家的未来。在古代王朝里，如果皇上的皇后被废，极有可能影响到将来由谁来继承皇位的问题，同时，还会危及朝中的势力。所以，立后还是废后一向都不是由皇上一个人说了算的事情，要大臣们一起进行商议才能够决定。虽然王皇后没有儿子，但是她身后的大臣们也是不容小觑的。

这时的武昭仪已经明白长孙无忌在朝中的分量，只要他能够点头，事情也就成功了一大半。长孙无忌在朝中的地位可是不一般的，他是前朝的老臣，又是皇帝的舅舅，但是最为重要的，他是先帝临终前将皇帝托付的人。

而在当初登上皇位的李治，也多亏了这位老臣不遗余力的辅佐，才能够稳定了帝位。因此，高宗对他是既尊重、感激，又十分的忌惮。由此不难看出，在废后的问题上，高宗一定要先征求长孙无忌的意见才可以。

在经过了一番筹划之后，高宗带着武昭仪屈尊来到了长孙府上做客。长孙无忌是何等人物，两朝元老，多少惊涛骇浪没经历过。对后宫的起起伏伏也没少看过，他闭着眼睛用脚后跟都能想得出来他们来他家的目的。这是个非常棘手的问题，他不会轻易发表意见，因为处理不好可能连性命都会保不住。

高宗当然不会直奔主题，这么大的事儿，总要先试探一下才行，所以，他一个劲儿拐弯抹角地试探长孙无忌。长孙无忌当然明白高宗的这套把戏，但是，他却不会露出一丝破绽，态度还是相当的谦和。

高宗当然是有备而来的，这备的可是相当大的礼。他先是把长孙无忌的功绩大大地提升了一番，接着又问到长孙无忌的儿子。长孙无忌讲出自己有几个儿子没有学成，没有官职，没有俸禄。

高宗听长孙无忌这么一说便说道："你可是国家的栋梁啊，怎么能够委屈我的表兄弟呢！我马上封他们为朝散大夫。"所谓朝散大夫也只是个虚官，不做工作却拿着很高的俸禄，而且还享有一定的政治地位。

其实，高宗就是想利用这个来笼络长孙无忌，长孙无忌自然很明白这一点，他不会拒绝，拒绝就代表反对，这样没有实际权力的官职，既不犯错误，也不落是非。随后，长孙无忌命令手下人准备饭菜，款待李治和武昭仪等人。

高宗看着舅舅收下了这份大礼，又备酒备菜，心里便有了些着落。酒席开始后不久，高宗便转入了正题："舅舅啊，你的儿子个个都这么优秀，我真是打心眼里为你高兴啊！可惜啊，王皇后没有儿子，不过还好，武昭仪有儿子。"言外之意就是，舅舅你看，你的儿子我都给安置了，我的儿子你也帮忙安置一下吧，可是，在这之前必须要先安置一下武昭仪。

长孙无忌听了高宗的话，当然是了然于心。但是，他却顾左右而言他，始终不表态。武昭仪便在一旁给高宗使了个眼色，高宗又吩咐一声，将几车金银及绸缎搬到长孙无忌面前，长孙无忌一个劲儿地谢恩。

可是，长孙无忌倒是沉得住气，依然不表态，还是让人吃东西，结果高宗和武昭仪无功而返。武昭仪见长孙无忌不表态，心里很是不快，仇恨的种子也就此埋下了。

后来，因为有人向高宗告密，说在王皇后的宫中发现个小木头人，上面还刻着皇上的姓名和生辰八字，并且还有一个针插进了小木头人的心上。所以，皇上便亲自带着人在王皇后床底下找了出来。

此时，王皇后就仿佛血手淋漓地被人发现，惊慌失措，哑口无言。除去连口否认之外，她又能说些什么呢？王皇后跪在地上，力说自己确不知情。她猜想那个小木头人一定是有人栽赃，偷偷儿埋在她的床下的，可是，现在的一切证据对她都是不利的。

宫廷里，朝廷上，议论纷纷，大臣惊骇，小吏疑猜。朝廷之中哗然一片，武昭仪向王皇后的进攻也开始了。皇后就要被废了，很多人煞有介事地这么说着。

褚遂良与长孙无忌受了先皇帝的重托，善事少君与皇后，现在觉得真的要闹出事来了。武昭仪知道这件事情并不容易，可是已经发动起来了，就绝对不会立刻收场。因为，在武昭仪的背后有皇帝的大力支持。

当大臣们聚于朝廷的旁殿，等待钟响上朝时。长孙无忌便把右仆射褚遂良拉到了一旁，把皇帝去他的府第和说的话告诉了褚遂良。别的大臣都站在四周，极其紧张，仿佛等待一场风暴。这时，自然要有人先说话，当然是长孙无忌。

褚遂良忠心耿耿，向长孙无忌说道："还是让我来说吧，如果弄到皇上非难舅父的情形，那就太尴尬了。我本来就出身微贱，这也本是我的职责。先帝将王皇后托付于我，我若有亏于先帝的托付，那有何颜面见先帝于地下呢？"

钟声一响，群臣鱼贯入朝。高宗皇帝坐在宝座之上，武昭仪隔一层纱，坐在皇帝背后，谛听与她自己成败攸关的这次朝议。高宗先说王皇后用魇魔法谋害自己，依法当诛。如此败行何以为贤妻良母的楷模？因此打算把她废掉。

褚遂良迈步向前奏称："陛下，臣有职责谏止陛下行此废立之事。王皇后为先帝选与陛下。先帝临终之时，在病榻之上，握着臣的手说'朕将好儿好妇，托卿辅佐'。陛下曾亲耳听见。皇后犯罪并无明证，不应当被废掉。"

高宗皇帝从容不迫，将小木头人拿了出来，说道："你们都来看一看。"说着便递与群臣观看。只见在小木头人的心上，钉着一个钉子，身上写有皇上的名字和生辰八字。

褚遂良奏称："为什么不去仔细地调查一下呢？陛下怎么知道就不是别人在栽赃谋害皇后呢？"皇帝默然。

侍中韩瑗向前启奏，支持褚遂良的意见。他说："求陛下恕臣直言。轻易废立皇后并非国家之福。朝野震动，其害非小。臣与褚遂良意见一样，皇后是先帝为陛下所选，不应当被废掉。"

长孙无忌刚要说话，高宗大声怒斥道："把他们都轰出去！"褚遂良与韩瑗退出之后，立刻就下朝了。

武昭仪看到自己当皇后的想法，在朝中遇到的阻力是很大的，于是便退而求其次，请高宗封她为妃子。但是，这也是不容易的。因为按照唐朝的宫制，妃子只能有4位。而此时，唐宫中的4位妃子也已经全占满了。

高宗打算再封一妃，名曰宸妃。"宸"就是北极星的意思，就是说只有武氏才配做高宗的妃子，这样，武氏离皇后之位就差一步了。但是，此事攸关朝法，高宗也不能任意变动。结果这一提议立马遭到了宰相韩瑗等人的反对。

武昭仪只好屈从，好在度情量理，人力已尽，只好等4位妃中有一个死去，或者是一些别的情形。若是命运不肯创造出一个伟大的女人，一个伟大的女人也会创造出她自己的命运。

后宫易主风云

在高宗为武昭仪争取"宸妃"事件之后,他一直都没有放弃立武昭仪为皇后的努力。而武昭仪能够成为皇后,那就不能不提一个人,这个人对武昭仪成为皇后起了很大的作用,他就是唐宫的中书舍人李义府。

李义府原本是一个穷书生,后来做了国史馆的学士,他才华出众,很识时务,是个宁可弯腰也不会委屈名利的人。因为李义府在做中书舍人的时候,得罪了长孙无忌。所以,长孙无忌想要把他发配到现在的四川壁州去做司马。

其实,司马本来也是五品官,与中书舍人一个级别,这样的调动算不上是贬谪。但是,李义府却不甘心,在朝中跟大臣们你来我往,不仅能够提升自己的人气,而且还能够让皇上认识你,这样才有机会得到提升和重用。李义府本来就是有些学问的,自恃才高,因此,他就更不甘心做地方官了。于是,他四处寻找着能够留在朝廷的良计。

有一天,李义府找到了同为中书舍人的好友王德俭。王德俭是个鬼点子很多的人,当他听了李义府的想法后,便说道:"这个事情也不难解决,只要你不怕得罪长孙无忌等老臣就行。"

李义府听后,喜上眉梢,说道:"我都已经得罪了,还怕再得罪一次吗?只要能留在朝廷,我甘愿冒这个险。"

王德俭说:"这就好。"接着,他便说出了自己的主意,"现在皇上想立武昭仪为皇后,只是害怕大臣们反对,所以犹豫不决。如果你能为这件事出一把力,一定可以转危为安。"

李义府一听这事儿真是不难,最多是被长孙无忌给驳回来,接着到四川去当他的司马。但是,如果搏胜了,或许就可以留在朝中被重用了。李义府思前想后，决定试一试。

李义府的任命书当时已经在门下省了，为了赶在任命生效前见到皇帝，李义府深夜便来到了皇上面前，请求废王皇后立武昭仪。这时的高宗和武昭仪正睡得朦朦胧胧的，忽然听说李义府来求见，很是不快。

可是，当李义府说明来意之后，高宗两眼顿时放了光。这样的支持者太少了，在朝廷中他和武昭仪势单力薄，正愁如何实施下一步计划呢！忽然李义府就来了，这太是时候了。

武昭仪当时也来了精神，叫李义府继续讲下去。李义府看到这种状况，心想这回可是来对了。于是便说："皇上啊，武昭仪厚德，天下百姓都拥戴武昭仪为皇后呢！您不如顺应了大家的意思立武昭仪为皇后吧！"其实，谁都知道这并不是天下百姓的想法，这只是为迎合高宗而造出来的说法。

高宗当然也知道，但是，他却愿意听到这样的说法。接着，高宗旁敲侧击地告诉李义府，你要坚持下去，最好再找几个同盟，这样你就有希望留下来了。李义府领会了高宗的意思，便高高兴兴地回去等待着留京的命令。

第二天，武昭仪就派人来答谢李义府的帮忙，李义府被提升为中书侍郎。这一个动作，很明显地告诉大臣们：你们如果支持废王皇后立武昭仪，那我不会亏待你们，至于不支持会怎么样，那就等着瞧了。

于是，有些风吹两边倒的朝臣就开始向武昭仪献媚了。许敬宗本来就是武昭仪的人，只是他们小团体的力量太弱小，无法发挥作用而已。这样一来王德俭、御史中丞袁公瑜以及御史大夫崔义玄等人就与许敬宗一起组成了支持武昭仪的集团，废后的呼声变得更高了。

长孙无忌把这些都看在眼里，但是他也没有什么办法，他收了皇上和武昭仪的大礼，也不能反对。但是废后也是他不愿意看到的，所以他只能不说话。此时，长安令裴行俭对此感到十分不满，他曾对长孙无忌说过："如果立武昭仪为皇后，我们的国家从此就不得安宁了。"这些话被袁公瑜听见了，告诉了高宗和武昭仪。

随后，高宗就把裴行俭打发到吐鲁番做都府长史去了，这就是不识时务的人的下场，你不支持废后就是裴行俭这样的下场，朝中的沉默之声因此变得又多了些。

一转眼，时间已经到了九月，高宗认为时机已经差不多了，便召见长孙无忌和褚遂良等重臣到内殿。李知道是怎么一回事，就称病不来见高宗。进了内殿见了高宗，高宗把头转向长孙无忌大声问道："皇后没有儿子，武昭仪却有，我想立武昭仪为皇后你们看怎么样啊？"

长孙无忌没有言语，褚遂良听了上前一步说："皇后出身名门，是先帝看中的儿媳妇，先帝驾崩之前拉着我们的手将你和皇后托付给我们，如今想起来还好像是昨天的事，皇后没有什么大的过错，我不能迎合皇上您的意思，违背先帝的命令。"

高宗一听，这不是拿我父亲来压我吗？于是就说："先帝以为皇后会有生育，所以对皇后没有要求，而皇后至今没有个儿子，我废后先帝是可以理解的。"大臣们不置可否，高宗没有办法只好屏退了这些人，让他们明天再议。由此不难看出，此时的高宗是不达目的誓不罢休。

现在，既然把废后的事情端到了台面上来说了，就不能轻易说算了，否则皇帝的颜面何存？高宗虽知人善用，但多半部分他却是柔弱的。高宗十分明白这一点，所以这件事情也关系到他能不能在朝中立威。现在，他打定主意要立武昭仪为皇后了。

第二天，大家继续对废后的事情进行讨论。褚遂良还是不依不饶："皇上您要是想废旧立新，后宫中哪个女子不行，非是武媚娘不可吗？这是所有人都知道的事儿，如果您立武媚娘为皇后，后世的人会怎么评价皇上您啊？臣罪该万死，请皇上您三思。"说着便把手里的笏板扔到了地上，又摘下帽子磕破了头让高宗收回成命。

高宗左右为难，长孙无忌看到这种状况，连忙为褚遂良求情："褚遂良虽然有罪过，但是，他却是先帝临终受命的老臣，是不能惩罚的。"这是什么道理，先帝的老臣就不能罚了吗？其实，长孙无忌也是实在没有办法求情了才这么说的。

退朝以后，高宗和武昭仪商量起来。事情不能总这样僵持下去，夜长梦多啊！在说到宰相李勣为何一言不发时，武昭仪说："他可能有苦衷，不如我们把他偷偷地叫进来问话！"

在高宗秘密召见李勣时，李勣只说了一句话："这是皇帝的家事，您又何必去问外人呢！"这一句话虽然简短，但是却使高宗茅塞顿开。

于是，高宗终于决定颁发圣旨，诏告天下，大意说王皇后魇魔皇帝，罪无可逭，当予废掉，监于内宫，武氏即立为皇后。

这道圣旨一颁布，这桩败坏伦常的丑闻遂遍扬于天下，轰动于四方，都视为笑谈。尤其可笑的是，新皇后竟然还是个尼姑。更糟不可言的是，她身为尼姑时，就与皇帝通奸怀上了孩子。国人的廉耻受了刺激，朝廷的元老重臣为什么不去阻止呢？

其实，他们已经是竭其所能了。褚遂良力谏之后，继之还笏求去，结果被谪远方。朝臣都觉得朝廷蒙了灾难，是不祥，是凶险，但是却是不可避免的。此时，太尉长孙无忌闷居在家，愠怒难发。

公元655年农历十月，文武百官请高宗立武昭仪为皇后，高宗答应百官的请求立武氏为皇后。之后高宗就下了诏书，武昭仪就是武皇后了。武皇后可与其他女子不同，她是个表现欲极强的女子，只是在太宗时期她的个性受到了压抑和磨砺，才渐渐没有那么锋芒毕露了。此时的武皇后终于有了出头之日，一定要耀武扬威一把。

人们说武氏是具有创新意识的，其实不如说她是有胆量的人。按照宫廷的传统，皇后是不能出现在大庭广众之下的。而武皇后却不会去接受这样的传统，她不但要在大庭广众之下露脸，还要坦坦荡荡地进行。所以，她选择在肃义门接受百官的朝贺，这可是一次很大胆的突破啊。

历来的皇后登位，只接受有职位的女官的朝贺。现在，武皇后不仅要接受女官的朝拜，还要接受文武百官和四夷酋长的朝拜，这可是史无前例的。高宗对于武皇后的举动，也显得有些为难，因为这是违反大唐礼制的事情，他不能够轻易答应。但是，武皇后要做的事情，又怎会轻易放弃呢！经过她不断地软磨硬泡，高宗终于点头答应了。

其实，武皇后这样做的目的也就是爱慕虚荣的表现，她希望借此可以扬眉吐气，并且能够真正地告诉天下我武氏是正宫皇后，没有哪个皇后能比得上我的地位，要做就做到极致。另一个更主要的原因是武皇后极其渴望得到社会的认同，她自认为出身低微，又是太宗的才人，因此，自己的出身并不十分的光彩，这样做她认为可以抬高自己的身价。同时，还可以在人们的头脑中树立起权威。

其实，不管怎么说，武氏终于当上了皇后。她志得意满地接受着朝臣的朝拜，心里突然有一种巨大的满足，如果总能接受这样的朝拜该是多么美妙的事情啊！但是，武皇后的念头也只是一闪而过而已，在脑中并没有留下过多的痕迹。

此时，满朝文武，男官、女官还有外族官员，统统都趴在武皇后的脚下祝贺，可这祝贺又有多少是真心实意的呢？武皇后深知不管是在后宫还是在朝廷中，都还是有敌人存在的，她的皇后位置要怎样坐稳，是武皇后接下来要考虑的重大问题。

武昭仪当上了皇后，十分高兴，但是在兴奋之余，她并没有忘记朝廷和后宫那些与她为敌的人。关陇的旧臣对她当皇后耿耿于怀，后宫的王皇后和萧淑妃虽然被废，但皇帝耳根软，说不定哪一天又要把她们召到自己的身边来，武氏自己就是前车之鉴。

武昭仪觉得自己时刻都处于危机四伏的状态，尤其是以长孙无忌为首的老臣，虽然在皇后的废立上他没有表态，但是也足以说明他的不赞同，此外，其他官员腹诽的也不少。所以这场宫廷斗争才刚刚开始，有你休息的时间，可是却没有你怠慢的时间。

武皇后上任后，开始大规模地培植自己在朝中的势力。一方面她提拔自己已经收买下的人，另一方面她争取人心，将得罪过她的臣子给予表彰，以此来显示她的宽厚。

许敬宗才华出众又有朝廷做官的经历，随后被提拔为礼部尚书参知政事，他可以参加国家大事的讨论和决定。同样地，李义府被封为中书侍郎参知政事。这样下来，朝中的话语权就不被长孙无忌等老臣一派掌握了，新的势力也开始崛起了。

一般在皇上继位或者是皇后新立时，都会大赦天下。就在高宗大赦天下的这一天，武皇后上了一个奏表，意思是说："皇上啊，之前我曾被封为'宸妃'，韩瑗、来济几个人与您争得面红耳赤，这是很难得的，如果不是出于对国家的深厚感情是不会如此的，现在请皇上嘉奖他们。"韩瑗是当朝宰相之一，来济是中书令，都是权高位重的老臣，这两个人都是曾经反对封"宸妃"的中坚力量。

其实，武皇后选在高宗大赦天下的这一天，为这两个人讨赏是有其特殊目的的。因为，这个决定可以一举三得。第一，显示出了自己的大度，不计前嫌；第二，可以收买人心，这人心不仅包括高宗的心，而且还包括下臣的心；第三，可以给朝中的反对势力一个警告，你们的意见我都记在心里呢，我在大赦的日子里给你们讨赏实际上是在请求赦免你们，你们别以为自己真的就该领赏。

果真，两位老臣主动请辞。不过，高宗怎么会答应呢？这都是国家的栋梁，武皇后都不计较，我就更不会计较了。于是就没有同意两人的请辞，只有胜利者才有资格施与失败者，武皇后的施与是高姿态的。

武皇后是个有胆量、有魄力的人，她希望高宗能够像太宗一样有所作为。但是，高宗却是个懦弱的人，做起事情来也是畏首畏尾。像高宗这样的人做领导确实需要一位像武皇后这样的女人来辅助，但是，前提条件是这个女人甘愿做这个男人背后的女人。其实，武皇后确实称得上是皇帝的得力助手。她鼓励皇帝推陈出新，劝他改元，高宗也接受了武皇后的建议将大唐改元为显庆。随后，武皇后又决定要把儿子扶上正位。于是，她又开始计划将自己儿子立为太子。

武皇后的长子是李弘，次子为李贤，她暗示许敬宗上书另立太子。

其实，这也是很正常的事情，皇后换了，太子自然也得跟着换了。许敬宗还真不是浪得虚名，洋洋洒洒一大篇文章，就将事情搞定了。高宗对此并没有什么意见，本来太子多是皇后的儿子，这也没什么好说的。不然大家也不至于为个皇后的位子争得你死我活。

公元656年农历正月，高宗下诏立李弘为太子，于志宁做太子太师，中书令崔敦礼为太子少师，许敬宗、韩瑗、来济为太子宾客，李义府兼太子左庶子。从这些朝臣的任命上我们就可以看出武皇后的势力了。韩瑗、来济是老臣，为了显示不任人唯亲，还是要给个职位的，其他的基本上是武皇后身边的人。

立了新太子，必定要废掉原来的太子。随后，原太子李忠被封为梁王，即相当于梁州的刺史，并没有什么实权。李忠离京时，原来与李忠交好的官员都不敢前去相送，只有右庶子李安仁哭着为他送行。

武后知道后，在百官面前赞美李安仁的美德，还请高宗提拔这样的人。武皇后做这些并不完全出于收买人心的需要，她确实深受太宗影响，有政治家的气量和胸怀。

高宗很是佩服武皇后的大度，他认为能够得到这样的皇后简直就是自己的福气。此后，武皇后在朝中的名气也渐渐高了起来，同时，她在高宗心中的地位也就更加稳固了。

就在这一年的十一月，武后又生下了一个儿子，名字叫李显，被封为周王。安排好自己的家族成员后，武皇后盯上了关陇旧臣长孙无忌。长孙无忌在朝中的势力是相当庞大的，宰相韩瑗、中书令来济虽然表面上看已经被她给安抚了，但实际上还与长孙无忌保持着密切的联系。

长孙无忌一向与褚遂良同仇敌忾，褚遂良的强烈反对，长孙一定是背后的支持者，长孙无忌不除，她的地位还有可能会动摇。所以，武皇后便把目标锁定在了长孙无忌的身上。

当然，长孙无忌也并没有闲着，自册封大典以后，他就开始策划抑制武后势力的膨胀。由此不难看出，一场权力之争即将拉开序幕。

这里面老臣韩瑗、来济是极为关键的，因为他们是两方争夺的主要对象。这两个人都手握重权，哪一方赢得了这两个人，就等于赢得了在朝中的大部分席位。长孙无忌在一番探问之后，发现老臣韩瑗和来济还是向着自己的，于是，长孙无忌便请他们二位将贬到地方的褚遂良召回京城，这样就可以加固关陇旧臣在朝中的地位。

两个人也是关陇的老将了，于是听从了长孙无忌的建议，向高宗进谏请求将褚遂良召回朝廷。有这两位老臣当前锋，后面的关陇世家就一拥而起，纷纷向皇上奏请。高宗依赖武后已经成了一种习惯了，不能做主，于是便问武后。武皇后心知肚明：我这边安插自己的人，你那边就要提升自己的人，这样下去，我的人哪还有地方站啊！武皇后也因此而意识到自己的敌人还是很顽固的。

　　随后，长孙无忌一派又拿出妲己、褒姒一类的人物来讽谏高宗，高宗哪里爱听这个，说武皇后是红颜祸水，不就是在说自己是商纣、周幽王么？岂有此理！于是高宗不理睬韩、来的请求，韩瑗急了，就拿辞官来威胁高宗。高宗心想又来了，你辞官我也不怕。长孙无忌实在没有办法了，只好从其他地方找突破口。

　　在这个关键时刻掉链子的首先就是李义府，此时，李义府做了一件不太光彩的事儿。而就是因为此事，成了长孙一方攻击武皇后一方的把柄。原来，洛阳有一个案子捅到了大理寺。这个案子的主人公有点特殊，叫淳于氏，淳于氏生得很美，身边的风流韵事总是不间断。没想到就是这些风流事给她惹了麻烦，她的奸情被拿到大理寺去审了。

　　李义府听说这个女人很讨人喜欢，便去看她，这一看就看出了祸来。李义府被淳于氏的美貌给吸引了。于是，他便串通大理寺丞毕正义徇情枉法，把淳于氏给释放了。接着，他又把淳于氏接到了府中，想把她纳为妾。

　　长孙无忌在大理寺也有党羽，大理寺卿段宝玄就是其中一位。段宝玄对李义府所做之事很清楚，便上奏皇上。李义府害怕事情败露，逼迫毕正义自杀。因为死无对证，李义府纳小妾的事儿又未成事实，所以也就放下了。虽然法律上无法给李义府定罪，但是，事实毕竟是存在的。于是，关陇集团便以李义府为借口，一口咬定武皇后在包庇李义府。

　　御史王义方上奏继续审理这个案件，奏折中说："李义府在皇上的眼皮底下，擅自杀死六品的寺丞。都说毕正义是自杀，实际是受李义府威胁而死的，这是他杀人灭口的做法。现在生杀予夺的大权都不从皇上您那里出了，我们怎么能任由这种风气助长呢？请皇上您斟酌啊！"但是，由于武皇后的力保，高宗始终都没有给李义府治罪，这件事被折腾了几个来回，最后竟然到了李义府和王义方到朝廷上对质的地步。

　　王义方痛斥李义府的罪行，李义府也不示弱，两个派系之间展开了争斗。武皇后见到两派相争，便谏言高宗责问王义方。随后，王义方被贬为叶州司户，李义府则升为了中书令，并兼任检校御史大夫。

　　其实，对于李义府的品行，高宗和武皇后多少还是有些了解的。在这件案子中李义府是理亏的，可是李义府不降反升，使得武皇后在朝中的口碑进一步受到影响。这样一来，武皇后的口碑继续变差了，但是，她的威慑力却增强了，官员们说话和做事对武后也颇为忌惮。

然而，更让后宫和朝中大臣不寒而栗的是接下来发生的事。这件事武皇后做得干净、决绝，足可以震慑后宫，可是，也正是这件事情，让武皇后与高宗的感情出现了裂痕，也为以后武皇后与高宗争权埋下了伏笔。有一天，高宗闲来无事，由侍卫陪同着到御花园散步。高宗是个念旧的人，对自己曾经宠爱的萧淑妃和自己对不住的王皇后多少有些挂念。散步只是个幌子，真实目的是想看看她们。

高宗一想起她们的好，就想跑过来看看。武后毕竟是皇后了，他把荣耀与爱都分给了她，剩下一点儿怜悯就想给他曾经爱过或对不起的人。其实，高宗并不想把她们怎么样，只是想看望她们一下，知道她们还好会让自己安心些。

高宗来到后花园，由侍者指引着来到一所院落前。院子还算整洁，只是与之前两人的宫殿相比寒酸得很，有些像下人住的地方。皇后与萧淑妃只是庶人，不是一般的囚徒，不会和囚徒享有一样的待遇。另外，为了彰显自己的贤德，武后不会对王皇后和萧淑妃太过苛刻。

武后是个聪明的人，她在后宫的地位还没有完全站稳，对王皇后和萧淑妃太刻薄会引起朝廷非议，也会让高宗产生反感。所以，就算是做表面文章，王皇后与萧淑妃所住的地方也不会让人惨不忍睹，只不过与之前的奢华相比，肯定会显得寒酸许多。

当高宗见到王皇后与萧淑妃竟是这般的落魄，不免有些伤感。当他走进院落，问王皇后和萧淑妃是否安好时。王氏和萧氏顿时声泪俱下。王氏说："臣妾是戴罪之身，能得到皇上探望是我的荣耀啊！"

萧淑妃则在一旁请求道："皇上如果能念及我们昔日的情分，就让我们重见天日吧！请皇上赐这个院落为回心院吧！"

高宗安慰她们说："朕会想办法，你们不必担心。"

此时，高宗当然要征求一下武后的意见，但是，武后一听就翻脸了。这件事情一点都没得商量，结果高宗无功而返。

经高宗这么一折腾倒把武后给惊醒了，高宗这样心慈手软的个性，如果留着她们，总有一天，会让她们把高宗给迷惑了。如果有一天她们得了宠，我的麻烦可就大了。我自己就是一个鲜活的例子，不能再让这样的事情发生。武后下定决心要将这两个人除掉，以绝后患。

武后的凶残与暴戾在这个时候尽显无遗，她先是派人把二人拖出，各打100杖，接着又将她们的手脚砍掉，最后把她们杀死。可是，就是在这件事上，高宗对武后也有了新的认识，他开始质疑武后的性情和为人，并且对她也逐渐产生了反感。

这时，朝中的旧臣当然不会放过这个机会，他们对武后的行为提出了强烈抗议。但是，这些抗议也是没有用的，还是像李勣那句话说的，这是皇家的家务事，没你们大臣什么事儿。其他大臣不敢说话，但是腹诽的不少。旧臣们不能正面抨击这件事，就编造了一些谣言来诋毁武后。武后认为洛阳的地理位置和环境都比长安更适合做都城，所以将洛阳定为东都。这时，旧臣们攻击武后，说她是因为害怕王皇后和萧淑妃变成厉鬼来找她报仇。

这也确实给武则天皇后带来了很大的困扰，武后做了亏心事，心里也是不安的。但是想到自己也曾被王皇后和萧淑妃攻击，不是她们死，就是自己亡，心里也就平静下来了。武后明白这是旧臣在造谣，她怎么可能任由这些人放肆下去呢？于是她便指使许敬宗和李义府参奏韩瑗、来济和褚遂良暗中谋反。其实，高宗对这一事件也是有所怀疑的，加上之前武后对后宫王、萧的做法，高宗就更加怀疑了。

虽然证据不足，但是表面的证据还是存在的，况且因为自己立武后以及武后排除异己的行动引起他们不满，进而起反叛之心也是有可能的。所以，高宗还是把韩瑗赶到了海南岛做了刺史，来济也被赶到浙江台州做了刺史。褚遂良更为倒霉，被赶到爱州，也就是今天的越南清化去做刺史了。

从对几个人的发落上来看，高宗还是留有余地的。谋反可不是一般的事情，是要被杀头的大罪，而这里高宗只是把他们贬为刺史，可见，高宗虽然软弱，但是也并不糊涂，他对武后是存有戒心的。

此时，武后对高宗的态度变化也有所察觉。于是，她自己也留起了心眼儿。夫妻两个一旦产生隔膜，就要花费很大的精力来修复。如果没有修复，那么夫妻关系只会越闹越糟，更何况是皇帝与皇后的关系呢！之后，高宗与武后的裂痕便在无形中被拉大了。

通过上边的行动，关陇旧臣的主力基本被瓦解。既然破了旧，就要立新。在韩瑗等人被贬的同时，许敬宗被提升为侍中，兼任户部尚书，户部尚书杜正伦兼任中书令。李义府因为与杜正伦不合，两人互相扯皮、指控，双双被赶出朝廷，一个发配横州，一个发配普州做刺史去了。

这么一来，关陇旧臣就只剩下长孙无忌在朝廷中鹤立鸡群。可是，武后还是不放心，想将长孙无忌一起铲除。但是，长孙无忌不是一般的人,他不只是皇亲国戚、关陇集团核心这么简单,他还是高宗当太子时的支持者和顾命大臣。

也就是说李治能够当上皇帝,并且把皇帝的位子坐稳了,是与长孙无忌分不开的。因此,高宗对这位舅舅也一直是心怀感恩。即使有些事情做得过分些,也不会与他太过计较。

其实,高宗知道关陇集团在朝中把持朝政的局面,他也希望这个集团瓦解,但是却不希望自己的舅舅被贬。但是,武后绝不会放过长孙无忌,对于她当皇后,长孙无忌从根本上就是不赞成的,她要培植自己的势力,而长孙无忌是最大的障碍,不除去他,就难以让武后安心。

公元659年农历四月,高宗和武后在东都洛阳处理朝政,洛阳人李奉节控告太子洗马韦季方、监察御史李巢结党营私,高宗让许敬宗和辛茂审理这个案子。谁知,在审理时韦季方竟然自杀了。

这下许敬宗可找到了借口。原来韦季方是长孙无忌的门生,许敬宗就说韦季方是受了长孙无忌的指使,想要谋反,事情败露后就畏罪自杀了。高宗吃了一惊,大为怀疑,一个劲儿地说有人陷害长孙舅舅。

许敬宗反反复复列举长孙无忌的反常之处,请高宗不要犹豫,并且危言耸听地说,再迟疑,长孙无忌准备好了,大唐的社稷就不保了。高宗听到这里就有些动摇了,毕竟长孙无忌是有些傲慢的,自武氏封后以来,他始终不上朝,还与人商量着将贬到地方上的老臣召回,这确实有些说不过去。

想到这些,高宗不免想到了谋反的事儿,忽然伤心起来。许敬宗看出了高宗思想在动摇,便顺坡下驴说:"房遗爱可是个乳臭未干的毛头小子,高阳公主也是个妇人,他们能成什么大气候?但是长孙无忌不同啊,他是同先帝一起征战的老臣,声望极高,权力极大。他做宰相30年,天下有谁不知道他呢?他要是想谋反,皇上您怎么阻挡啊?多亏了宗庙有灵,皇天痛恨恶人,从一个小案件里牵扯出一个巨大的阴谋来,这是天下的大幸啊!如若不然,他举手一呼,乌合云集,那可就成了宗庙社稷的大祸了!我曾听说过去隋炀帝信任宇文化及父子,结成了儿女亲家,委以重任。宇文述死后,他的儿子宇文化及就在江都反了,杀死不响应的大臣,我的家就是在那时被毁的。后来连大臣苏威、裴矩等也不得不屈服。大隋江山是亡于旦夕之间啊!请皇上赶紧决定吧!"

高宗被许敬宗这么一说,竟然给说蒙了。他心里头不愿意相信,但是又害怕长孙无忌真的谋反,只得叮嘱许敬宗仔细查清楚。

许敬宗奏报说:"韦季方曾承认与长孙无忌谋反。问他原因,他说

'韩瑗、来济、褚遂良的外放使长孙无忌日日担心自己的地位不保，于是找我商议谋反的事。'臣已查明供词，符合实情。请皇上下旨逮捕长孙无忌。"

高宗听后，痛哭流涕地说道："就算舅舅果真如此，我也不忍心杀了他呀！天下人会怎么看朕，后世人又会怎么评价朕呢？"

许敬宗说道："薄昭是汉文帝的舅舅，文帝做皇上，薄昭功不可没。后来薄昭杀了人，文帝让百官穿上素服，哭着杀了他，至今人们还在称赞文帝的圣明。而长孙无忌不念两朝对他的大恩，竟然想谋朝篡位，他的罪可比薄昭大多了。幸好这样的阴谋暴露了，逆贼自然而然地服刑，皇上您还顾虑什么呢？长孙无忌是像王莽、司马懿一样的奸人啊！皇上您再迟疑恐怕会发生变故，到时候后悔都来不及了呀。"

高宗一听也是这个道理，觉得亲自审问实在无法面对帮自己这么多年的亲舅舅，于是审都没审就削了他的太尉职，封邑也收回了，只留下个扬州都督的官职，接着又外放到黔州做官。高宗对这个舅舅并没有赶尽杀绝，还给了他一品官的俸禄。

武后指使许敬宗扳倒长孙无忌之后，便开始彻底清理朝中剩余的关陇势力。许敬宗上书给高宗，请高宗削去柳奭、韩瑗的官职，对死了的褚遂良追削官职，将褚遂良的儿子彦甫和彦冲流放爱州。长孙无忌的儿子驸马都尉长孙冲被除名，流放到岭南，长孙无忌的族子驸马都尉长孙诠被放巂州，长孙无忌的表兄弟、高士廉的儿子高履行也被贬为永州刺史……总之，与关陇集团沾亲带故的官员没有一个有好果子吃——流放的流放，发配的发配。

可是，就算是这样，武后还是不放心，后来干脆一不做二不休。在长孙无忌流放黔州的时候，许敬宗又派中书舍人袁公瑜再去追问他谋反的事，结果，长孙无忌被逼得自杀。之后，柳奭和长孙祥也被杀害了，长孙思则被流放到檀州。

这下武后总算安心了，能跟自己争位的王、萧两位妃子已经死了，后宫没有人再敢和她一较高下，朝中反对自己的关陇旧臣也都被收拾得干干净净，再也没有人敢在皇帝面前进自己的逸言，皇后的位子从此便没有威胁了。这时，武后便长长地舒了一口气。她感到有一片祥云正在自己的头上笼罩着，不由得心花怒放。

努力经营权位

武后终归不是什么名门望族,一直以来,唐宫的重臣们也都以出身寒微的借口来阻止她晋升。现在她已经贵为国母,怎么能让自己再因为出身问题受到他人非议呢?虽然在做昭仪的时候,高宗曾经人为地提升了他父亲的地位,但终归是临阵磨枪,没有一个像样的说法。

武后按照南北朝的做法,促使高宗编了一本书,这本书就是《氏族志》。在这本书里她将自己的姓氏提高到一个很高的位置上,以此来证明自己身份高贵。

武后在铲除关陇旧臣的同时,还扶植了一批新晋的官僚,他们在做官之后,很希望得到应有的社会认可和尊重,希望自己的门第得到进一步提升。武后也十分想抬高自己的身份,高宗也希望加强皇权,不再受世家遗风的影响。于是,适应几方需要的《氏族志》就诞生了。

《氏族志》是一本重新评定社会等级的书,它在显庆年间编订完成,后来改名叫《姓氏录》。这个《姓氏录》比世家制要合理一些。它按照当朝为官的高低来定姓氏的等级。也就是说,你在朝为官,你就被收到这个《姓氏录》里,你不当官了,你的姓氏也就要从这个《姓氏录》里除名。

按照这样的原则来编写,武后是皇后,几乎与皇帝平起平坐,理应将她的姓氏收录到《姓氏录》中一等一的门第当中去。接下来的品级就按照官位的品级来定,你立了什么功,被封了什么官,就被录入几级世家当中去。你犯了什么过错而被赶出朝廷,或是你祖辈在朝中为官而你没能在朝中做官,就将你的名字从世家中除名。

可是,这项改革却触犯了旧贵族的利益,从而引起了他们的强烈不满。这根本就不是什么姓名索引,根本就是功劳簿嘛!也就是说谁为大唐立的功多，谁的家族级别就高。谁的功劳小，其家族等级也就越低。

因为这个变革，武后的家族一下子成了文水一等一的门庭。做完这些以后，她还是觉得不尽兴，于是，她又请求高宗追封自己的父亲为周国公，封自己的母亲杨氏为"代国夫人"。没过几天，杨氏又改封为"荣国夫人"。

"荣国夫人"是正一品，正一品是怎样的级别呢？当时妇女的最高品级是王公大臣的母亲或妻子，也不过就是个从一品。杨夫人被封为荣国夫人，那她的地位就仅次于武后了，是全国女人中第二号人物。

但是，有件事看起来很好笑，武后的父亲是周国公，按理说她的母亲应该和她的父亲保持一致，封为"周国夫人"才匹配。这里封个"荣国夫人"却有点让人摸不着头脑。

其实，这是武后故意安排的。武后的意思是要向天下人宣告，我的出身并不低微，我父亲是有功之臣，我母亲也是了不起的人物，她教育我成为你们的皇后，应该享有这样的待遇。我是知恩图报的人，我母亲的养育之恩我没有忘记。武后在证明自己出身并不寒微的同时，也证明了自己是个孝女。

武后知道自己在朝中和百姓中的声望并不高，所以，一心想要壮大自己的声势，提高自己的声望，于是她积极参加各种礼仪活动，为的是宣扬自己的德行，武后最先想到的就是亲蚕大典。

我国古代是传统的男耕女织社会，国家大典中有一项就是亲耕之礼，亲耕之礼是指皇上这样的一国之君亲自下田劳作，为农夫做表率。这样一来天下的百姓就更要好好种田，为国家尽心尽力。皇后是一国之母，在国家大典中也有一套是为皇后准备的典礼，这就是亲蚕大典。

也就是皇后要亲自养蚕织布，从而来给天下的妇女做出表率。这样的大典是很隆重的，但是，皇后们平时养尊处优惯了，偶尔干点活就会觉得腰酸背痛，因此没有几个愿意付出行动，多半都是做做样子就敷衍了事。

可是，最为要命的是这个典礼的程序很复杂，先是斋戒5日，待第五天这一天天不亮就要起床，而后带着全体内外命妇，也就是皇帝的嫔妃、太子的妻妾以及公主、王公大臣的妻妾，一起到预先准备好的先蚕坛按照程序完成亲蚕仪式。

这样的典礼，照理说是不用太费心的，但是，武后却不这么认为。她认为要做就要做到最好，尤其是这种面子上的事情就更不能这么草草了事了。这是一个表现自己的好机会，不能把它当成样子来做。事情做得好与坏在很大程度上取决于自己的态度，态度端正了，自然会有人肯定你的。

武后在做皇后期间，一共亲蚕5次，每次都尽心尽力，因而赢得了一些好评。武后做的另一个提高声望的事，就是在成功打击了长孙无忌之后，与高宗一起衣锦还乡。那是显庆四年的十月，高宗和武后一起巡游东都洛阳之后，沿着洛阳北上到并州。

并州对高宗和武后都有着不同寻常的意义，高宗到并州是因为并州是大唐王朝的龙兴之地，高祖李渊在并州起兵，最后打到长安，建立了大唐王朝。对高宗来讲，这是在祭奠先辈，同时也表明了自己是继往开来的君主。

此外，并州也是武后的老家，她在这里度过了一段并不愉快的时光。父亲死后，母亲带着她们姐妹几个回到并州文水老家，在这里她们娘几个受尽了哥哥们的欺负，生活十分不如意。因此，她想借着这个机会，扬眉吐气一番。

于是，武后高高兴兴地带着高宗回了娘家。此后，高宗还封并州80岁以上的老太太为五品郡君，也就是说要给她们一个荣誉头衔，让她们任五品以上的等级，只吃粮不管事儿。高宗和武后在并州度过了两个月的美好时光，武后的威仪在民间得到了充分显示。

在提高自己出身和提升自己声望的同时，武后也没有忘记处理与皇室成员的关系。皇室的关系对于武后来说主要是处理亲生儿子与非亲生儿子的关系、婆家与娘家的关系。

武后有4个儿子，3个是在显庆年间出生的，依次为：长子李弘、次子李贤以及三子李显。李弘被封为太子，李贤被封为雍州牧，而李显被封为洛州牧。

雍州是长安地区，洛州就是洛阳地区。东都、西都各自拥有一个。这样，她的儿子就占据了大唐江山的两个都城。李贤小的时候多病，武后在洛阳的龙门为他开石窟，就是为了给他祈福。

武后对自己的亲生儿子可以说是情深意重，那她又是怎样对待她的非亲生儿子的呢？一方面她要防范他们，另一方面还要表现出她对非亲生儿子的宽厚仁爱。

武后成为皇后以后，在清除朝中关陇势力的同时，也将她的非亲生儿子贬到地方当刺史去了。对于原太子李忠，武后颇为费心、费力。因为李忠不同于其他皇子，李忠是没有错就被废的太子。如果处理不好，就会落下话柄。

李忠是皇子里面年纪较大的一个，他知道武后是故意废了自己立她的儿子为太子。他害怕武后赶尽杀绝，就整天假装疯癫地玩乐，显出一副神经错乱的样子。武后因为正在跟朝中的长孙无忌较劲，所以也就没有时间来理李忠。当武后收拾完长孙无忌后，便有时间来对付李忠了。

　　李忠身边有个刘氏宫女，跑来告发李忠，说他连夜里说梦话都是谋反的事。高宗看着这样的儿子，实在没有什么前途了，就说用谋反的罪来定罪算了。

　　这时，聪明的武后便来到高宗身边，对他说，李忠这孩子也不容易，是我看着他长大的，您就看在我的面子上饶过他吧。那是自己的儿子，再怎么不好，不到万不得已也不能处死他呀！

　　高宗以为皇后会借此苦苦相逼，谁知皇后却是这个表现，那还不有个台阶就下啊。于是，诏告天下，李忠本该判谋反罪处死，是皇后晓之以情，费了不少口舌才让他的态度有所缓和的。

　　死罪是免了，但也要软禁起来才行。这种做法给人最重要的信息是：武后是一位仁慈的皇后。从此，武后一国之母的威仪，便进一步得到了提升。

　　实际上，在处理亲生儿子与非亲生儿子的关系时，对于武后来说并不困难。一朝天子一朝臣，新官上任总得提拔一批自己的人才行。武后对高宗儿子们的做法是可以理解的，高宗也明白这一点。只要让自己的儿子有口饭吃，高宗是不会介意其他儿子不在身边或是吃一些苦的。

　　虽然武后在对待王、萧的做法上过于偏激了些，但是，她对这几个儿子的处理，显然要比处理那些女人要仁慈些，所以，高宗也就不那么较真了，以免帝后失和，再添烦乱。这个时候的高宗，多少是抱着息事宁人的态度，由此也不难看出他性格之中的弱点。

　　此后，武后与太宗留下的嫔妃以及女儿们，也都保持着良好的关系。高阳公主曾经参与过谋反，最后被诛杀，连公主的封号也都被剥夺了。这对一个公主以及后人来说是件极其不幸的事儿，事后，武后为了缓和双方间的关系，追封了她一个合浦公主的称号。

　　当然，其他公主也是不能忽视的，聊聊天，谈谈佛法，因而也拉近了彼此的距离。这样，武后在后宫就有了较好的声誉。

　　对于与娘家的关系，武后就更加严格了。一方面因为她在娘家的时候没有受到同父异母的兄弟的优待，另一方面她也想显示出自己不偏袒娘家人的风范。所以，她在后宫当家的第二年就亲自编写了《外戚戒》一书。

武后主张外戚不可过于恩宠，前朝外戚干政的祸患她历历在目，长孙无忌把持朝政、架空高宗是现实的教训。所以，她告诫高宗抑制外戚，于是，便出现她的几个同门兄长被外放的事情。

武元庆和武元爽是武后同父异母的兄弟，除此以外，武后还有两个堂哥，一个叫武惟良，另一个叫武怀运。这几个兄弟原是六七品的官，按照传统，新立皇后的娘家人是可以被提拔的，因此哥四个被提拔为四品官。本来这是件极好的事儿，但是，后来发生的一件事情却触动了武后的神经，因而，也使得武后把手又伸向了自己的兄弟们。

有一天，武后的母亲杨夫人在家里宴请儿子和侄子们。杨老夫人谈得兴起，便提起了以前的生活，这些又让她不禁感到有些感慨。于是便说道："我最近时常回忆起以前的事情，你们对现在的幸福生活有什么感想呢？"

子侄们知道这是杨老妇人在邀功，希望听到自己对她说几句恭维、感恩的话。但是，武元庆、武元爽哥儿几个还真都是硬脾气，谁都不念及武后的好，武惟良说："我们当官是祖上积来的德，我们是功臣的子弟，应该做官的，只是我们没有什么才德，所以愿意当个小官。现在我们被提升了，心里反倒不安，高兴不起来。"

武家兄弟说的或许是实话，但是，实话有的时候也是十分伤人心的。武惟良这么一说，就会让杨氏认为，武家人一点都不念武后的恩情，自己反倒强迫了别人。杨夫人一听十分生气，于是便进宫去找女儿告状了。

武后原来想都是自家的兄弟，就算不亲近也应该比外人强，也许在将来如果有什么事儿，还能有个照应。可是，谁知，他们竟然不领情，将来有什么事也就未必肯帮忙了，把这样的人留在身边也没什么作用了，干脆就把他们贬到小地方去吧，这样不但可以出口恶气，更重要的是还可以彰显自己的大公无私。

就这样，武后便以抑制外戚为名，将武元庆和武元爽哥几个贬到了偏远的州当刺史去了。高宗看到自己的皇后竟然是这样的识大体、顾大局，对她也就更加欣赏了。

武后经过精心的经营，在后宫、朝廷和民间都有了一定的名望，后位也渐渐地坐稳了。对于一个女人来说，后位坐稳了差不多就可以安享太平了。但是，其实在很多的时候，不是你想太平就能够太平的。同时，武后又有个不甘平庸的性格，所以，她注定不能够就此停下，她将会向着前方进一步前进。

开始垂帘听政

　　高宗与武后尽管总是给人以感情融洽的印象，但是，他们之间也并不是没有矛盾的，武后在处死王、萧两人时，就已经在高宗的内心深处打下了不好的烙印。只是鉴于高宗要依赖武后的果决和鼓励，而且那时两人的感情也是十分要好的时期，所以高宗对武后也并没有进行过多的责问，但是他的心里始终存有芥蒂。

　　高宗与武后矛盾的最终激化，是在处理李义府的问题上。李义府的品质一向不好，这是武后知道的。武后之所以不动他，是因为他一直对武后忠心耿耿，同时，他也是武后的左膀右臂。

　　李义府知道自己受宠，又有武后在后面撑腰，所以越发恃宠而骄。李义府在做右相典选时，也就是专门负责选拔官吏的官员，他看到有利可图，于是便干起了卖官鬻爵的勾当。官员的任用和升迁不看政绩，而是看给了李义府多少好处，这也使得李义府在这个过程中大大地赚了一笔。

　　可是，这下却苦了那些寒门子弟，有才能也得不到提升，弄得怨声载道。高宗听说后很是恼火，就警告李义府，说道："爱卿，你的儿子和女婿都不是很检点的人，做了很多违法的事，我一再为你掩饰，你要好好地劝劝他们。"

　　李义府听后竟然变了脸色，说道："您这是听谁说的呀，皇上？"

　　高宗说："我都这么说了，你又何必追问呢？"李义府听后却大摇大摆地走了，高宗看他如此目中无人，心里更加气愤。

　　李义府是个迷信的人，他想保住自己的荣华富贵，于是，便想找人给他看看风水。这时，有个叫杜元方的方士出现了。杜元方告诉他有牢狱之灾，要破财免灾才行。

李义府一听可急了，这哪行啊，自己好不容易爬到这样的位置，怎么能够有牢狱之灾呢！于是便四处敛财。这时，他盯上了长孙无忌的孙子长孙延，长孙延原来被流放到岭南，好不容易九死一生地回到了长安，却没有任何官职。

李义府想谁不想当官呢，于是心里便打起了如意算盘。主意打定后，紧接着他就去找了长孙延。见了面，李义府便开门见山地说："长孙延，你是名门之后，因为父亲犯了罪才被株连，我现在给你个机会，让你有所作为怎么样啊？"

长孙延一听立即明白了他的意思。于是，便急急忙忙地筹好了一大笔钱送给李义府。李义府说话还真算话，真给长孙延弄了个六品的官当。这个官给了不要紧，却一下子激起了众人的愤怒。你不给寒门子弟当官的机会也就罢了，还给罪臣的孙子官做，这究竟是什么居心呢？

这时，有看不惯李义府的人，便向皇上反映了这个情况，说李义府与反臣子弟勾结。高宗正不知道给这个知法犯法、不顾皇帝颜面的李义府点什么教训呢，现在却出了这样一件事儿，高宗自然不会放过。

于是，高宗立马立案进行侦查。这一查不要紧，便查出了更多的罪过，罪行累累，有卖官鬻爵、贪赃枉法和造反……总之，罪恶滔天。

高宗得知这些后，越发地感到生气，于是在龙朔三年四月的一天，便把李义府给逮捕了，并且交给有关部门进行审理。同时，他还派大臣进行监审。

随后，高宗下令把李义府除名，流放到巂州，也就是现在的四川西昌，他的儿子李津也被流放到了振州。其他与他沾亲带故的、买了官的，流放的流放，罢免的罢免。后来，李义府也一直没有被召回朝廷，死在了流放地。

高宗总算是给朝廷除了一大祸害，但是，这个时候有个人却不愿意了，她就是武后。李义府是武后身边的人，向来也是她的左膀右臂，这么一弄就相当于砍掉了她一只胳膊。武后自然会不高兴，可是又没有办法，李义府罪证确凿，又民怨纷纷，特别是他还得罪了高宗。

武后只好忍痛割爱。但是，这一件事让武后也意识到了高宗也并不是事事都听自己的，他也有自己的想法。这让武后有了思虑，也许哪天高宗也会对自己产生厌倦，也会像废除王皇后那样来废除自己。

武后琢磨着怎样才能让自己享有不被别人主宰的权力，一想到这个，她就想到了皇位。一想到皇位，武后又开始踌躇起来。女子夺位可是千百年来没有的事情，这个想法是不是太过于荒唐了？武后寻思着。

李义府被贬后，对于武后来说是个不小的打击，高宗的气焰显然高涨起来。天下毕竟是李家的，怎么就不能由自己多做些主呢？高宗也感到自己对武后的依赖过重了。

高宗钦佩武后处理政事的能力和具有前瞻性的眼光，但是，这却并不意味着他甘心做一个傀儡。此后，高宗与武后之间的距离进一步被拉大。然而，使他们关系恶化的事情又一次发生了。

武后的母亲杨氏被封为荣国夫人之后，又被封为鲁国忠烈夫人。她守寡的姐姐也成为韩国夫人，可以入宫居住。谁知，就是这个举动使得武后差点丢了后位。

高宗本来身体就不大好，国事忧烦，加上贪恋美色，身体状况就更糟了，朝政倒是武后处理得更多些。随着武后处理朝政的增多，便少了很多的时间与高宗在一起。高宗耐不住寂寞，便与韩国夫人厮混在一起。

韩国夫人比高宗大六岁，风流、妩媚、婀娜多姿，又不乏骄纵。高宗感到很新鲜，就总是找韩国夫人厮混。韩国夫人还有个女儿，正值青春年少，活泼开朗，楚楚动人，高宗也很是喜爱。久而久之，高宗与韩国夫人及其女儿便像一家人一样生活着。

后宫的宫女和太监都知道这件事，只是怕惹出事端来，都不敢捅破。武后也觉得高宗行为有异，但因为忙于国事，对方又是自己的亲姐姐就没有急着动手。谁知，两三年以后韩国夫人却死了，当然，也有传言说是被武后给害死的。

高宗听了这个传言深信不疑，因为有王皇后和萧淑妃的前车之鉴，高宗认为武后能够下这样的毒手，于是对武后非常的恼怒。刚好在这个时候，太监王伏胜告发武后私招道士郭行真行厌胜之术。

高宗一听更为恼火，当初王皇后就是因为这个被废的，如今武后又干这样的事儿，这不是自掘坟墓吗？更何况私自召男人进宫是犯禁规的，这样的事怎么能够轻饶呢？于是，高宗密召西台侍郎上官仪商量这件事儿。

上官仪的文采非同一般，太宗时期就是记录皇帝言行的起居郎，又任光禄大夫、西台侍郎等职务。上官仪对武后幕后执政很不满，一听说高宗召见他是为了这事儿，便说："皇后肆意专权，这是天下所不能容忍的，请皇上废了她吧！"

高宗对武后幕后掌权本来就心有忧虑，再加上武后又破坏了他的好事，在气愤之下便同意废掉皇后。于是他命令上官仪起草诏书，上官仪文思敏捷,很快就写好了诏书,诏书上列举了武后很多条罪过。

武后在宫中的耳目众多,在上官仪还没有离开皇宫的时候,她就赶到了。当时诏书就在桌子上放着,武后看到诏书后就哭了起来,武后知道高宗是个软弱、多情的人,她先将他们的夫妻情分哭了一遍,接着又诉说起她为大唐所做的贡献。

随后,武后又质问高宗:"我到底犯了什么罪,你要把我给废了?"高宗经武后这么一闹腾,有些招架不住了,他对武后是有不满和厌倦,但是还没有到要废后的地步。经武后这一哭诉,他倒想起自己对武后在政治上的依赖来。废了后谁来帮助我处理政务啊?我现在的身体这个样子,恐怕难以担此重任呀!

其实,高宗只是软弱,但是却并不糊涂。想起武后这么些年尽心极力地辅助他的情形以及往日的欢乐时光,他的心就软了。上官仪走后,高宗解释说:"我初无此心,皆上官仪教我。"

废后是多么大的事情啊!上官仪连草书都拟好了,这件事背后一定有阴谋。武后想起,上官仪曾是被废的太子李忠做陈王时的谘议参军,王伏胜也曾是废太子李忠的原东宫太监,这是他们串通起来欺蒙皇帝,企图废掉我。于是,她安排许敬宗向皇帝上奏,声称上官仪与王伏胜唆使太子李忠图谋大逆。

高宗觉得对不起武后,总要给武后一个交代。于是,就在这一年的十二月,将上官仪逮捕,接着又将他和他的儿子上官庭芝以及王伏胜处斩。两天后,高宗赐废太子李忠自尽。此后,与上官仪有关系的右相刘道祥也被降为礼部尚书,左丞郑钦泰等朝臣都被流贬。

武后经过废后一事之后,对高宗和朝权有了新的认识。她知道高宗对她的感情已经大不如前了,如果有人有确凿的证据证明自己有罪过,高宗真有可能会废掉她。她的命运始终掌握在别人的手中,武后越想越觉得心寒。要掌握自己的命运,恐怕还是要先从朝政入手,武后内心泛起了波澜。

武后在经过了高宗废后一事后,也开始思索她人生中最为重大的事情,这就是要想坐稳自己的位子,就要拥有与皇帝基本对等的权力。

可是,这个权力要怎么来争取呢?武后认为朝中大臣是自己控制的对象。她知道现在的高宗因为身体不好,更多的时候只能在朝堂上当一个摆设。于是,她想到要让自己露露脸。

当然,女人要露脸在那个时代也是实属不易的,虽然现在高宗身体不好,但还能上朝,自己怎么能露脸呢?武后思来想去还是觉得只有垂帘听政这一条路可以走。

进一步来说，如果自己能够垂帘听政，那么大臣们的言行也就在自己的眼皮子底下了，废后的事情也就很难再出现了，自己的位子也才有把握坐稳。主意打定后，武后就开始对高宗进行游说。

高宗一想也是，自己身体不好，上朝总感到力不从心，有武后在后面听着也安心些，有什么疏漏或迟疑的地方，两个人也可以互补，于是就答应了她的请求。

武后与高宗坐在一起主持朝政，一个在前，另一个在后面用帘子遮住自己。唐朝有人习惯把皇帝称为"圣"，武后基本上也相当于皇帝了。于是人们把他们称作"二圣临朝"，"二圣"临朝以后，为了显现自己的功绩，提升自己的地位，武后又提议高宗进行封禅大典。

其实，武后想到泰山封禅是有她的目的的，这个目的就是要显示一下自己的功绩，让自己在天下人当中扬威。虽然高宗是前面的人，但是朝臣们也都知道，没有后面的武后，高宗难以应付得了朝政。可是，这些只有朝臣知道是没有用的，要天下人知道才行。

武后认为自己有资格参与其中，是她帮助高宗稳定了江山，国家的文治武功才有了这么大的进步。就疆域来讲，大唐的管辖范围已经超过了贞观年间，这个国家也是有泰山封禅的资格的。

参加泰山封禅对一个女人来说更为重要，历史上女人堂而皇之地参加封禅大典的不多。她这一参加封禅，天下就没有人不知道武后是享有大半实权的唐皇后了，这之后，她再有什么大的举动，也不会引起天下太大的波动。

高宗将封禅的事交给大臣讨论。早前，在他刚做皇帝不久，就有人主张封禅，当时他认为自己没有实力，就给放下了。如今经过这么多年的建设，国家确实比以前好了，再加上武后的力挺，大臣们没有不点头赞同的。

于是，"二圣"下诏准备封禅大典。典礼由李勣、许敬宗、陆敦信、窦德玄为检校封禅使，准备封禅事宜，同时商议礼仪之事。按照旧制，封禅典礼没有皇后的位置。祭天时，皇上为首献，亲王为亚献，德高望重的重臣为终献。祭地时，皇上为首献，皇太后为亚献，而且皇太后的亚献也是名义上的，实际上仍由公卿代行。

可是，武后向来都不是按照章法办事的人，她从不缺乏创新意识。于是，她便上书说："旧有的封禅典礼只让皇太后做名义的祭献、贵族大臣们操持是礼数上的不周全，如今我要率领宫内所有的妃嫔和皇姑、皇姐妹、皇女、皇太子之女、王之女和所有官员妻女，一同参加实际的封禅祭祀礼仪。"看来武后还是颇具女权主义思想的人物呢！

这一决定虽然有人反对，但是不涉及根本性问题，大臣们也就没有太过坚持。

高宗和武后的祭祀是按照汉武帝的形式和标准来办理的。在泰山南坡筑起圆坛，直径12丈，高1丈2尺。在泰山顶上另建一坛，直径5丈，高9尺，名"登封坛"。在社首山上也建一坛，坛分八隅，八面都有台阶，上以黄色土覆盖，周围以赤、青、白、黑四色土覆盖，称为"降禅坛"。一切准备停当之后，封禅典礼开始了。

这一年是麟德三年正月三十，高宗到泰山以南的祭坛，祭拜了昊天上帝。昊天上帝是远古时期人们就崇拜的神灵，传说他主管着自然和下国。祭完昊天上帝后，开始登山。

第二天的时候，登上了山顶的"登封坛"，接着又祭了一次天，就是把给天帝写的信放在一个玉匣子里，缠上金绳、封上金泥、印上玉玺，藏在坛下。其实就是祈求保佑的意思，古人还真能折腾。

到了第三天，在社首山"降禅坛"祭祀地神。按照事前准备好的程序，由高宗先祭，其他人都退下，由宦官举着五彩缤纷的帷幕，武后率领内外命妇登坛亚献，越国太妃燕氏为终献。这是开天辟地第一回，这么多女人浩浩荡荡地参加封禅仪式，简直成了一大奇迹。

第四天，也就是最后一天，高宗和武后登上朝觐坛，接受朝贺。文武百官、中外使臣奉献贺礼，礼毕之后，降诏立登封、降禅、朝勤碑，接着就大赦天下。再接着又改了一次元，将麟德三年改为乾丰元年，改博城县为乾丰县，用以纪念这个史无前例的封禅盛典。

一切礼仪都完成之后回朝，在路过曲阜时，赠孔子太师衔，以卿大夫礼致祭。在过亳州的时候，又拜谒老君庙，尊老子为"太上玄元皇帝"。终于回到了东都洛阳，在洛阳待了些时日后，返回京城。这次封禅用去了4个月左右。

人们对封禅的评价不是很统一，有的人认为这是加强皇权的需要，也有的人认为是劳民伤财的举动。武后封禅是一个旷世之举，女人可以参加封禅，就意味着一定程度上女子地位的提升，武后的行为是中国女性的骄傲。

实际上，武后当时考虑最多的还是自己，她并没有站在提高妇女地位的角度来进行活动，只是人们基于她的客观作用给予了很高的评价而已。

在泰山封禅以后，武后的威望进一步得到了提高。其实，她在泰山封禅期间，还做了一件对她来说十分重要的事，这就是除掉了她的另一个情敌，也就是韩国夫人的女儿魏国夫人。

韩国夫人死后，家里留下一男一女两个孩子，一个是儿子贺兰敏之，另一个就是女儿魏国夫人。高宗很喜爱这两个孩子，在韩国夫人死后，也常常去看望他们。

武后开始并没有留意，姐姐死了，留下两个孩子，孤苦伶仃的，高宗看望一下也没什么好说的。贺兰敏之继承了武后父亲武士彠的全部爵位，改姓了武，被封了弘文馆学士兼左散骑常侍，这也算是高官了。而魏国夫人还是个少女，长得清秀可人，没想到这女子竟然继承了她母亲的风流基因，与高宗发生了不伦恋情，并且高宗还把她纳为了后宫的女官。

武后知道这件事后，十分的伤心。自己丈夫与姐姐有私情也就罢了，怎么姐姐的女儿也与丈夫发生了这样的事？爱情与亲情同时背叛，让武后心里很受折磨。

但是，武后毕竟不是沉溺于悲伤的女人，她冷静下来之后，开始想办法对付这个外甥女。自己是怎么走过来的，自己知道，这个外甥女说不定会走上自己的路，所以不能留下祸患。

泰山封禅时，武后的娘家人武惟良、武怀运以及诸州刺史们都到泰山去觐见，接着又随车驾回到京城。这期间，武惟良、武怀远曾经献过一次食物给魏国夫人，魏国夫人吃了武惟良的食物以后就死了。

高宗十分伤心，这样一个娇俏的生命说死就死了，太让人难过了。高宗气愤地把武氏兄弟给抓了起来，第二天就处死了。多数人认为投毒一事是武后教唆的。一方面，武家觉得家门中出了这样的丑事很难堪，恨不得魏国夫人死；另一方面，武后怕外甥女夺了自己的位子，便煽动武惟良兄弟动手。

也有说是武后想要将武惟良兄弟几个和魏国夫人一起除掉，才想出了这么个一箭双雕的方法。不管怎么说，反正人是死了，武后的这块心病也算是除了。

武氏兄弟死后，武后为了表示自己的清白以及显示自己公正，将武惟良等人的姓改为"蝮"，就是毒蛇的意思。武怀运已逝兄长武怀亮的妻子善氏也被牵连，她过去对杨氏也很不好，事发后被送入宫内当奴婢，杨氏为了报复她，竟然用棘条把她给打死了。

魏国夫人死了，贺兰敏之还活着。这个贺兰敏之也不长出息，整天花天酒地，不干正经事儿。魏国夫人死后，高宗见到他，对他说："我今天早晨出去时，人还好好的，退了朝人就断了气，怎么这么快就死了呀！"

贺兰敏之哭着不说话，武后看他这样子，知道他是在怀疑自己，不自觉地加强了对贺兰敏之的防备之心。武后的母亲杨氏死后，需要守丧。守丧期间，贺兰敏之照样寻欢作乐，更可气的是他连丧服都不穿。

武后见贺兰敏之这个样子，对他也就越加反感起来。贺兰敏之却本性不改，一而再再而三地干出些令人发指的行径。最让武后气愤的是，杨氏家族杨思俭有个女儿天生丽质、清丽脱俗。武后和高宗已经把她定为太子妃了，结果还没到成亲的日子，就被贺兰敏之给强暴了。武后气急败坏，于是便上书请求惩罚这个不孝子。本来高宗还顾念他与韩国夫人以及魏国夫人的关系，不想把事做绝。但他一再地干出大逆不道的事，高宗忍无可忍，就打算给他点儿教训。于是，便将他发配到雷州。

不料，途中贺兰敏之竟然被人用马缰绳给勒死了。武后原本是怕贺兰敏之为妹妹报仇的，这样一来，连魏国夫人的弟弟也一起除掉了，真是大快人心。

高宗因为魏国夫人的死，不免有些畏惧武后了。虽然没有证据证明魏国夫人是武后害死的，但是高宗心里却不禁犯嘀咕：武后可真不是简单的女人啊，以后行事可要小心些才行。

公元670年，关中发生了一场旱灾。百姓们颗粒无收，到处逃荒。大唐也把都城从长安搬到了洛阳。再加上唐朝讨伐吐蕃的军队全军覆没，有些人认为这是武后带来的灾祸，就对她横加指责。

哪知道祸不单行，这时候对武后至关重要的两个人也相继离开，这对武后的打击非常大。这两个人一个是自己政治上的依靠，一个是自己的骨肉至亲，他们便是朝廷中的许敬宗和家中的母亲杨氏。

许敬宗从她当上皇后那天起，就一直为她鞍前马后地效力，是武后在朝中最为倚重的大臣。但是许敬宗也不是神，终究逃不掉生老病死的命运。许敬宗老了，不能再为武后效力，他需要颐养天年。

武后再想留也得体谅他，于是就恩准许敬宗辞职。这么一来，武后对朝廷的控制力就下降了很多。朝中反武势力也渐渐抬头，武后在朝中面临着危机。

几乎是在同时，武后的母亲杨氏夫人也去世了，杨氏夫人的去世，给武后带来了沉痛的打击。多少年来母女几个相依为命，母亲是她这一生中最信任的人，也是对她最为体贴、最为真心的人。她的离世使武后在心灵上更觉空虚，从此，武后真的是孤家寡人了。

高宗虽说因为要依靠她不能把她怎么样，但是他们之间的关系已经大不如前。他对她的关心，更多的是敷衍。母亲离世，自己就没了情感归宿，武后怎么会不感孤独呢！母亲在世时，还可以帮自己与大臣们联系一下。如今母亲走了，谁还能为她拼死拼活地奔走呢？武后伤心地哭了。

在因大旱、兵败遭人非议以及许敬宗、杨氏相继离开的情况下，武后想到了避位。所谓避位，就是皇后不再垂帘听政了，让皇帝自己独自行事。人们对避位这一做法，议论纷纷。有的人认为，武后这个时候确实有避位的打算，她在朝中失去了爱将，势力不如以前，在家中又失去了老母亲。

也有人认为，武后这是以退为进的做法，她知道高宗离不开她，所以这样做可以进一步让高宗放权。就人来说，武后的做法可以理解。她现在的情形是内外交困，那她有没有想过过得轻松一些，放弃到手的权力呢？正常人是有的，她也需要休息、调整自己。

不管武后的目的是什么，高宗并没答应让她避位的请求。高宗对武后说道："你要是怕自己在朝廷中受到非议，我可以帮你造造声势。母亲刚去世，我们风风光光地给她办场葬礼，这就说明我有多么地重视你了，国家有多重视你了。"

武后一听，也是这么个道理，自己好不容易得到的权力，一旦失势，恐怕连后位都不保啊！于是，武后便答应高宗继续垂帘听政。高宗对武后说话还是算数的，为了表示对已故岳母的尊重和哀悼，高宗辍朝3日，还亲自为杨夫人书写墓碑。接着，他又带着文武百官以及内外命妇到杨夫人的宅子里去吊丧，又追封了杨夫人一个忠烈的谥号。

忠烈，可是只有大臣才有的谥号啊！这样就给了一个女人，真的是不太合适。杨氏风光大葬以后，武后的威望又在无形中提高了。

武后垂帘听政10年，与高宗一起治理大唐江山。唐朝的疆域一步步扩大，国力也日渐丰硕。虽然武后干过一些令人发指的事情，但是她没有对国家造成危害。在垂帘听政10年后，武后处理政务的经验已经十分老道了，她有能力，也有信心登上一个新的高峰。

朝中摄政伊始

公元674年，高宗在武后的提议下，自封为天皇，尊武后为天后。接着，还把自己的祖宗一并进行了追封。因为已经追封了太宗和长孙皇后为"圣"了，为避其称号，才把先前的"二圣"改尊为"天皇"和"天后"的。

追封表面看是为了彰显自己的孝顺，实际上是对自己威望的提高，天皇和天后都有这样的心理。天后又是个极具创新能力的人，这样的文章做得多了，自己在天下的威望也就越高了。

但是尽管高宗自封为天皇，也无法摆脱他身体日渐衰弱的状况。天皇此时已经是46岁了，他觉得自己活不太长了，所以，对待自己的病情也是很消极的。这么些年，若不是天后在身边帮着处理政务，可能他的身体会更加不好。

天后帮忙处理政务已经有20年的时间，从以前处理朝政的结果来看，天后不会败坏李家的江山。想到这里，天皇便下了一个艰难的决定，这就是让天后正式摄政。大臣们对天皇的决定在最初的时候是反对的，并且还采取了一些措施，但是却没有收到任何成效，所以也就偃旗息鼓了。

天后知道自己所面临的境地，在朝中能够真正帮到自己的大臣并不多。有两个关键性问题摆在她前面，第一，她要稳定局面、掌握政权就得在宰相中有自己的人才行。第二，就是她要控制住军权才行，这样在必要时就可以震慑他人。如果能控制住这两点，那么自己掌权的安全系数也就会提高很多。

但是，当时的宰相以刘仁轨为主流，另外几位宰相戴至德、张文瓘为太子宾客，郝处俊也是忠实的反武派，因此，在这几个人中没有一个是天后的心腹。既然暂时无法在宰相中安插人手，那么，就只有另谋他法了。

这时，天后想到了一个好主意，就是利用爱好文学、编纂书籍的名义，培植一批学士作为自己的战友，这也就是日后执掌国家权柄、号称"内相"的翰林学士的前身北门学士。

天后觉得外人始终是外人，不如自己的亲人来得踏实，虽然她曾受到了韩国夫人、魏国夫人和贺兰敏之的伤害，但是，那毕竟是外姓亲人，自己的亲人武惟良和武怀运等不是没有背叛自己吗？想到这里，她决定任用自己的亲人来帮助自己。

于是，天后便将外放的几个侄子召回了长安，封的虽不是什么大官，但也都是掌管皇室事务的重要官职。其中，以侄子武承嗣的官职最为重要。之后，天后更加不断地在朝中和皇室中安插着自己的亲信，以此来提高自己在朝中的地位。

天后在朝中安排自己亲信的同时，还向天皇提出了12条改革建议，从而全面发表了自己对政治的见解。这12条见解，也是天后参政以后拿出来的最为出色的成绩单。

建言12事内容如下：

一、劝农桑，薄赋徭；

二、给复三辅地，即免除京畿三辅地区的徭役；

三、息兵，以道德化天下；

四、南北中尚禁浮巧。要求少府监所署的官营手工业作坊停止生产淫巧之物；

五、省功费力役。要求俭省各项工程的费用和百姓的劳役负担；

六、广言路；

七、杜谗口；

八、王公以降皆习《老子》；

九、父在为母服齐哀3年。要求父亲在世母亲去世的也应该服丧3年；

十、上元前勋官已给告身者无追核，指上元以前的勋官，朝廷已经发给告身也就是勋官凭证的，不再审查核实；

十一、京官八品以上益廪入，指京官八品以上的增加俸禄；

十二、百官任事时间长的，才高位下者得进阶申滞，即长期任职的官吏，才能高、地位低的可以升职。

上书的内容涉及了经济、政治和军事等方面，是比较系统的施政纲领。主要有三方面的内容：一、尊老子无为而治的思想，休养生息，轻徭薄赋。二、清明政治和社会风气。三、顾及官员和百姓的利益。这些施政纲领一出台，立即引起了人们的注意，人心向背不觉有了改变。看看这些建议，到底是怎样笼络人心的呢？

先看第一条、六条和七条。重视农业、亲贤臣、远小人，这是每个统治者都倡导的官样文章，也是天皇在位时最为注重的几点。而第四点，禁浮巧，则是天皇一直提倡的节俭主张。

第八条是主张大臣们都学习《老子》，一方面，李家一直以老子的子孙自居，尊崇老子是表示对李姓江山的尊重。第四条和第八条是天后向天皇和大臣表示自己的忠心，以防止大臣们的过分阻挠，同时也稳住天皇。而第三条是息兵，就是用道德去教化天下的百姓，而不是借助武力，这也是施政的核心内容。

再看第二条、第十一条以及第五条的政策，减免京畿三辅地区的徭役，八品以上的京官增加俸禄，俭省各项工程的费用和百姓的劳役负担。这些都是惠民和惠官的政策，是针对唐朝轻赋重役、奉薄、官职升迁难的现状提出的务实举措。

这些措施一方面能够让老百姓生活得轻松一些，从而得到百姓的拥护；一方面也让京城地区中上层官员得到实惠，京城地区中上层官员对天后感恩戴德，从而也有利于稳定京都。

接着，再来看第十条，勋官就是指普通的士卒可以通过建立军功来获得勋赏。唐代一向都十分注重军功，身强力壮的民众以及庶族地主都习惯用应征的方式获取他们想要的功名利禄。大将军薛仁贵就是通过参加太宗远征高句丽的战争，由贫民布衣升为五品将军的，这就为那些有能力之人提供了升职的空间。

勋官不是职事官，也就是说只有品级而没有具体工作，但是可以按照勋品的高低分到数量不等的土地，通过考试后，合格者才能获得真正的官位。

另外，在社会地位上，勋官享有同品官吏的待遇，但对前线将士所立的战功，回到朝中要一一核实，不合格者将追回政府颁发给他们的勋官告身，称为"夺赐破勋"。这对他们来说是个沉重的打击。天后提出"上元前勋官已给告身者无追核"，就是想笼络住这部分将士，为自己掌握军权铺路。

第十二条，让长期任职的官吏升级，这是基层政府工作人员的福音。这样一来连基层的官员都愿意天后直接摄政了。

第九条是让父亲在世而母亲去世的人服丧3年，这一点很有女权主义色彩。古代礼制都是以男权为主的，父亲去世子女需要服丧3年，母亲去世时如果父亲已经不在世了，一样要服丧3年；但是，如果母亲去世时父亲还活在世上，为了表示对父亲的尊重，子女只要服丧一年就可以了。

天后觉得这样做有违公平，她希望能够将女人的地位有所提高。但是，如果出现大的波动人们是接受不了的，于是就只能在小的地方做些事了，毕竟没有人愿意跟自己死去的亲人计较，对此，天后看得十分清楚。

此外，天后提出这一条还有着另外一个目的，那就是提倡要极大地孝顺母亲。天后自己是母亲，日后如果儿子继承了大位，自己要想保住摄政的权力，那么，最起码得需要儿子孝顺才行。由此不难看出，天后时刻都在为手中的权力做着努力。

天皇对这样的建言，多数是表示赞同的。但是，在赞同的同时并不代表着就会竭力执行，尤其是"父在为母服齐哀三年"几乎就没有执行过，而其他的建言也是略微执行一下而已。可见，此时的天皇还是留了心眼的。

天后的这12建言一出，让人们看到天后要比天皇厉害多了。在政治能力上高宗不如武后，在身体上他就更不如武后了，天皇整天病病歪歪的，所以把大部分时间都花在了休息和疗养上。武后声望的提高和天皇的不济，为天后摄政进一步减少了阻碍。

稳定朝中大局

公元675年春天，天皇的病情进一步加重，已经恶化到不能上朝的地步，因此，他不得不把政务移交给天后进行处理。

其实，在天皇提出让天后摄政的时候，就曾遭到过臣子的反对，其中的代表人物就是中书侍郎兼任宰相的郝处俊。当他知道天皇要把政务交给天后时，便对天皇说道："皇上是处理国家大事的人，而皇后是处理后宫事务的人，这是天道。过去魏文帝有规定，就算是皇帝年幼，皇后也不能参政，所以杜绝了祸乱。皇上您为什么不将高祖和太宗打下的江山传给子孙，而要传给天后呢？"

这话刚一说完，中书侍郎李义琰也应和着说道："处俊这是大大的忠言哪！皇上您还是好好考虑一下吧！"

其实，郝处俊的观点是很明确的，那就是反对天后摄政，主张将李氏江山交给李氏子孙，而不是天后。

大臣们在朝堂上讨论的时候，天后就在天皇身后的帘幕里，她心想：这个郝处俊真是不知天高地厚啊！我20年来兢兢业业地为大唐江山出谋划策，难道就没有一点儿功劳吗？我做的事情也不比男人差，况且我只是在替丈夫管理着你们而已。

天后想到这里，又憋气又窝火。可是，现在的朝廷上没有人敢就此事再力挺她了。李义府不在了，许敬宗也去世了，天后没有办法通过朝臣的力量对天皇施加压力了。

李弘是天后的大儿子，她也就是凭借这个孩子，才争夺到了皇后的位子。因此，天后对这个儿子是有感情的。李弘的性格很像自己的父亲，忠厚、懦弱，不但如此，他也继承了父亲体弱多病的体质，从小就多病。

李弘也像天皇一样爱哭。他8岁监国，与一大群大臣临朝听政，其实在那个时候，这个年纪的孩子多半都已经具有独立思考的能力了。有一次，天皇与天后一同去东都洛阳，便把李弘留在了长安。谁知，李弘却因为想念母亲而哭个不停，把大臣们闹得实在没有办法，就派人告诉了天后，天后只好把李弘接到洛阳。

此外，李弘还是个颇为感性的人，别说是现实生活中的丑陋他无法忍受，就连书上所写的不义之事，他也难以安然。其实，以这样的性格来说，实在是不太适合做皇帝。

在李弘小的时候读《春秋》，当老师读到"楚世子商臣弑其君"时，他不想听下去了，认为这样的事情太血腥了，于是，他便请老师讲别的书。老师只好给他讲《礼》。

如果说这只是日常琐事，不值得注意的话。那么，另一件事的发生却让天后失望极了。这件事发生在大唐平定高句丽之后，"二圣"在平定高句丽后下了一道命令，命令是让逃亡的士卒限期自首，否则施以斩刑、妻子儿女没为奴。

李弘听了之后，上了一道折子劝说"二圣"取消妻子儿女没为奴这一条。就现在来说祸不及妻儿是法制的进步，但是在当时，连坐作为防止人们犯罪的一种手段也是极为普遍的。

天后觉得这个儿子太像他父亲了，将来未必能够成大器。有一天，不知道李弘怎么知道了自己有两个同父异母的姐姐义阳、宣城两位公主，也就是萧淑妃给天皇生的两个女儿。这两位公主受到了母亲的牵连，被幽闭在宫中十几年之久，不让见人，后来连话都不会说了。这时的她们都已经年近30岁了，还没有嫁人，原因是没有天皇和天后的命令，她们是不能够嫁人的。

当李弘看到她们之后，恻隐之心油然而生。于是，便向天皇进行奏报，希望父王能可怜这两位已近30岁的姐姐，把她们放出来嫁人。天皇知道后，立即准奏。

天后得知此事后，被气得火冒三丈。本来萧淑妃这个人以及监禁后妃置死之事，好不容易才从她和众人的脑海中抹去，这可是她历经十几年的时间以政治手腕清除了当时的异己者，才换来的舆论平静。现在太子弘又把这个事情给掀了出来，而且还把母亲作为恶人的一面放大给世人看，也难怪天后为此而恼火。

不过恼怒归恼怒，具有政治家头脑和智慧的天后，怎么会因为这点陈年遗留下的"小事"，而丢掉自己苦心经营的威望呢，她是不会这样去做的。于是，她便遵照天皇和太子之意，将两位公主分别嫁给了皇帝身边的两个翊卫。

在唐代，翊卫可不是普通的侍卫，他的祖上必须是做过大官的人，才有资格做翊卫。义阳公主丈夫的爷爷，是秦王府嫡系将领，后来，被封为了卢国公。

宣城公主丈夫的爷爷，也是一员武将，后来，被封为了平舒公。也就是说这两个驸马都算是官宦人家的子弟，虽然说比当时的其他驸马可能是差了一些。但是，现在配这两位公主也算是说得过去。而且在婚礼过后，天后又将两位驸马升为了刺史。

事情虽然是被圆满地解决了，可是，天后对李弘却心存不满。这也为他们母子日后不断发生的冲突埋下了隐患，此后，母子二人又接二连三地出现了更多的不和谐因素。

天皇倒是十分欣赏这个儿子，物以类聚嘛，他觉得太子对大臣彬彬有礼、宅心仁厚，将来可以勤政爱民。太子在东宫读书，不愿接纳宫臣。不接宫臣，应酬吃饭就少了很多。典膳丞邢文伟劝太子多接触臣属，好为以后执政打下基础。

太子很诚恳地写信回复邢文伟，说自己身体不好，没有精力频繁地接触大臣，还说一定尽量做到多见宫臣和宾客。天皇对李弘的行为很赞赏，还对他进行了一番表扬。

大臣们也喜欢太子，他谦恭有礼，仁爱厚道，将来做了皇帝不会对自己太苛刻。如果天后一直主政，别说是有些事情不能做，就连有些话都不能说。

天后聪明睿智、是非分明、性格专断，可不是好对付的人。人哪有不犯错误的呢？可是这个错误如果是李弘犯的，也许就没有什么事，如果是天后犯下的，也许将成为一件大事。其实，对于大臣们来说，能不能管理好国家是另外一回事儿，重要的是他们不想让天后主持朝政，从而来增加手中的权力。

就在母子之间频频出现裂痕的时候，天皇因疾病折磨再也无法临朝理政了，因而口头承诺要禅位给太子，可就这时，太子李弘却突然死在了与父母一同巡行洛阳的行宫里。因为他死的时间刚好是天皇说要传位给太子之后。所以，人们就觉得事有蹊跷，所有人的目光都聚焦在了天后身上。

人们怀疑天后是因为自己与太子在公主婚事的问题上闹得很不愉快，她觉得李弘触犯了自己的权威，如果天皇再把位子传给李弘，那么自己的权力就会被限制或者被削夺。对于此事，大臣们议论纷纷。

对于李弘的死，也有两种说法。一种说法认为李弘是病死的，没有人为因素。

说李弘是病死的人是依据天皇的话来判断的。天皇在李弘死后为他下了一篇制书，名字就叫《赐谥皇太子弘孝敬皇帝制》。制书的内容是说给皇太子李弘一个谥号。

制书中说，李弘仁孝英果，将来会是个好皇帝，天皇想把他培养成为自己的接班人，但是天妒英才，让他得了病，在他得病期间天皇安慰他说："等你病稍微好一点，我就传位给你。"

可是没想到，太子一听到天皇的话就激动起来，结果导致病情恶化，一口气没上来便去世了。天皇很悲痛，想到自己的承诺无法实现，就想给他一个谥号，名为孝敬皇帝。

还有一种说法认为是天后杀死了自己的亲生儿子，太子是个仁爱之人，因为向天后请求两位公主出嫁而惹怒了天后。此外，天后又想临朝，于是就毒死了李弘。

其实，李弘确实有长期患病的记录。他的病发是从咸亨元年开始的，到上元二年，过去了5年的时间。在这5年里，李弘病重死去也并不奇怪。只是他的死亡时间比较巧，刚好是朝廷想让他做皇帝的时候，所以人们才做出了种种猜想。

实际上，天后也没有必要杀死李弘。李弘的性格像李治，身体也像。一方面，李弘受精力所限，会将主要政务交给母亲打理；另一方面，李弘的柔弱也便于天后的控制。天后可以在不杀害自己亲生儿子的情况下继续执掌政权。

此后，因为李弘没有儿子，所以在李弘死后的一个多月，也就是上元二年六月，天皇、天后又将六皇子雍王李贤立为了太子。李贤是天后所生的4个儿子当中，天分最高，又兼具文武的孩子。

李贤聪明好学，自幼熟读《尚书》《论语》和《诗经》等文史著作，因而也深受父皇的钟爱。

天皇和天后本来对太子李弘寄予了极大的厚爱，可是谁会料想太子弘身体孱弱，病魔缠身，不到30岁就英年早逝了。雍王李贤虽没有哥哥李弘那种仁慈宽厚的博爱胸怀，但是，他却具有了母后的聪明机敏和旺盛的精力以及超强的领导天分。所以，他也深得天皇和天后的喜爱。

李贤与李弘的性格迥异，他仿佛更多地继承了天后的基因：性格刚毅，行事果断，不因循守旧。年幼的李贤举止文雅，睿智好学。因为有过目不忘的本领，所以学起东西来特别快，诗书文章样样精通，天皇和天后都很喜爱这个孩子。

更可贵的一点是，小李贤自小就有做帝王的资质。当他读书读到"贤贤易色"时，会不断地反复吟咏。"贤贤易色"的意思就是说看到比自己贤明的人，就改变态度，对于帝王来讲也就是礼贤下士的意思，这对于一个明君来说也是不容易的。

李贤才学出众，做父母的自然高兴。因此，天皇先后给李贤封了很多官。那是在永徽六年时，李贤被封为了潞王。显庆元年，迁授岐州刺史。其年，加雍州牧、幽州都督。龙朔元年，徙封为沛王，加扬州都督、兼左武卫大将军，雍州牧如故。二年，加扬州大都督。麟德二年，加右卫大将军。

咸亨三年，改名德，徙封雍王，授凉州大都督，雍州牧、右卫大将军如故，食实封1000户。上元元年，又依旧名贤。始王潞，历幽州都督、雍州牧。徙王沛，累进扬州大都督、右卫大将军。更名德。徙王雍，仍领雍州牧、凉州大都督，实封千户。上元年，复名贤，并立为皇太子。

李贤被封为太子后，留在长安做监国，此时的天皇和天后多在洛阳办公。应该说，天后还是非常看重李贤，她把朝中一半的重要大臣和监国属官留在了长安为太子效力。

天皇病重，随时都有可能撒手人寰，天后必定也考虑过这个问题。天皇死后，太子必定会登基，李贤被安排在长安做监国，实际上是给李贤一个做皇帝的试用期。能不能通过试用期，就看李贤的表现了。

此后，天后又给李贤安排了出色的老师进行教导和辅助。戴至德是右仆射，同时担任太子宾客；张文瓘为侍中，也兼任太子宾客；郝处俊是中书令，兼任太子左庶子；李义琰为同中书省门下三品，兼太子右庶子……

同时，天皇与天后还给太子安排了一大批下层属官，如太子洗马刘纳言、司议郎韦承庆等，这些人不是唐初名臣之后，都是才华横溢的学者。通过这些行动，足见天皇和天后对李贤的重视。

李贤在刚开始监国时表现得十分不错，他很有帝王的架势，也能够关心政事，处事明审。在听政和浏览奏折之余，还苦读圣贤的经典，对圣贤和先帝的治国之道，也能够取其精华为己所用，而且向善守贞，堪为国家重寄。天皇和天后看到李贤的表现后，也感到十分的高兴，于是，便对他大加表扬了一番。

李贤受到父皇和母后的肯定和嘉奖后，更加精进。于是，他又仿效母后召集学者注书，同时也想培植自己的智囊团。于是他便召集了太子左庶子张大安，洗马刘讷言，洛州司户格希玄，学士许叔牙、成玄一、史藏诸、周宝宁等，共注范晔《后汉书》。

注书完成之后，李贤立刻呈献给天皇和天后。天皇和天后看过之后，再次对他给予了褒奖，并"赐物三万段，仍以其书付秘阁"，让他奖励那些辅佐他的大臣们，得到奖赏的辅官们也就更加尽心尽力地辅佐太子了。

然而，太子李贤生性好动，诸事寻求新奇与刺激。在得到父皇和母后的夸奖和信任后，便有些沾沾自喜起来。不仅如此，他还忘乎所以地放纵起自己来。

此外，太子身边那些善于讨好、巴结的辅官，为了博得太子的欢心，竟然怂恿太子做一些不齿之事。太子的好刺激和追求新奇之事的思想，也让一些人就此而投其所好，从而为他制造和设计了一些令太子狂欢取乐的游戏，圈拢着太子每日纵马游猎，或与乐优、奴仆嬉戏作乐。

尤其是太子的辅臣之一太子洗马刘讷言，他的做法更加令人发指。他本是为太子编注《汉书》的一位儒学大师，谁会想到，他为了讨好太子，竟然为太子撰写了《俳谐集》等下流文品并供太子读阅调趣。

有了老师的"指点"和"调教"，李贤变得更加有恃无恐，不仅过度纵情声色，还搞同性恋，私生活极不检点。这一玩闹便开始堕落了，其中，玩的最过的便是与同伴赵道生厮混。

此时的太子，已经不再把监理国政和辛勤打理朝纲作为首要任务了。东宫的其他辅臣们对太子的荒唐行为，虽然心急如焚，但是又不敢谏言，怕惹恼了玩性正浓的太子，使得自己引火烧身。所以，大臣们除了叹息之外，只能尽力多为太子分担一些公务。

当天后知道这件事情后，大为恼火，心想这哪里还有一点儿太子的样子呢？不好好教育一下又怎么能行呢？于是，天后让北门学士编写了《少阳正传》和《孝子传》来教育太子要孝顺父母，不要辜负父母的希望。

不过很显然这两本书对于改变太子的顽劣行为并没有起任何作用。天后再也不客气了，"又数作书以责让贤"，直接指责李贤的不正行为。她希望儿子能够以此为镜，不要过分贪恋声色，尽快走出歧途。

李贤本来就心中有鬼，如今收到了母亲颁赐的"行为规范守则"和充满责备的信件，心里自然慌乱不安，甚至由此而心生怨恨。照理说，一个母亲教训自己的孩子，也没什么大不了的，可是，太子李贤为什么会对天后有这么大的反感呢？

其实，在宫廷之中，本来就是个搬弄是非、传播流言蜚语的污浊之地。若是家庭成员之间平安无事还好，若是他们之间有一点芥蒂，立刻就会生出一连串的事端和谣言。

当天后刚对太子表露出了一点责备之声，而太子刚对母亲有点不满之意时，宫中就立刻传出了太子的生母是韩国夫人的谣言，说李贤本是天后姐姐韩国夫人所生。

原来，李贤听说了一些事，这些事让他耿耿于怀的，也就是关于天后这位母亲的种种传闻。太子宫中有个典膳丞，名叫高政，是长孙无忌的亲戚，天后在除掉关陇势力的过程中，高政受到了很大的打击。他见太子对天后有不满和怀疑，便将听来的和猜想的事情一股脑地都讲给李贤听。

高政历数天后是怎样害死太子、怎样杀死韩国夫人以及怎样解决了魏国夫人等事情，因此，让李贤对天后的"罪行"有了一个清晰的认识，李贤听到这些后，便更加怀疑天后的为人。这还不是最坏的事情，最坏的是李贤听说了自己不是天后的亲生儿子，他的生身母亲是韩国夫人。因为，在他出生的时候正是天皇宠爱天后的姐姐韩国夫人时期。

曾经还有过传言，说韩国夫人生下李贤后，因为惧怕丑事外泄以及天后的反对，所以将李贤送给天后做二儿子。

李贤回想起自己确实要比其他两个兄弟不受天后的宠爱，于是，便认为这件事很可能是真的。因此，他对这位母亲的态度自然也冷淡了下来。

其实，天后对李弘和李显的关心的确要多过于李贤，但这也是可以理解的，因为李弘和李显自幼多病，父母不放心身体不好的孩子，多过问过问是人之常情啊。

另外，如果说李贤是韩国夫人所生，而天后又将他纳入自己宫中，又不被外人所知。那么，就要先怀孕且同时与韩国夫人生产才可以，但是，这样的巧合实在难找。可是李贤却不管这个，他就是觉得天后很有可能不是自己的亲生母亲。

李贤被这些谣言缠绕得更加困惑和惶恐了，于是，在忐忑不安的惶恐心态下，写下了一首宣泄胸中愤懑的诗篇《黄台瓜辞》：

种瓜黄台下，瓜熟子离离。一摘使瓜好，再摘令瓜稀，三摘尚自可，摘绝抱蔓归。

此诗以藤蔓比喻亲生母亲武后，以4个瓜比喻四兄弟的性命朝不保夕。当天后看到了这首诗后，感到非常的难过。本来对儿子的训诫是为了挽救儿子，希望儿子能够早日从荒唐的不良行为中走出来，从而能够早日接管李家王朝的天下，可是，儿子非但不理解母亲恨铁不成钢的一片苦心，反而还因此对她产生了误解和仇恨。

天后的心如刀绞般地疼痛着，别人伤害她，她只会感到痛在皮毛，只有最亲近的人伤害她时，她才会感到彻骨的疼痛。她想不明白，自己的亲生儿子，怎么能够写出这样诋毁自己的诗篇来呢？对于这个心结，她无论如何也解不开。也就是在这个时候，天后想到了明崇俨。

明崇俨是洛州偃师人，出身于名门士族，其父是豫州刺史明恪。据说，他父亲手下有一名小吏能役使鬼神，明崇俨得其真传。乾封初，明崇俨应举试，入仕为官，任黄安丞。

这时，明崇俨的上司有个女儿得了重病，诸医束手无策，却被他用摄取的异域奇物治愈。天皇此时正苦于风眩头痛，听说此事后便立即将其召入宫中。

后来，一经试验，天皇大喜过望，认为明崇俨果然是名不虚传，于是，立即授以冀王府文学之职。此后，他的医术和符咒幻术之技屡有效验，日益得到天皇与天后的器重，官职直至正谏大夫，并且还得到入阁面见天皇、天后的特许。

明崇俨经常借神道的名义向天皇陈述自己对时政的见解，这些往往也都能被天皇加以采纳。因而，他也迅速成为帝后面前的宠儿，天皇甚至还为他的五代祖宅御制碑文，并亲手书写于石上。

也正是这位与众不同的术士，在天后向他探问皇位继承人时，竟然吐露了天机。天后屏退了左右后，明崇俨神神秘秘地对她说道，现在的太子是继承不了大位的，他将自毁前程；英王李哲看上去很像太宗，但是也没有太大的作为；李旦倒是有几分天子气，以后可能登大位，但也不尽然……

说完这些后，明崇俨便就走了。可是，天后却陷入了沉思。她对这3个儿子进行了一番评估，还是觉得李贤的能力最强。但是，明崇俨所说的又是什么意思呢？天后一时间也感到疑惑起来。

这本来是明崇俨为了向天后证明自己是具有先知先觉、料事如神的本领，因而，才把天机泄露给了她。可是不曾想到，天机的泄露，却引来了杀身之祸。仙家常说："天机不可泄露，泄露必遭报应。"因而，这位能驱使鬼神的明崇俨，在泄露天机后不久就遭到了天谴。

宫中向来是最不透明，同时也是最透明的地方，每个人都可能有自己的耳目，也都可能是别人的耳目，太子李贤自然也不会缺少自己的耳目。于是，当明崇俨的话传到了李贤的耳朵里时，在李贤的心中就十分地愤恨他。他忌惮自己会成为第二个李弘，于是，便派人准备好了武器，藏在东宫马坊里。

此外，李贤在悲愤之中有感而发，谱了一首曲子《宝庆乐》，一看题目，大家都会认为这是一首欢乐而祥和的曲子。然而，当乐队一演奏出来时，却是一首充满悲伤、充满杀气的乐曲。当然每个人都知道，这是针对谁的。

这时的天后，也逐渐意识到了这个儿子已经不再属于她了，李贤恨自己，就更加不会听从她的管教了。这个时候的李贤，已经站在了天后的对立面。事后不久，调露元年五月，就在李贤出于韩国夫人之腹且无缘帝位的流言甚嚣尘上之际，说出"李贤无福继位"这话的明崇俨，却被盗贼杀死在了洛阳城中。天皇和天后知道后感到十分气愤，派人到处去捉拿嫌疑人。

能通鬼神的高官死于非命，顿时轰动了唐王朝。皇家派御史中丞崔谧等人查勘此案，许多人都因此被抓入狱中，屈打成招。但是招来招去，也没有招出个靠谱的。

这个离奇的案子使明崇俨的死因一时众说纷纭，有人认为，明崇俨为逢迎帝后，过于劳役鬼神，因此被鬼所杀。但是，更多的人则是认为，明崇俨不该泄露天机而得罪了太子，因而被太子派人给杀了。

好不容易才找到的神医宠臣，竟然就这么不明不白地被人刺杀了，天皇和天后都很伤心。后来，天皇将明崇俨追赠为侍中，谥"庄"，其子珪也被提拔为秘书郎。

明崇俨除了预言李贤无帝王之命外，多数时候倒也广结良缘，加上医治天皇疾病的功劳，也使得其子平安地度过了此后的纷乱年月，直到唐玄宗开元年间，还被擢升为怀州刺史。

天后一方面安抚优待明崇俨的家人，一方面派人把洛阳城翻个遍，她要抓到凶手审个明白，对死者家属和所有关注此事的人有个交代。可是，即使是这样寻找，也没有找到凶手。其实，她也猜到了是太子府的人干的，但是却没有确凿的证据，所以，也只有等待时机才能抓住凶手，从而将他绳之以法。

机会终于来了。在明崇俨死后的第二年，太子李贤宠爱男宠赵道生的荒唐事被传得沸沸扬扬。太子为了表示对他的宠爱之情，曾多次把帝后赐予他的金帛等财物转赠赵道生。

东宫司议郎韦承庆实在是看不下去了，于是，就直言不讳上书给太子，极力劝谏太子要检点自己的行为。但是，此时的太子李贤玩得正在兴头上，哪里还听得进去韦承庆的直言劝谏。他照样带着宫中婢女、奴仆和乐优，每日歌舞无歇，情意缠绵。结果这消息很快就传到天后耳中。天后遂派宰相薛元超、裴炎、高智周等人组成了一个专案组进入太子府彻查此事。

可是，谁会想到，这一查竟然有了意外发现：从太子府中的马坊中竟然搜出了数百副铠甲，这些远远超过了太子府的定制。与此同时，李贤的男宠赵道生，还没等动刑就已经被吓得屁滚尿流了，他不仅如实招出了与太子李贤的同性恋情，而且还说出了方术之士明崇俨被杀的疑案，据他交代明崇俨是他奉太子之命所杀。

刺杀皇上的私人医生兼预言家，这可就上升到了政治阴谋的高度了，再联系太子马房里还私藏着几百件武器装备，从种种行为与表现来看，这岂不是要谋反吗？

躺在病榻上的天皇，知道李贤犯下这样的罪行之后，感到十分的震惊，差点儿没背过气去。他无论如何也不敢相信，李贤都已经是太子了，天下迟早也都会是他的，他怎么会想到要谋反呢？但是，面对"人证物证"，还有督办此案的宰相们，天皇简直是目瞪口呆。

天皇认为李贤是最有希望、也是最有能力继承王位的儿子，如果这个儿子再被废了，自己百年之后，谁来打理江山啊？此后，出于对儿子的保护，天皇仍然打算原谅李贤一次。

然而，天后却坚决反对天皇的意见，她说道："为人子怀逆谋，天地所不容；大义灭亲，何可赦也！"天皇还是很想保全儿子，于是，他天天观察天后的脸色，见到天后的脸色好些时，便伺机为儿子李贤求情。

其实，天后早就已经看出了天皇的心思，于是，立即令人将李贤的罪状呈现给天皇，以谋反定罪，将李贤幽禁别院，并将其废为庶人。李义琰是个忠正的老臣，说太子犯下这样的罪行是自己的责任。天皇和天后并没有责怪他，这在当时也成为一种美谈。

旧臣希望李氏掌握政权，一直非议天后，说天后捏造了太子的罪名，企图独揽大权。天后也明白，天皇和旧臣们一样不愿意废除李贤。

世界名人传记文库 | *081*

后来，为了缓和与天皇以及大臣的矛盾，天后上书给天皇，请求免了与李贤有关联的杞王李上金和鄱阳王李素节的罪，提拔李上金为沔州刺史、李素节为岳州刺史。义阳、宣城二公主被天后指婚后，曾经被流放于外地，天后也奏请将他们召回，并封给官职。这样，才使得宫中以及朝廷的气氛逐渐缓和了下来。

　　李贤被废后，从其府中查抄出的数百副铠甲被搬至天津桥南当众烧毁，他的住宅也被查抄了个底朝天。人们在抄检中发现了太子洗马刘讷言为李贤编写的《俳谐集》。

　　当这本书交到了正为儿子纳男宠犯嘀咕的天皇手里时，无异于火上浇油。天皇大怒道："以《六经》教人，犹恐不化，乃进俳谐鄙说，岂辅导之义邪！"当即下令将刘讷言流放振州，也就是现在的海南三亚。太子谋逆被废。

　　太子李贤被废的第二天，永隆元年八月乙丑日，天皇和天后又立英王李哲为太子，即位时改李哲为李显，改调露年号为永隆，并大赦天下。李显即太子位没多久，天后的女儿太平公主就出嫁了。因为婚事比较费神，天皇的病情急转直下。太平公主的性格很像她母亲，睿智、果断、大方。因为天后只剩这么一个小女儿，加上太平公主比较讨人喜欢，所以很得天皇和天后的喜爱。

　　公元680年，文成公主逝世，吐蕃愿意与大唐再次结亲，派使者不辞辛劳地来到大唐求婚。原本吐蕃是想把太平公主娶回家，谁知道天皇和天后舍不得，太平公主也不愿意。

　　于是，天后便想了一个办法，就是抬出自己的母亲做挡箭牌。她说当年在自己母亲去世的时候，太平公主为了尽孝道，已经入道观做了道姑，并且还发下誓言不再嫁人了。天后为了把戏做得真些，还为太平公主改建了个太平观，让太平公主搬进去住。吐蕃使者没有办法，只好无功而返。

　　太平公主是个比较有主见的女孩子，一方面遗传了天后的基因，一方面也因她比较受宠，所以连在婚事上也由她自己做主。她想嫁个武官，又不好直接说，于是穿了武官的官服，带了武官的配饰，在自己父母面前表演。天皇和天后当然知道太平公主的意思，就着手为她选驸马。

　　皇帝家的女儿也愁嫁，虽然选中了三品光禄卿薛绍，但是薛家人却不怎么愿意。他们觉得太平公主是天后唯一在世的女儿，一定娇生惯养，娶到家里肯定不好相处。

薛绍觉得这个可能性很大，于是便找人进行商量。可是，这件事很快就被天后知道了。天后十分生气，于是，便放出话去："薛家的媳妇都是平民百姓，我们还不愿意和他们做妯娌呢！"薛家人一听也紧张起来，不答应的话就真的变成平民了，于是便同意了，婚事也就这么定了下来。

这场婚事的盛况是可想而知的，天皇自然十分高兴，又是宴饮，又是接受朝贺，不知不觉体力便有些透支了，病又重了许多。天皇在病重期间向天后提出建议：希望立李哲的儿子为皇太孙，意思就是将来的太子。天后并没有反对，人老了，就更加惦记自己的子孙了。

天皇知道自己的时日不多，就想方设法为儿孙争利益，他想给李哲的儿子设置府署和官署。天后有些不愿意了，这是在防范自己吗？怕我会害自己的儿子家破人亡吗？对于这个不合常理的要求天后还真不好说什么。

于是，天后便找来吏部郎中王方庆，故意询问这件事，王方庆说："晋惠帝和齐武帝都立过皇太孙，但是皇太子的官属本身就是可以做皇太孙的官署，没有另立太孙宫府的先例啊！"

天皇一听急了。实际上，天皇知道他这样做是有悖常理的，但是他知道天后不会轻易放权，所以，他想借此把李家天下安排好，以免天后一直把持朝政，甚至取而代之。天后感觉到天皇的不放心，她的生活再一次被别人给安排了，感到十分的恼火。

此后，天皇的身体变得越来越弱，最后连下床都十分困难了，头晕目眩，四肢无力。天皇自知大期不远，于是想要游遍五岳，嵩山封禅，最后看看他的大唐江山。这也是可以理解的，人到生命的最后一刻，总会想不留遗憾地走。天皇在政治上虽然没有大的成就，但是不管怎样也要看看自己曾经统治过的江山。

天后劝天皇不要这样做，可是，天皇就是不听。天后没办法只好找来大臣商议，大臣们自然也表示反对，监察御史李善感上书说："皇上你已经封了泰山，宣告天下太平，置下了众多的福瑞，可以与三皇五帝相提并论了。你看，这些年来，我们国家庄稼收成不好，到处是饿死的人，边境又不太平，每年都要打仗。皇上您要考虑用为政之道来消灭灾祸才是，这几年又不断地建设宫殿，百姓劳顿，人们没有不失望的。我听到这样的事情，私下里很是担心啊！"

这道奏折说得很严重，简直有些指责天皇的意思了。有人说这是天后授意李善感写的，是想制止天皇的行为。在上这道奏折时，确实有这样的情况：洛阳暴雨连连，城内外的人家被冲陷了很多家。而且，全国普遍受灾，灾情严重，饿死、病死的人尸横遍野。

天后对自己有危害的人，经常是残暴的。但是在对待天下的百姓时，她还是能够站在明君的角度去考虑问题。当她看到百姓的生活是如此的困苦时，便命令后宫削减开支，省下钱充实国库。

天后在这个时候不愿意高宗去嵩山，也是想节省些耗费。谁知天皇就是想去，大概他知道泰山封禅实际的获益人是天后，而不是自己，在死之前他也要为自己做一件事。由于拧不过天皇，天后最后还是同意与他一起去嵩山封禅。

公元683年农历十月，在诏书下了又改、改了又下之后，天皇和天后终于做好了封禅准备。封禅进行到一半时，因为天皇病情加重，实在没有办法主持封禅大礼，所以只好停了下来。

天皇头疼得厉害，眼睛也即将失明，于是找来御医秦鸣鹤给自己看眼睛，秦鸣鹤想用针灸的方法为天皇治疗。天后听了大怒，说道："岂有此理，这个人应该拉出去砍头，竟要向天子头上插针！"

秦鸣鹤吓得"扑通"一声跪地求饶。天皇实在禁不住疼痛，便对武后说："刺就刺吧，说不定会好呢！"

后来，经过秦鸣鹤反复针灸，天皇真的感觉有所好转，高兴地说："我的眼睛能看见了！"天后很高兴，赏赐秦鸣鹤100匹彩缎。但秦鸣鹤的治疗只是治标不能治本，天皇已经病入膏肓，在稍有好转之后，他的病还是不可逆转地恶化了，天皇只好返回洛阳。

天后为了祈求上苍保佑，再次改元为弘道，大赦天下。在大赦这一天，天皇勉强听完宣诏，他问大臣百姓们高兴吗，大臣们说很高兴。他又对大臣说："百姓虽然高兴，但是我的命就快终结了，老天若是肯给我一两个月的生命，让我回到长安，我也就死而无憾了。"

当天晚上，天皇召来裴炎立遗诏。遗诏说："皇太子柩前即位，军国大事有不决者，交天后处分。"接着，天皇就断了气。

那是在嗣圣元年五月，天皇灵柩回到了长安。八月，葬在了乾陵。唐高宗在位34年，也就是公元649至683年。弘道元年，也就是公元683年，56岁的高宗皇上李治，终于带着无限的眷恋和百般的无奈离开人世，而且他还是客死他乡，死在了东巡封禅的路上。

天皇死了，留下了天后和太子李哲管理大唐江山。此后，天后掌握了朝政大权。儿子们的平庸和懦弱，以及她内心权力欲望的急剧膨胀，也使得她对政治的掌控力更加强劲了。

接连废掉太子

在天皇死了之后，太子李哲即位，并改名为李显，也就是唐中宗。天后被尊为皇太后，按照天皇的遗诏，政事暂时由皇太后代理。

此时的李显已经到了而立之年，前面两个哥哥死了，太子的荣耀与责任同时落在他身上。其实，高宗知道李哲不是做皇帝的料，所以想到要武皇太后以及裴炎来给他辅政。高宗预料武皇太后可能会取而代之，于是才封了皇太孙。

武皇太后知道这是个敏感时期，新君初立，自己以皇太后的身份摄政，很可能会引起朝廷的骚动。李显又不是个能担负重担的人，如果在这个时候不做好安排，恐怕会出乱子。

此后，武皇太后在对时局做了一番深入的思考之后，决定先从王室、宗亲入手，从而来安定李家的大局。武皇太后知道，如果新上任的君主能力弱，或者年龄小，或者难以服众，那王室的人就很有可能篡权。

武皇太后对高祖的儿孙们很忌惮，如果能安抚这一部分人，政局就会稳定很多；如果这些人肯辅佐，那么，即使朝廷有变动也不必太过于焦虑。

紧接着，武皇太后发布了一道政令，想借此来安抚唐王室。其政令内容是让韩王元嘉做太尉、霍王元轨做司徒、滕王元婴做开府仪同三司、舒王元名做司空、鲁王灵夔做太子太师，这样就安排好了李渊的几个儿子。与此同时，她又任命越王贞做太子太傅、纪王慎为太子太保，太宗的两个儿子也安排完了。

武皇太后给他们安排的官职都是朝廷中的重要职位，唐王室感觉武皇太后多少还是尊重他们的，也就不再多说话。毕竟有高宗的遗嘱在，武皇太后摄政是有理可讲的。李家王室的大局，暂时被稳住。

王室的人暂时安抚后，接下来就要重新进行人事任免。这个时候，高宗一代的大臣老的老、死的死，有能力又有精力的李敬玄也被高宗贬出了朝廷。朝中就只剩下刘仁轨、裴炎、郭待举、岑长倩、郭正一、魏玄同、刘景先等人可用。

于是，武皇太后任用刘仁轨为左仆射、裴炎为中书令、刘景先为侍中、魏玄同为黄门侍郎参知政事、岑长倩为兵部尚书参知政事，提拔左散骑常侍韦弘敏为同中书门下三品、北门学士刘祎之为中书侍郎。政事堂由门下省改为中书省，宰相们都到中书省议事。文臣安排好之后，朝中的人事基本也稳定了下来。

为了应付突发事件，武皇太后派左威将军王果、左监门将军令狐智通、右金吾将军杨玄俭、右千牛将军郭齐宗分往并州、益州、荆州、扬州四大都督府，与府司相知镇守。经过一番安排后，从中央到地方的局面都被控制住了。

公元684年，新皇帝登基，改元嗣圣。新皇帝登基后又要立新皇后，皇后的亲戚朋友又要被提升，这些事都要由中宗李显参与。李显立太子妃韦氏为皇后，接着便擢升皇后的父亲韦玄贞为豫州刺史，管辖洛阳附近的州县。

李显觉得这个官似乎小了点，与他皇上的地位不太匹配，于是又给了他岳父一个侍中做，这下韦后的父亲可就是首辅之臣了。李显为了显示仁德，把自己的奶妈也封了个五品官，诸如此类的事还有一些。

裴炎感到新皇帝的举动有些过火了，便劝谏说："皇上您有这份心是好的，但是韦玄贞没有给国家立过什么功，这样的提升不合情理啊！"

李显哪里听得进去，韦后的娇嗲比这位辅政大臣的忠言好听多了。中宗不理裴炎也就罢了，还大声斥责他，说道："我把整个天下送给韦玄贞都没什么不可以的，何况是一个侍中呢？"

裴炎一听，这还了得？给韦家还不如给武皇太后打理好呢！于是，他找到武皇太后把中宗的话原原本本地告诉了她。武皇太后一听就火了，这哪里还像个皇上说的话呢！刚当上皇上就目无母后、目无大臣，只听媳妇的话，这样下去迟早有一天会把江山给败了。

武皇太后知道李显不是做皇帝的材料，但没想到他这么荒唐，所以她便起了废帝之心。废新君是需要些勇气的，太子一个接一个地出事，现在又废新君，不光大臣，就是天下的百姓也会议论纷纷。

武皇太后有些犯难了，找来裴炎商量，裴炎等一干大臣也知道李显的所作所为实在难担大任，于是同意罢黜新帝，之后武皇太后亲自草拟废帝命令。武皇太后将文武百官召集到乾元殿开会，按照事先的计划安排宫中事项：由裴炎和刘祎之全权负责。整个宫殿杀气腾腾，文武百官不知道发生了什么事，心里都七上八下的。宰相裴炎宣布武皇太后的命令："中宗昏庸无德，不堪为一国之君，马上废为庐陵王！"

接着，侍卫把中宗拉下了大殿。中宗不服气地说："我有什么罪过，要废掉我？"

武皇太后怒吼道："你不是想把江山给韦玄贞吗？大唐的江山都要让你送给别人了，你还没罪吗？"中宗无话可说，只好服罪。随后，武皇太后将中宗软禁起来，又将他的名字改回了李哲。之后，皇太孙李重照被贬为庶人，李哲的岳父也被流放到钦州。

在废李显的第二天，武皇太后立了自己的第四个儿子李轮为皇帝，改名为旦，就是睿宗，李旦的妃子刘氏被立为皇后，李旦的儿子李成器被立为皇太子，改号文明元年。

不出武皇太后所料，中宗被废后，大臣、百姓议论纷纷。很多人又猜想她想自己做皇帝，所以才会接二连三地发生废立之事。武皇太后为了防止动乱发生，便任命刘仁轨为西京留守，又安排了一些自己信任的人掌握军权。

虽然朝臣和百姓都在议论，但是没人敢直言进谏。老臣刘仁轨以请辞为由向武皇太后进谏，希望武皇太后借鉴汉朝吕后的教训，不要把朝廷搞得乌烟瘴气，被后人耻笑。

武皇太后看了刘仁轨的奏章以后，不仅没有生气反而派自己的侄子武承嗣带了一封信去安慰他：现在皇上正在举丧期间不能处理政务，我以卑微之身暂且行使表决权。你这样劝说我，可见你的忠贞耿直，我冷静地思考以后感触颇多，内心里充满了欣慰和愧疚之情。这真是一面镜子啊！你是先朝的老臣，声名远播，希望你能匡扶社稷，不要因为年纪大就辞职。也就是说，武皇太后不允许刘仁轨辞职。

由此不难看出，武皇太后虽然对待自己的敌人心狠手辣，但是对待忠诚的臣子却没有下过黑手。她这封信一方面可以安抚老臣，一方面也是她为政的圣明之处。

刘仁轨收到这封信后，感动异常。仔细想想这么些年来，武皇太后辅佐高宗做了不少事情，这些事情对治理大唐利大于弊。虽说武皇太后曾经心狠手辣地铲除政治对手，但是毕竟她没做出对百姓太过分的事情。况且自己说了这么多在自己看来都大逆不道的话，武皇太后却不责怪，反而写信安慰我，这样尊重大臣的掌权者还是不多见的。武皇太后的表现，颇有太宗遗风啊！所以，刘仁轨最终没有辞职。刘仁轨留下以后，朝廷官员的议论少了很多。武皇太后不愧是政治老江湖，知道如何运用帝王之术。她有资格、有能力做皇帝。安抚了一批能安抚的人之后，武皇太后就要解决那些不能安抚、存有异心的人了。

为了防止被废太子李贤作乱，武皇太后还命令左金吾将军丘神逼李贤自杀，丘神回到洛阳，被指擅自杀死被废太子，武皇太后将他贬到叠州做刺史，追封李贤为雍王。不过很快丘神再次被起用，官复原职。这个时候的武皇太后，她的政治权谋已经运用得十分娴熟了。她通过安抚皇室和重臣、重新配置朝廷人力资源以及除掉政治敌人、潜在对手等手段稳固了自己的统治。

在处理太子李贤时，武皇太后也没有忘记把废黜的中宗李哲迁往湖北房州。接着又迁来迁去，为的就是不让李哲有喘息的机会。因为她知道，只要这些已废太子在某处落下脚，他们就有可能培植出自己的势力，再次反攻自己。

唐中宗被废后，天涯海角的母子二人，各自揣着心事度过他们的日子。在中宗被废的第二天，李旦即位了，他遗传了高宗文人方面的特质，自幼喜爱文学、书法。因为李旦是老小，很少想做皇帝的事儿，所以便把大部分的精力都用在了做学问上。

高宗和武皇太后原本并没有指望李旦能够承担起皇帝的大任，因此也就没给他过多的政治教育，但也并未亏待他。先是封了个豫王，接着又改为冀王，后来又封为相王、右卫大将军。

多年来的宫廷争斗，使李旦看清了母亲对待威胁她统治的人绝不手下留情的现实。于是，他处处小心，以免引火烧身。唐中宗被废以后，武皇太后就剩下这么一个亲儿子可以立了。

虽然李旦对政治不敏感，但是，对于自己来说，这样的人也是很好控制的。如果说武皇太后可能在某一个时刻有过自立为帝的想法，但是，时至今日她还是更多地偏向于做个拥有权力的操纵者，而并非名副其实的君王。睿宗在被立为皇帝之后，不能在正宫听政议事，武皇太后临朝称制。李旦只是顶着皇帝的虚名，在宫中读书写字。实际上，朝廷上的事也都是由武皇太后一个人说了算。

后来，武皇太后在平定扬州叛乱的同时要还政于李旦，但是，李旦知道自己的能力大小，同时，他也料定母亲也不会这么轻易地放手权力，所以，他坚决不同意武皇太后的还政要求。

武皇太后也没过多推辞，继续临朝听政。第二年，武皇太后为了安抚李旦和朝臣，将李旦的几个儿子封为亲王，这是向朝臣表明自己不会称帝。睿宗看着自己母亲所做的一切没有丝毫办法，他现在只是个傀儡而已。

公元689年，武皇太后开始使用周历。与此同时，改元为载初。同时，她还给自己取了一个新名"曌"。为了避讳，自此，所发布的诏书也改称为"制书"。之后，有人上万民表，请求武皇太后实施改朝换代。当时，有很多宗室和大臣们也因为反对武皇太后都惨遭灭门。可见，武皇太后对于执政的渴求是多么强大。

这个时候，睿宗就不能不说话了，他也上书给武皇太后，请求她登基，并赐自己武姓。武皇太后自然是求之不得，经过一番谦让之后，高高兴兴地同意了儿子和臣民的请求。

公元690年农历九月九日，武皇太后登基，赐皇嗣武姓，李旦迁出东宫，没有帝位继承权，刘氏降为妃。睿宗这次在位没有任何动作，更别说是作为了，他只是保住了自己的性命。

然而，想做个逍遥人也不是那么容易的。武皇太后宠信的户婢韦团儿，喜欢上了这个曾经没有实权的皇帝。李旦知道自己正处在水深火热之中，这个时候若是发生了什么事情，那将会对自己十分不利，所以他就拒绝了韦团儿。

韦团儿心怀怨恨，在武三思和武承嗣的指使下，她在李旦的妃子刘氏和德妃窦氏住所埋了一个木头人，并且告发她们在诅咒武皇太后，诬为厌胜。

公元693年，刘氏、窦氏被武皇太后处死，并且被偷偷地埋在了宫中。两个妃子突然失踪，睿宗不会不知道，但是睿宗不敢声张，因为他知道是武皇太后所为。

这就是睿宗的聪明之处，他知道无法与母亲斗，便在武皇太后面前装作没事儿人似的，以此来保全自己的性命。即使有人出面为刘、窦两位妃子鸣冤，睿宗也是默不作声。

睿宗的沉默保全了自己的性命，也为以后的再次登基保存了实力。但是在这段时间中，睿宗是相当悲哀的，他顶着个虚名在宫里行走，谁见了他都暗地里腹诽，可想而知，在他的心中是多么的悲哀啊！

平定扬州叛乱

武皇太后在接连不断地废黜太子以后，也受到了来自李家宗亲以及部分臣子的强烈谴责和质疑，甚至有人发动叛乱来反抗她的统治。此后，武皇太后为了铲除这些反抗势力，也进行了一系列的平叛活动。

公元684年，睿宗带着王公以下的文武百官在武成殿为武皇太后上尊号。自此，武皇太后亲自临朝执政，而皇帝则住在别殿，不问政事。武皇太后临朝称制后，百官朝贺。一时间，祥瑞之说甚嚣尘上。什么"瑞鸟""瑞麟""瑞云"全出来了，这也表示大家对她执政的拥护。

武皇太后以为自己执政已经没有太大的阻力了，谁知才高兴不多时，就杀出个程咬金来。原来嵩阳令樊文又献了一块"瑞石"，武皇太后拿着这块玉石让百官观赏。尚书左丞冯元常上书说这是谄谀欺骗的说法，武皇太后意识到朝廷中还有一部分人对自己执政不满，于是便把冯元常赶到陇州做刺史去了。

武皇太后临轩执政后，将大唐的旗改为金色，改东都洛阳为神都，官名进行了一次大改换，官服也改了颜色，其官职也做了一些更改：尚书省改为文昌台，左右仆射改为左右相，吏、户、礼、兵、刑、工六部依次改为天、地、春、夏、秋、冬六官，门下省改为鸾台、中书省改为凤阁，改侍中为纳言，中书令为内史，御史台改为左肃政台，增加一个右肃政台。其余的省、寺、监、率名称，都按各部门的职权另改名称。

正在此时，一件叛乱事件也发生了，而发动这场叛乱的就是扬州大都督李勣的孙子李敬业。

李勣是高宗时期的老臣，为高宗和武皇太后的朝廷立下过汗马功劳，因此而受到了极大的器重。但是李老丞相的孙子却不怎么争气，整天就知道吃喝玩乐、贪赃枉法，后因东窗事发而被贬职。现在，他打着恢复李氏江山的旗号，聚众谋反。

此外，参与这次谋反的还有一个叫魏思温的监察御史，这个魏思温也是因为犯法而被贬为了盩厔尉，他有些政治头脑，也因此成了这次叛乱的"军师"。

按照李敬业和魏思温事先商议好的计策，先让同伙监察御史薛仲璋请求出使江都，等薛仲璋到了江都后，再让韦超告发扬州都督长史陈敬之谋反。

这样一来，薛仲璋便可以利用中央派遣出使御史的身份逮捕陈敬之，薛仲璋可以轻而易举地控制扬州。薛仲璋等依计行事，果真掌握了扬州的军权。接着宣布叛变，改回嗣圣元年中宗的年号。

武皇太后千方百计想要杜绝的事情还是发生了，这些人果然还是打起了儿子的旗号来反对自己。叛军找了一个酷似李贤的人来冒充已死的太子。他们到处宣扬李贤并没有死，而是逃到了扬州，在扬州招兵买马，任命李敬业为上将军，兼扬州大都督。

紧接着，李敬业还在扬州设立了3个府衙——匡复府、英公府、扬州大都督府；又任命了一些官员，其中最著名的是"初唐四杰"之一的骆宾王，他写了一篇留名千古的《代李敬业传檄天下文》（《古文观止》中改名为《讨武曌檄》），大肆宣扬武皇太后的罪行，并且号召人们反对她执政。

武皇太后对叛乱是有所准备的，当听到扬州发生叛乱时，她并不十分惊讶，认为这也是在意料之中的事情。当她读到骆宾王的《讨武氏檄》后，还大赞骆宾王才学渊博、妙笔生花。

武皇太后曾说像骆宾王这样的人不用，是我们帝王的过失，可见武皇太后的帝王之器是多么宽大呀。特别是在关键的时候，还能为敌人送上赞美，这是需要胸怀和智慧的。同时，对于武皇太后的泰然自若，大臣们也是从心底感到佩服的。

武皇太后在赞美完了骆宾王之后，便放下手中的檄文，命令左玉钤卫大将军李孝逸领兵30万前往讨伐。她认为这样还不能彰显出自己的威严，于是又罢免李的官职，之后还派人挖了李的坟墓，捣烂了他的棺材，接着又恢复了李的原姓，她要让天下人看看反叛自己的下场。

李敬业不通兵家之事，临到阵脚便六神无主，只好找大家来一起商议该怎么办。军师魏思温说："您还是以匡扶李室为名，率领着众人击鼓行进，直捣东都洛阳。这样的话，天下人就知道你是为了李家江山在打拼，那么就会群起响应。"

薛仲璋不同意出兵洛阳，他坚持守住金陵，也就是现在的南京，再渐渐向北进军。魏思温反驳说："山东有粮有兵，就等着我们到那里去呢！如果不趁着这个形势立功，而是自顾自地保存已有的领地，那么，起兵的人听了，谁还会响应我们呢？"

李敬业没有谋略和胆识，因而他没有听取魏思温的建议继续进攻，而是兵分几路攻占江都周边的地区。魏思温叹了口气说："兵力集中力量就会强大，分散了就会弱小。敬业不渡过淮河，收取山东进而夺洛阳，我们的失败就在眼前了。"之后，李敬业带领着叛军主力攻下了润州。

驻守润州的是李敬业的叔叔李思文，李敬业原本想拉着李思文一起造反，但是，却被李思文拒绝了。接着，他又向武皇太后告急。李敬业占领润州之后，魏思温提出用李思文的脑袋祭旗，李敬业不肯。润州司马刘延嗣被抓后，李敬业要杀了他，魏思温说这是他的旧相识，请求赦免其死罪。就这样，两个人都被关进了大牢之中。

李孝逸的大军赶到后，李敬业着急了，赶忙从润州退出来守江都。他在高邮县屯兵，命令自己的弟弟敬猷守卫淮阴，韦超、尉迟昭守卫梁山。

李孝逸因为初战失利而不敢再继续进攻，这时，担任监军的殿中侍御史魏元忠对李孝逸说道："现在天下的安危就在此一举了，原本天下太平，是贼子先叛乱，搅动得天下不安，人们都盼着尽快平定叛乱，而今将军只守不攻，不是令天下人感到失望吗？如果朝廷知道了这件事情，必定会改派其他的将军前来剿灭叛乱，这时，将军你又打算怎样去应对呢？"

李孝逸一听确实是这么一回事，心想如果我在这里不进攻的话，朝廷也迟早会知道，到时我就没法交代了呀！于是，他便下令进攻，结果斩杀了叛将尉迟昭。

十一月，武皇太后果然派了左鹰杨大将军黑齿常之为江南道大总管，统领大军增援李孝逸。李孝逸听到这个消息后，再次攻打梁山，而叛将韦超却坚持不迎战。李孝逸拿不定主意是攻还是战，大家便在阵前开始讨论起来。

魏元忠建议先攻打李敬猷，其他将领不赞同这样做，他们认为要先进攻李敬业。魏元忠说："我们应该先进攻李敬猷，李敬业人多，又凭着显要的位置死战，如果我们失利，那么就危险了。李敬猷没有什么能力，根本不懂打仗是怎么一回事，再加上势单力薄，大军一到就会被攻克，因此李敬业必定会想办法来救自己的弟弟，到时必定来不及。现在我们舍弃好攻的，去攻打难攻的，是下策啊！"李孝逸听了魏元忠的意见，决定先攻打韦超，然后攻打李敬猷，李敬猷大败。接着，挥军进攻李敬业。

李敬业借着河水死守，李孝逸几次攻打都没有成功，就想退到石梁。魏元忠接着劝说："这个时节芦苇都干了，又是顺风，不如用火攻，此时是不能后退的。"李敬业的军队此时也筋疲力尽，失去了斗志。后来，李孝逸又采用了火攻的计策，因而将李敬业的大军烧得七零八落。

李敬业一看大势已去，于是率领着轻骑兵进入了江都城，带着一家老小准备从润州入海，投奔高句丽。结果逃到了海陵界，被大风阻住，无法渡海。其他的将领看到没有什么希望了，便杀了李敬业和李敬猷兄弟。随后，他们便带着李敬业和李敬猷的头去投降。而叛将唐之奇、魏思温也被活捉了，只是骆宾王下落不明。直到此时，李敬业的叛乱终于被平定了。

武皇太后平定了李敬业的叛乱后，紧接着便对李敬业一家进行了处置。只有李文思被留了下来，并提拔为司仆少卿，赐武姓。

平定李敬业的叛乱只用了4个月的时间，而且战争只在扬州和楚州范围内进行，因此对百姓并没有构成很大的危害。大唐的安定以及社会经济生活还在继续发展着。

武皇太后之所以能平定李敬业的叛乱，与中下层的官员和百姓的支持是分不开的，她在位时所实行的政策得到了下层人民的拥护。扬州叛乱平定以后，武皇太后的统治得到进一步加强。

清除宰相裴炎

在武皇太后时期，对于那些阻碍她发展的人，她必然会采取一些手段，因为她掌权的行为是不允许别人来侵犯的。

裴炎是绛州闻喜人，自幼勤奋好学，在弘文馆学习期间，一直都十分刻苦。每到节假日，当同学们都外出游玩时，他却留在弘文馆里读书。

老师很喜欢他，想直接推荐他去做官，裴炎却推辞说自己的能力还没有到位，还想多学一些东西来充实自己。其实，他是想凭借自己的真才实学进入政府部门。后来，他经过一番拼搏，一下子"明经及第"走上了仕途。

裴炎先在濮州做司仓参军，也就是管理粮食的官。后来被调进京城，担任御史、起居舍人等职。这些职位虽然都不是重要的职位，但是与皇室的接触机会比较多。

因为有了接触皇帝的机会，所以他的才能很容易被发掘。那是在公元680年，他被封了"同中书门下三品"的官衔，并且成了当朝的宰相。

后来，裴炎还当过侍中和中书令。他的工作能力很强，但是，他的不足之处就是为人太骄傲了。也正因为这样的性格，使得他很容易得罪人。裴炎的祸端也就是因他这种性格而造成的。

公元681年，定襄道行军大总管裴行俭打败了反叛的突厥，招降了可汗阿史那伏念。裴炎却说伏念是在大军威逼下"计穷而降"的，难保他以后不再反叛，于是坚持要把他给杀了。

裴炎的行为让裴行俭大丢面子，因为裴行俭曾经保证不杀伏念，也因此而没有得到赏赐。裴行俭是代表国家许下的诺言，而裴炎却违约把人给杀了。高宗和武皇太后也没办法，反正是个败军之将，又是个突厥人，杀就杀了吧，难道还因为一个叛将得罪自己的大臣不成。但是此后，高宗、武后和裴行俭都对裴炎的行为感到不太满意了。

裴炎当了宰相以后，倒是得到了高宗的信任。公元682年，高宗去东都洛阳，留下太子李显守京师长安，特命裴炎协助太子处理政务。

第二年，高宗病重，又让裴炎护送太子到东都来探候。临终前，高宗还命裴炎与两位侍郎刘奇贤、郭正一为辅政大臣，这可是再大都没有的信任了。中宗继位后，裴炎作为"顾命宰相"更是权高位重。

高宗死后，宰相裴炎做出了一些不同寻常的举动。高宗曾经有遗诏：军国大事有不决者，奏天后处分。所以裴炎在高宗死后第三天，也就是太子在灵柩前即位后第二天上奏说，嗣君没有被正式封为皇帝，也没有听政，不应该"发令宣敕"，所以建议一切政令从武皇太后出。

裴炎的建议是不是武皇太后指使，不得而知。但是，这样的建言对武皇太后却是十分有利的，于是，她顺理成章地取得了国家大事的决定权，也正因为这样，武皇太后对裴炎感恩不尽。

裴炎因为受到武皇太后的重用而越发骄傲起来，在废掉中宗之后，她曾经要"追王其先"，也就是要追封武家的祖先为王，并建立"武氏七庙"。裴炎知道后却对武皇太后说："太后是天下的母亲，应该大公无私才对，不应该偏向自己的亲族。而且，您也应该吸取汉朝吕后家族的教训才是呀。"

武皇太后不以为然地说道："吕后把权力交给在世的吕氏亲族，所以导致灭族的后果，现在我只是追封武家已经故去的祖先，这又有什么关系呢？"

裴炎还是不依不饶地说："我们做事要防微杜渐，不能让小事演变成大害呀。"

武皇太后听后心里很不是滋味，但是也没有办法，裴炎位高权重不能硬碰硬，只好暂时偃旗息鼓。之后，她便对这位老臣产生了一些反感。此后，另外一件事情的发生却让武皇太后怀恨在心。

原来，当武承嗣劝说武皇太后杀死韩王李元嘉、鲁王李灵夔等人，以慑服李家宗室、扫除掌权的隐患时，裴炎当庭力争坚决不同意。此事又不了了之，武皇太后觉得自己的权力已经受到了制约，心里极为不快，于是就想除掉裴炎。

此时的裴炎却感到武皇太后的权力在慢慢地走向巅峰，他又是顾命大臣，于是极想限制武皇太后的权力。就在李敬业扬州发动叛乱的时候,裴炎觉得时机到了。于是,他想逼迫武皇太后还政。武皇太后见裴炎对扬州叛乱的事一味不作声,便忍不住问他怎么平定战乱。

裴炎说道:"皇帝没有亲自执掌政权,才会给这些贼子们留下犯上作乱的借口。如果太后肯将国事交给皇帝处理,叛乱也就平息了。"

武皇太后听后并没有说些什么,暗地里却指使监察御史崔詧上奏指控裴炎,说道:"裴炎身受顾命之托,大权在握,现在发生叛乱却不赶紧想办法讨伐,反而要逼太后归政,这其中一定有阴谋啊!"紧接着,裴炎被逮捕入狱。

通过裴炎的一系列行为,武皇太后逐渐意识到必须要铲除裴炎,才可以一直掌权,她发现自己无论以什么样的身份参与政治,都无法摆脱臣子的限制和非议,除非自己称帝。想想这些年为李家江山所做的种种贡献,也够还高宗对自己的恩情了。自己儿子又不争气,自己称帝又有什么不可以的呢?此时,武皇太后称帝的心已经蠢蠢欲动了。

朝中有很多大臣都在为裴炎求情,但是武皇太后还是决心要除掉他,于是给他定了个"谋反"的罪名。有人说,裴炎是参与了谋反,也有人说是武皇太后的故意陷害。但是,不管怎么说,武皇太后是一定要除掉这个反对自己的人才肯安心。

裴炎在死之前,依然不改本性,坚决不向武皇太后求饶。裴炎死后,他的家人都被流放到了荒远之地,家也被抄了。据传,他家连价值100斤粮食的钱财都没有。这些足见裴炎是个清官,但是他却成了武皇太后的政敌,武皇太后对他是不会手软的。

裴炎的侄子太仆寺丞裴伷先,此时刚刚17岁,在流放前请求见武皇太后一面,武皇太后答应了。裴伷先见到她时,说道:"我是为太后您着想啊!我不敢鸣冤。太后您是李家的媳妇,先帝驾崩后也一直是由您在把持朝政,驱逐李家宗室,提高自己娘家人的官位。我伯父忠于李室江山,却被说成谋反,连累家人。我是在为您惋惜啊!你应该早点把权力交给皇上,否则如果天下大乱了,您武家一族都保不住了呀。"

武皇太后听了这话,气得半天都说不出话来,她没有想到小小年纪的裴伷先句句点在了她的痛处上。这些话使她受到了强烈的刺激,于是,她命人把裴伷先拉出去打了100大板,然后流放到穷乡僻壤。

裴炎的死使武皇太后称帝的障碍扫除了一半,此外,通过这件事情,又进一步让她充分认识到了称帝的必要性。接下来,武皇太后就要向她的皇权进发了。

平定诸王叛乱

公元686年农历正月，基于朝臣对自己的不满，武皇太后下诏复政于皇帝，不再临朝称制，让睿宗自己处理国家大事。但是，睿宗却坚决不肯，于是还是由武皇太后继续临朝听政。

又过了两年，也就是垂拱四年，武皇太后开始了做皇帝的试探。她先在洛阳立唐高祖、唐太宗、唐高宗3座庙，接着又提议为武氏的先人立庙祭祀。

司礼博士周悰知道武皇太后的意图，便上奏说武氏祖宗立七室，降唐皇李家的祖庙为五室。如果大臣们没有异议，就意味着武氏取代李氏不会有人反对了，如果有人反对，那么还要静候时机才行。

这么大的事情自然会有人反对，春官侍郎周大隐上奏劝止说："礼，天子七庙，诸侯五庙，百王不易之义。今周悰别引浮议，广述异闻，直崇临时权仪，不依国家常度。皇太后亲承顾托，光显大猷，其崇先庙室应如诸侯之数，国家宗庙不应辄有变移。"也就是说，按照传统的礼制天子才可以有7座庙，诸侯有5座庙，你这是改变传统，不按常理出牌，你们家族的荣耀与诸侯等同就已经很好了，国家的宗庙是不能有所变动的。

之前，更为强烈的反对之声是江陵人俞文俊的言论。早前曾传说，雍州新丰县东南有山涌出。大概情形是新丰县的山在一夜雷雨之后，突然长出一座300尺高的山来。

武皇太后认为这是个很好的造势机会，便将新丰县改为庆山县，人们为了迎合她，纷纷向她表示祝贺。俞文俊却上书说，这不是吉兆，是凶兆，是"以女主阳位，反易刚柔，故地气塞隔，而山变为灾"导致的，并劝告武皇太后赶紧退位，不然将有祸患产生。武皇太后本来想借机造声势，没想到却搬起石头砸了自己的脚。

没过几天，宰相刘祎之又传出了不和谐的音符。刘祎之不是一般的朝臣，他是武皇太后一手提拔的宰相，可以说是她阵营里的人。刘祎之是她"北门学士"的中坚力量，后来被提升为了朝议大夫、中书侍郎兼豫王会司马，因为偷偷跟随姐姐看望荣国夫人而被贬职流放。

几年后，武皇太后把他提拔为校检中书侍郎，并且成了她的亲信，仕途顺畅，直到坐到宰相的位子。特别是裴炎被杀后，朝中大臣对武皇太后的反抗情绪越发增强，于是她更偏向于营建"北门学士"这样的堡垒。

武皇太后为成为女皇做准备时，心腹刘祎之在背后议论起武皇太后来。有一次，他在与凤阁舍人贾大隐谈话时说："太后可以废掉昏庸的皇帝，另立圣明之君，也用不着自己临朝亲政啊！还不如把权力还给皇子，这样好安抚天下人的心。"

贾大隐把他的话秘密地告诉了武皇太后，武皇太后听后大为不悦，心想：我好官、好禄、好对待，你不帮我说话也就罢了，还背后议论我的是非，这简直是岂有此理。

于是，武皇太后对周围的人说道："祎之我所引，乃复叛我！"正在这个时候，有人向皇太后奏报说，刘祎之收受了归诚州都督孙万荣的贿赂，又与许敬宗的妾私通，武皇太后便以此为由派肃州刺史王本立调查刘祎之。

当王本立向刘祎之出示太后的敕令时，刘祎之竟然胆大妄为地说道："你没有正统的皇家命令，凭什么查我！"王本立没有办法，只好用刘祎之的话回去交差。武皇太后听了王本立的奏报后，更加生气了：连我自己提拔的人都这样看不起我，我真是枉费了心血啊！接着，她便下令逮捕刘祎之入狱。

当李旦知道了这件事情后，便向武皇太后求情，武皇太后一想刘祎之是李旦的老师，认为刘祎之要太后归政是个大阴谋。于是决心铲除刘祎之，以绝后患，结果刘祎之被武皇太后赐死在家中。

在朝在野、正面侧面所发出的反对之声让武皇太后看到了自己称帝的阻力，但是她不怕这些阻力，权力的欲望使她越挫越勇。垂拱四年四月，又有一个叫唐同泰的人给武皇太后进贡了一个"瑞石"，上面刻着"圣母临人，永昌帝业"。

武皇太后得到这块石头后，开始用这块石头做起了文章。给它取了一个名字叫"宝图"，实际上也玩了陈胜、吴广的把戏，说自己称帝是受命于天之类的。接着，武皇太后又下诏书要亲拜洛水，去接受上天的授图；并去南郊祭祀昊天，表示对上天的谢意，然后又搞了一个盛大的典礼，为自己即将称帝做宣传。

典礼这一天，武皇太后带着文武百官以及京外奔赴京师的各类官宦，到洛水举行拜洛受图大典，完成后又去南郊祀天，祭罢天又御临明堂和大臣们见面。这个活动完成后，大臣们给武皇太后一个"圣母神皇"的封号，实际上这意味着是皇帝的称呼了。

武皇太后非常高兴，再次大赦天下，把"宝图"重新命名为"天授圣图"，而"宝图"的出处称为"圣图泉"，把出石那个县改名为永昌县，还把首先发现瑞石的氾水改为广武，把洛水命名为永昌洛水，再封洛神为显圣侯。同时，还禁止在洛水打鱼、垂钓，四时祭洛水。

紧接着，武皇太后又改嵩山为神岳，封嵩山神为"天中王"，拜嵩山神为太师，加拜神岳大都督；同样，也禁止在嵩山放牧、砍柴、采集野菜等。武皇太后为自己称帝做了一番宣传，经过这番预演，天下人都知道武皇太后已经是实质上的皇帝了，接下来，就只有称帝这一步了。

就在"圣母临人，永昌帝业"的瑞石出现的时候，身为太子通事舍人、郝处俊的孙子郝象贤的仆人告郝象贤谋反。郝处俊是高宗时的中书侍郎，在高宗想要让当时的武后摄政时，郝处俊便以"杜祸乱"为由警告高宗，因而使那时的武后没能摄政，同时，也使得朝中大臣的反武气焰高涨起来。

武皇太后一听谋反的是郝处俊的孙子，便命令酷吏周兴审理这件案子。因为郝处俊一直都反对武皇太后掌权，他的孙子再一谋反，武皇太后便更加不留情了。

郝氏家族宗亲也有在朝中做大官的，因此，经过郝处俊家人、亲戚的周旋，监察御史任玄殖对武皇太后说道："郝象贤没有谋反的迹象。"武皇太后以为任玄殖与郝象贤是一个鼻孔出气的，便罢了任玄殖的官，维持原来关于郝象贤的判决。

郝象贤在临死之前，痛骂武皇太后，把一切肮脏、污秽的语言全都用在了她的身上。不仅如此，他还夺过围观人的大棒狠狠地抽打刑官。金吾卫士见事情不妙，便将他团团围住，用乱刀砍死。武皇太后听说后怒发冲冠，下令将郝象贤肢解，刨郝家祖坟、毁掉郝家先人的尸体。

武皇太后在处理郝象贤的时候，心里十分明白，这只是暴风雨来临的前奏，猛烈的暴风雨就要到来了，而这场暴风雨的发动者很可能就是李家皇室。

之前，武皇太后没有称帝的决心，江山在形式上还是李家的，自己一旦称帝，就意味着江山易主，这是任何一个皇室都没办法漠视的，李家人一定会闹出乱子来。

果然，不出武皇太后所料，李家的人开始大造谣言，煽动反武情绪。大概就是说：武皇太后已经在策划改朝换代的事了，等到改朝换代的那一天一定会将李家宗室清理干净。天下的人对李家宗室抱着同情的态度，也相信武皇太后会做出这样的事情来，所以，就比较容易被煽动起反武情绪。

最能被激发的自然是李家宗室。李渊的子子孙孙加起来有很多，他们拥有庞大的封邑、众多的奴仆，如果他们要反就很不容易对付了。武皇太后要改朝换代，一是要牵扯到祖宗的江山，更重要的是还要牵扯到自己一方的利益，因此，他们一定还会有更大的动作。

这个更大的动作，没有让武皇太后等多久就发生了。参加皇室叛乱的人员有绛州刺史韩王李元嘉、青州刺史霍王李元轨、豫州刺史越王李贞、通州刺史黄公李等。他们在河北、四川、陕西、河南、山东都有自己的封地或势力，他们的行动也直接影响到这些地区。

事情是先由黄公李发起的，他写信给越王李贞，告诉他武皇太后要图谋李室江山，如果不赶快行动的话，后果将会不堪设想。接着他又制造了睿宗皇帝的玺书，并派人送给琅琊王李冲。

信是以睿宗的口吻写成的，其意思是说："我被软禁起来了，各王要发兵来救我啊。"

李冲心领神会接着伪造睿宗的书信，说道："神武想要把李室江山传给武家人。"就这样，你来我往，李家宗室暗地里便串联了起来。但是，因为各王相距较为遥远，又没有现代化的通信设备，所以联络起来也较为费力和费时。也正因如此，这件事情的保密工作很难做好。

琅琊王李冲派长史萧德宗招兵买马的同时，分别联络了韩、霍、鲁、越诸王和贝州刺史纪王李慎，商议同时起兵向洛阳进发。可是，让他们万万没有想到的是，他们还没有起事，消息就被武皇太后探知了，于是，她立即命令左金吾将军丘神为清平道行军大总管，率兵讨伐李家宗室。

丘神先率军讨伐山东的李冲，在丘神的军队还没有到达山东的时候，李冲在山东起事了。他本想渡过黄河攻打济州，于是先攻打博州的武水县，武水县县令郭务悌听说李冲反叛后，急忙派人向魏州求援。博州莘县县令马云来与郭务悌一起死守城门，抗击李冲。

李冲只好用草车堵住南门，采用火攻的方法攻城，结果因为风向骤变，反而把自己的人马给烧了。李冲没办法只好垂头丧气地退了下去。正当李冲焦头烂额之际，让他更为生气的事情发生了。他手下的将领董玄寂对士兵说："琅琊王这是造反哪！"其中含义也就是说，上天都不愿意帮助他。

　　李冲十分生气，于是杀死了董玄寂。董玄寂一死，士兵们便更加不愿听从李冲的指挥了，纷纷作鸟兽散。这时，李冲只剩下了几个家丁，无奈之下便返回了博州。可是，令人没有想到的是，他却被博州守城门的侍卫给杀了。

　　当丘神带兵到达博州后，官兵素服出迎，结果全部被丘神杀死，博州城内千余家被迫害，其手段极其残忍。

　　越王李贞知道儿子李冲起事后，也在豫州起兵响应。李贞比他儿子强，攻占了上蔡县城。九月的时候，武皇太后派崇裕为中军大总管、岑长倩为后军大总管带领10万大军讨伐叛乱。

　　李贞知道自己儿子在博州被杀后，欺骗大家说："琅琊王已经攻下了魏州等地，现在已经拥有20万大军，就快赶到我们这里了。"他这样说其实是为了安抚士兵，不让他们退却。接着，他又加封了一些官衔以便激励手下的将士。

　　当崇裕率领大军到豫州城东时，李贞派自己的儿子李规出战。可是，李规一上场就被打得落花流水、大败而归。李贞害怕了，紧闭城门只守不攻。当朝廷大军兵临城下时，李贞竟然偕同自己的妻儿自杀了，平定李贞的叛乱只用了17天时间。其他的宗室听说李贞父子惨败的消息后都没了勇气，还没有与朝廷的军队正面交锋就溃散了。

　　后来，武皇太后派监察御史苏珦去处理这批叛贼。苏珦审问了叛贼以后，对武皇太后说找不到他们叛乱的证据。武皇太后知道苏珦不具备查案的能力，便改换了周兴问案，派苏珦做河西监军。

　　周兴是酷吏，案子到了他手里，不用费口舌，只要费手脚就能够审理出来。周兴把韩王李元嘉、鲁王李灵夔、黄公李等人一起抓到洛阳，逼他们自杀结案。武皇太后知道结果后，也没问审案经过，就下令将叛乱者的亲族、同伙全部诛杀。同时，她还下令将诸王的姓改为"虺"，也就是毒蛇的意思。

　　武皇太后是个聪明的人，她知道豫州是叛乱发生的重地，而实际上涉及叛乱的人数并不多，为了减少不必要的伤亡，她派狄仁杰为豫州刺史前往豫州处理豫州叛乱的遗留问题。

狄仁杰接手豫州的案子时，跟李贞有牵连的党羽已经有5000人之多了。按照唐朝的法律，这些人都应被处斩，但是，狄仁杰认为他们罪不至死，有的人根本就是无辜的，如果杀太多的人，只会造成更大的仇恨。于是，狄仁杰就秘密地给武皇太后上了份奏报，奏报中说道："这些被牵连进来的人，多数都是无辜的。如果我把他们的情况一一列明，就等于是为他们申冤了；如果明明知道他们是无辜的，却不说话，将他们杀掉，这就违反了您仁恤爱民的旨意。"

武皇太后一听觉得狄仁杰说得在理，于是便赦免了那些无辜的人，并同意将这些人流放到丰州守边。而在诸王叛乱中，参加密谋的人则全部被定了罪。在武皇太后赶赴洛阳进行洛水受"宝图"大典的时候，东莞公李融派人问洛阳受典的事情，派去的人回来说："去了就得死！"李融于是声称自己病了不去洛阳。

越王李贞起兵后，派人请李融参与叛乱。李融不但没有响应，无奈之下还将李贞派去的使者交给了衙门。事后，他被封了个右赞善大夫的官职。没想到，李融参与叛乱谋划的事被揭发了出来，武皇太后便将他处死，并且还没收了家产，家人也被收为官奴。其他参与宗室叛乱的人也是死的死、流放的流放。

从诸王叛乱没有成功的过程来看，诸王的失败，一方面是因为诸王没有形成一股强大的政治势力，另一方面则是因为武皇太后执政已经得到了更多中下层官员和人民的认可。

李家宗室的叛乱被平定了，武皇太后称帝最强大的阻力已经没有了。于是，她便胸有成竹地向着女皇宝座走去了。

武后登基称帝

公元690年，侍御史傅游艺带领着关中900名百姓聚集到了洛阳，向武皇太后上表，请她称帝，并且改国号为周。武皇太后看看这点儿人没什么声势又难以服众，所以不接受这个奏请。但却给了傅游艺一个给事中当，不久，他又被提为了正五品。

这样，每个人就都知道武皇太后的意思了。随后，大臣们又筹备了一场声势浩荡的请愿大典。文武百官、在朝的、在野的，皇族、四夷酋长、出家人等6万多人全都被集合起来，请求武皇太后称帝。李旦看到这种情形，赶紧向母亲请要武姓。连皇帝都这样了，臣子们也就更没什么顾及了。

这正是武皇太后希望的结果，不管是她谋划的，还是别人替她谋划的，总之，武皇太后就希望出现这个场面，连她自己看着都被感动了。后来，因为"推辞"不过，武皇太后接受了大家的请求，同意称帝。

那是在天授元年九月九日，适逢重阳佳节。秋高气爽，金风飒飒。天空湛蓝澄碧如同大海，几朵雪白的云团像数面风帆，在静谧的海面上随意地游动着。火红的太阳从东方天际露出了欣喜的笑脸，向大地万物播散挥洒着令人陶醉的温暖。

这时，只见67岁的武皇太后头戴皇冠，身着龙袍，精神矍铄，容光焕发，左有睿宗皇上，右有上官婉儿，在几位宰执大臣的陪同下，健步登上了洛阳宫的则天门城楼。睿宗手捧传国玉玺，缓步走到了母后面前，双膝跪地，两手半举过头顶，将玉玺恭呈给武皇太后。然后，率领诸位宰相们对端坐于龙椅之上的武皇太后行三拜九叩大礼，口中高声喊道："恭祝吾皇万岁，万岁，万万岁！"

此时，肃立于则天门外广场上的王公大臣、各州刺史和数万名民众刹那间跪了一片,"皇上万岁、万万岁"的吼声山呼海啸,直逼云霄。

这时,武皇太后慢慢地站起身来,跨前一步,庄严地向文武百官,向天下子民宣布:从今天开始,改唐为周,大周皇朝诞生了。改元为天授元年。自己应万民之请,即登大宝之位,称"神圣皇帝"。改睿宗为嗣皇帝,赐姓武氏,以睿宗的太子为皇太孙。就这样,中国历史上的女皇帝就这样出现了,这也就是被大家所熟知的武则天。

当武则天宣读完毕后,则天门城楼外的广场上,再一次腾起了雷鸣般的呼喊声:"大周朝万岁!""神圣皇帝万岁,万万岁!"听着这一浪高过一浪的欢呼声,这位中国历史上前无古人、后无来者的女皇帝笑了笑,她看起来仍然是那么平静而又安详。其实,又有谁知道,就在此时此刻,武则天的心里却正在滚动着飙风迅雷、狂涛巨浪。这是一个庄严而又神圣的时刻,一个可以使人激动得发狂的时刻。

为了这一刻的到来,武皇太后披荆斩棘,出生入死,奋力拼斗了50余年。在这50年中,充满了厮斗、阴谋、明枪、暗箭、圈套、陷阱、血腥杀戮,但是这一切都终于挺过来了。从才人、昭仪、皇后、天后、太后、圣母神皇到神圣皇帝,她一步一个脚印,终于攀上了神州大地政治权力的最高峰,达到了自己人生理想的终极目标。

从此以后,朝堂上挡在自己面前几十年的那张翠帘可以撤走了,自己可以堂而皇之地向满朝文武、向天下臣民发号施令了;可以淋漓尽致地不受任何约束地发挥自己的智慧和才干了;可以随心所欲地按照自己的意志来治理这个国家了。这一切就犹如天意一般,是任何人都不能够逆转的。之后,武则天又在神都立武氏七庙,追封周文王为始祖文皇帝,姒氏为文定皇后,接下去一路追封。因为周平王最小的儿子被平王赐武姓,所以,武则天便以周王朝为自己的始祖,称自己的国家为"周",后世人又叫它"周武"王朝。

紧接着,武则天又封自己的五代先人为皇帝、皇后。在追封完自己的祖宗之后,又封武姓为王。侄儿武承嗣为魏王,武三思为梁王,武攸宁为建昌王,其他侄子也被封为郡王。新的王朝建立后,新皇帝就要重新配置自己的资源。武承嗣被封为文昌左相,岑长倩为右相、同凤阁鸾台三品。给事中傅游艺、岑长倩、右玉铃卫大将军张虔勖、左金吾大将军丘神等皆赐武姓。傅游艺当然也没有被亏待,连升六级。

武则天称帝后定都洛阳,所有皇家用物都移到洛阳,武氏神主移于神都的太庙,长安李唐太庙改为享德庙。只祭祀高祖、太宗、高宗,其他人都不祭祀。接着,又进行了一系列的祭祀活动。

改变为政举措

在唐朝推翻隋朝之后，承袭了隋朝的科举制度。因为科举考试是关系到个人前途命运的大事情，所以，在考场上也出现了越来越多的舞弊现象。

大唐初年的试卷是由考生自己写上姓名和籍贯的，学习不好的人就想在这上面做文章。考官收了考生的钱也就睁一眼、闭一只眼了，也有考官因为收了钱，故意提高考生的分数和等级。因此，考场舞弊现象的出现，导致了科举考试不再有公平竞争的局面。

这个现象在武则天临朝的时候已经很严重了，她感到这种科举制度难以将德才兼备的人选入朝廷。如果不对其加以控制，那么，将来朝廷上就会只剩下一批庸才，自己的统治也必将受到影响。在经过一番研究之后，她决定在今后的科举考试中实行"糊名法"。

"糊名法"实施后，有效地制止了考试舞弊现象的发生，这也是考试制度的一个极大进步。

在武则天当政时期，影响最大的举措莫过于对科举制度的改革和对人才的搜求。在科举制方面，武则天首创的就有殿试、自举、武举和制科等。而此前的科举制度则分为常举与制举两种：常举是经常举行的考试选官制度，主要有进士、明经、明法、明书、明算、秀才等科目；制举是皇帝临时特诏的科举考试，不常进行。

所谓殿试，就是由皇帝亲自对笔试通过者进行面试。由此不难看出，武则天不但注重才学，而且还注重相貌和口才。她亲自在洛成殿主持过殿试，既增加了考试的严格性和真实性，又增添了考生的光荣感，觉得自己是"天子门生"了，由此，也更加增强了考生忠君爱国的使命感。

此外，武举的内容则包括骑射、马枪和举重等。通过者由兵部直接录用，其后，宋、元、明、清四朝，也都开设过武科。武则天首创的这两项科举制度，对后世的科举制度都有着极为深刻的影响。

武则天不仅增加了常举的难度和制举的次数，而且在神都洛阳创立了殿试；又于公元702年农历正月，在重返长安大明宫期间"初设武举"。

从此，在应试的群体中，除了云集大批舞文弄墨的饱学之士之外，还涌动着许多舞枪弄棒的骁勇将才，这些也足见武则天时期科举制度的蓬勃发展，同时，也积极有效地拓宽了人才的选拔渠道。

武则天在称帝以后，她更加重视人才的重要性。她认为"国家地域辽阔，不是一个人就能够主宰得了的，一定要有人进行辅助才行"。因此，只要是有能力的人，不管门第的高低，不管资格老与不老，一律量才而用。后来，在经过了一系列的改革之后，武则天重用了一大批德才兼备之人。

武则天在任用人才时，最重要的一个特点就是：不分门第和民族，只要他是个有能力的人，就会加以重用。她在完善科举制后，还是觉得自己的人才渠道不够宽。对人才的求贤若渴，使她又出台了其他选拔人才的措施。

早在高宗时期，武则天就很注重少数民族人才的选拔与任用。武则天当政后，将其定为常规性的制度。这样既有利于边疆的稳固，同时又进一步加强了中央集权的统治。

武则天任用了很多贤臣来治理天下，在历史上以知人善任而著称，武则天一朝也被号称为"君子满朝"。她在吸收人才时，允许"官员推荐"和"自荐"。当时的宰相、大臣都把举荐贤才当作自己的任务，仔细留意着身边的人，发现人才即刻进行举荐。

娄师德举荐的狄仁杰更是常常向武则天推荐人才，经他引荐而被提拔的各类人才，有桓彦节、敬晖、窦怀贞、姚崇等人，并都成了国家的栋梁之材。当然，有才识的人也可以进行自荐，农、工、商皆可自荐，这在中国历史上也是空前的。

通过实行一系列的改革和创新，使得周武王朝人才急剧增加。这样，也就出现了一种现象，即官场中的官位不够用了。随后，武则天便想出了一个"试官"的好办法，实际上就是给你个试用期，试用期合格就留下，试用期不合格就可能会有性命之危了。武皇帝的手段虽然残忍了些，但是一批优秀的人才也因此而脱颖而出了。

这种不拘一格选拔人才的政策，不仅扩大了中小地主阶级出身的知识分子参与治国理政的机会，也使这些人才都参与到了盛唐文明的创造之中，因此，可以说武则天是盛唐文明的传承者和开拓者。

除了科举制之外，武则天还通过其他各种办法搜罗人才。她曾多次敦促各级官员举荐人才，甚至派招抚使到各地巡行以招揽人才。就搜求人才的热心程度而言，武则天的确是中国历史上极为罕见的君主。

这些措施确实也收到了极好的效果，狄仁杰、魏元忠、张柬之等均为当时名臣，而姚崇、宋璟等则成了开元名相，开元盛世的人才基础，正是武则天时期打下的。

在经济上，武则天主张兴修水利。在她临朝和称帝的二十一年的时间里，她一共兴修了19项水利工程。公元698年，武则天收到了一份来自于湖州安吉地方官建议引天目水灌溉农田的奏表后，她立即下令引天目水入邸阁池、石鼓堰，灌溉众多干涸的农田。

此外，在冀州也修建了两项水利工程：一项是在公元689年，武则天下令羊元在衡水，也就是现在的河北衡水西修建羊令渠；一项则是在公元694年，在南宫县，也就是现在的河北南宫县西北修建的通利渠。这两项工程均造福了当地百姓。

在公元701至704年的时间里，武则天又下令窦琰于青州故营丘城东北开水渠，引白浪河水灌溉农田，长30里，号称窦公渠。

在武则天的影响下，各地方的官吏也纷纷地重视起农业生产和水利建设。彭州九陇县刺史开凿水渠，引沱江水灌溉九陇唐昌农田，使得当地百姓大受其益。

武则天曾在建言12事中就建议"劝农桑，薄赋役"。在她掌权以后，又编撰了《兆人本业记》，并颁发到各个州县，作为州县的官员进行农业生产的参考。此外，她还注意到了地方吏治的作用，同时，还加强了对地主官吏的监察。

此外，对土地兼并和逃亡的农民，武则天也采取也比较宽容的政策。因此，在武则天的统治时期，社会是相当安定的。此外，农业、手工业和商业也都有了长足的发展，户口也由唐高宗永徽三年即公元652年的380万户增加到了唐中宗神龙元年，也即公元705年的615万户。这不仅是一个飞快的提高，同时，也反映了在武则天时期的经济发展。

为了巩固西北边防，促进往来经济的发展，武则天又命人打通了曾经中断的"丝绸之路"。在天授年间，娄师德检校丰州都督"屯田积谷数百万，兵以饶给"，这是边军屯田政策带来的好处。

屯田政策使军队能够自给自足，从而减少了国家和人民的负担。同时，对于促进边境的稳定也有着积极的作用。此时，均田制也开始瓦解了，民户逃亡现象开始普遍起来，武则天对此也采取了相对宽容的政策，从而促进了生产力的发展。可是，民户逃亡也使政府的税收受到了损失，由此也增加了社会的不稳定因素。武则天还尊崇佛教，大修庙宇和建造了规模宏大的明堂、天堂，这些行为加重了人民的负担。

　　在军事上，武则天时期基本上维持了唐朝的疆域和地位，由于她在称帝时杀了一大批能征惯战的宿将名帅，更由于均田制的逐渐瓦解，使得府兵减少，由此也使得国家的防御力量逐渐减弱，因而也导致了在一段时间内对外战争的频频失利。

　　安北都护府在高宗死时尚由唐朝统治，而滥杀程务挺、弃用王方翼等名将便使东突厥复国。武则天几乎将太宗和高宗辛苦经营的安北、安西全部放弃了，不过，后来随着统治的稳定又逐渐挽回了局势。

　　武则天临朝称帝后的最初几年，四境无事。但自公元687年开始，边尘又起，其规模不亚于高宗在位时期。她早就有了处理边境战事的经验，因此调兵遣将，攻防结合，仗恃雄厚的国力，使边境复归于平静。

　　此时，由于军队用在内地的时候较多，这样就使得边陲有些空虚了。边境的外族企图趁机而入，武则天对此也采取了有效的措施，来保护边境的安宁。

　　东突厥强大起来后，屡攻西突厥，西突厥人散亡将尽。公元692年农历二月，吐蕃党项羌万余人内附，唐分置十州辖之。五月，吐蕃酋长葛苏率贵川部与党项羌30万人内附。

　　武则天命右玉钤卫将军张玄遇为安抚使，并率兵二万迎敌。六月，唐军渡过大渡河西，听说吐蕃已擒葛苏，只有羌族酋长昝插率羌族8000人内附，张玄遇将其部安置在莱川州而还。

　　在攻打吐蕃时，王孝杰为副总管，从工部尚书刘审礼领军西行。唐军与吐蕃大将论钦陵战于青海大非川。唐军大败，由于李敬玄按军不敢相救，导致刘审礼与王孝杰被俘，不久刘审礼伤重而死。

　　吐蕃赞普赤都松赞看见王孝杰后，因其相貌与父亲相似而厚加敬礼，王孝杰得以免死而回到了大唐。随后，武则天任命王孝杰为右鹰扬卫将军。

　　武则天考虑王孝杰久在吐蕃，知其虚实，又是沙场的老将，不仅没有怀疑他，反而力排众议，果断任命王孝杰为武威军总管、武卫大将军阿史那忠节为副将出兵攻打吐蕃。

王孝杰率军进入西域后，击败了吐蕃，又收复了龟兹、于阗、疏勒、碎叶四镇，并于龟兹置安西都护府，派兵进行镇守。

　　公元694年，王孝杰又打败了吐蕃大将勃论赞刃和吐蕃拥立的西突厥十姓可汗阿史那俀子。为了表彰王孝杰，武则天提拔他为夏官尚书、同凤阁鸾台三品。

　　同时，武则天还命已有丰富的靖边、屯田之经验的老将娄师德为河源等军检校营田大使，以便就近向军中提供粮秣，从而避免了转输及供应的困难。

　　公元693年，突厥可汗骨笃禄卒，其子尚幼，其弟默啜自立为可汗，迅即攻扰灵州。武则天派右鹰扬卫大将军李多祚击破其攻扰，接着任命薛怀义为代北道行军大总管，以讨默啜。

　　薛怀义还未出发时，突厥就已经退兵了。当时李昭德以检校内史兼长史，苏味道亦以宰相职务兼司马，其阵容之大，有十八位将军在其中。

　　武则天以薛怀义为帅，连宰相兼武威道大总管的韦孝杰亦受其节制。其实，这种通过亲信掌握兵权的做法是很不妥当的，使得诸谋臣和将军都没有什么积极性了。

　　这一年的农历五月，在旧永昌郡地，也就是现在的云南大理及哀牢山以西地区，少数民族首领薰期统率部落20余万户内附，武则天很高兴。在天授中，她就曾派监察御史寿春、裴怀古等安抚西南少数民族，现在已经取得了成效。

　　到了公元695年时，武则天命韦孝杰为朔方道行军总管，攻打突厥，但是却没有成功。七月，吐蕃再扰临洮，武则天把防御吐蕃的事再次交给了王孝杰，改任王孝杰为肃边道行军大总管以讨之。与此同时，东突厥首领默啜也表示愿意投降，并且还派使者来到了朝廷。武则天十分高兴，册封他为左卫大将军、归国公。

　　公元696年，武则天增派娄师德为肃边道行军副总管，助王孝杰讨吐蕃，仍兼宰相职务。农历三月，王孝杰和娄师德率军与吐蕃老将论钦陵、论赞婆战于素罗汗山，也就是现在的甘肃临潭以西，由于吐蕃势力强大，两员老将大败而归。后来，王孝杰被贬为了庶人，娄师德则被贬为了原州员外司马。当时在娄师德移交文牒时吃惊地说道："官爵都没有了吗？"马上又说，"也好，也好。"一副大智若愚的模样。由于当时有很多地方有战事，因此而导致唐兵分散防御，难以形成优势局面，所以也导致了败局的出现。

吐蕃大败唐军后，又派遣使者来请和亲。武则天派右武卫胄曹参军郭元振前往商谈。商谈完后，武则天赞同郭元振的意见，并采纳了以静制动的对策。

果然，在公元699年时，吐蕃发生了内讧，论钦陵独专国政，诸弟都戍守四方。其中，论赞婆专东境之战守已有30年，兄弟们都雄才大略，国中众将臣都忌惮他们。

吐蕃赞普器弩悉弄既年长，欲自掌国政，逐渐与论钦陵产生了矛盾。论钦陵提兵在外，赞普托言狩猎，勒兵抓其亲信党羽2000余人，并且把他们都给杀了。随后，又派遣使者召回论钦陵、论赞婆等兄弟。论钦陵不受命，与论赞婆率军攻打赞普。在内讧中，论钦陵兵溃自杀。论赞婆遂带所部及论饮陵之子莽布支等降唐。

武则天派遣羽林骑迎接慰劳，并提拔他为特进、辅国大将军、归德郡王，莽布支为左羽林大将军、安国公，皆赐以免一切死罪的铁券，对他们也是非常的优待。论赞婆领兵戍守河源，不久后便死去了，唐廷赠论赞婆为"安西大都护"。吐蕃兵力在内讧中兵力大为削弱，同时，又失去了与大唐有交往经验的论钦陵兄弟，其攻势就很弱小了。

公元700年，吐蕃攻凉州，武则天派遣左肃政御史大夫魏元忠为陇右诸军大总管，率陇右诸军大使唐休出讨，斩首两千级。赞普又亲率万骑攻悉州，悉州都督陈大慈四战皆胜。

公元701年，武则天大胆地任用官卑资浅的郭元振为凉州都督、陇右诸军大使。郭元振增筑城堡、广开屯田、积累军粮，加上他又善于安抚部下，令行禁止，汉族与少数民族人民对他都很畏慕，百姓安宁，西部边疆没有再发生大事。

此后，对唐廷威胁最大的敌人，便是来自于契丹族的攻扰了。公元696年，周武营州都督赵文翙虐待已经臣服的契丹酋长，从而激起了边患。

这年农历五月，赵文翙被契丹松漠都督李尽忠、归诚州刺史孙万荣攻陷营州杀死。李尽忠自称无上可汗，占领了营州。孙万荣领兵一路抢占，多日以后他带领军队进攻檀州。

武则天听到这个消息后，心里十分着急，立即派鹰扬卫将军曹仁师、右金吾卫大将军张玄遇、左威卫大将军李多祚等人率军讨伐孙万荣。可是，朝廷的大军还没有到两军阵前就中了契丹人的计谋，因而打了败仗。

原来，契丹攻占营州后把抓到的俘虏关进了大牢。之后，又派人告诉他们说:"我们是契丹军人的家属,这里已经吃了上顿没下顿了,等你们的军队一到就会投降。"接着,便把这些俘虏给放了。

放之前,他们还说道:"我们不忍心杀你们,但是也没有多余的粮食来养活你们,你们还是回去吧!"

被放回来的俘虏回来后对朝廷的官佐说,契丹人现在没有吃的了,人们都想投降。这下可好,带兵的连分析、刺探都没有进行,就争先恐后地前往契丹的军营中了。

在行进到黄獐后,契丹派出一群老弱病残来同朝廷的军队作战,朝廷军队一看是这种情形,于是,也就更加不把契丹军队放在眼里,结果就中了契丹人的埋伏。

契丹军生擒了右金吾大将军张玄遇和司农卿麻仁节,唐军伤亡惨重。契丹军强迫张玄遇在假文件上签下自己的名字,派人送给后军总管燕匪石等人,意思是敦促他们急行军赶往营州。结果,唐军再次中了圈套,并且是全军覆没。

武则天听后暴跳如雷,于是便下令山东附近的州组织武骑团兵,抗击契丹的军队,直到消灭契丹叛军为止。接着,她又派出右武卫大将军武攸宜等人集合18万大军讨伐契丹军队。

此时的契丹军队已经攻进了崇州,龙山军副使许钦寂也被活捉。契丹军队打到了安东都护府城,因为许钦寂不肯投降,便在城下将他杀死。

契丹人的反叛使吐蕃和突厥更加活跃起来,此时的形势,是十分严峻的。这个时候,突厥酋长默啜想认武则天做义母,为他的女儿求婚,还要求归还河西地。只要能答应这些条件,他就带兵讨伐契丹。

武则天认为这些条件有伤国体,因而并没有答应他。但是,却任命他为左卫大将军、迁善可汗讨伐契丹。这年十月,契丹的首领李尽忠去世了,军队由孙万荣带领,默啜借着这个机会袭击松漠,俘虏了李尽忠和孙万荣的家属。武则天拜默啜为颉跌施大单于、立功报国可汗。

孙万荣领着残余势力向河北进发,先攻下了河北冀州,杀死刺史陈宝积,接着攻打瀛洲,河北民众纷纷逃亡。武则天召回了被贬的狄仁杰,封他为魏州刺史对抗契丹军。这时,以前的刺史正带着老百姓搬砖捣土、砌墙修垒,做着迎战契丹兵的准备。

狄仁杰到了冀州后,命令百姓回家,人们不理解,问他原因。他说:"契丹兵还远着呢!用不着这么大动干戈,到时候我自有办法来应对。"

官民听了心里顿时觉得有主心骨了,安心了许多。说也奇怪,契丹人听说狄仁杰在这里守城,竟然真的不敢进攻退了回去。当地的人都很信服狄仁杰,为他立碑唱赞歌。此后,武则天又封狄仁杰为幽州都督,进一步抵抗契丹的进攻。此时,朝廷正在用人之际,曾经被贬的娄师德也再次被起用,来抵抗契丹的进攻。

公元697年农历三月,武则天命令王孝杰带领17万大军队向契丹军发起进攻,双方在东硖石谷大战。契丹被打得落荒而逃,王孝杰穷追不舍。追到山岭前时,契丹兵掉过头继续与王孝杰大战,王孝杰的后军苏宏晖见到这个阵势,竟然被吓跑了。王孝杰被契丹人追到悬崖上,坠谷而死,将士几乎全部也被消灭。

武则天听到这个消息后,真是又气又恨,打算派人把临阵脱逃的苏宏晖给斩了,可是没想到,苏宏晖后来却立了战功。于是,武则天便放过了他。随后,她便追封了王孝杰官爵。武则天被契丹人搅得坐立不安,她发誓要与契丹人决一死战。于是,她又派出大军对契丹人再次进行讨伐。

孙万荣打败了王孝杰之后,在柳城西北方400里处凭着险要位置建起新城,留下部队防守,自己带着精兵攻打幽州。默啜这个时候受到了武皇帝的奖赏,带着兵攻打契丹的新城,没费多大力气就打了下来。

孙万荣知道后,很是惊慌。新城是他的基地,后备都在那里,新城一毁,他什么保障都没有了。这时,唐军总管张九节乘势攻打,结果,孙万荣大败至潞水。孙万荣的家仆见大势已去,便把他杀了,并且投降了朝廷。至此,契丹的叛乱被平息了。

公元702年,武则天把天山以北地区从安西都护府划分出来,并且还设立了北庭都护府,用以治理庭州、碎叶、龟兹、于阗和疏勒等地。

武则天称帝以后,在政治改革、人才选拔与培养、农业经济的发展以及稳定边境方面作出了不小的成绩,从而也显示出了一代女皇的卓越风采。

用奇才狄仁杰

武则天之所以能够成功，其最重要的一个原因，就是她能够选贤举能、知人善用。在武则天时期，出现了一大批经国治世的贤才。这些人与武则天一起披荆斩棘，成就了一个继往开来的武则天时代。

武则天非常重视用人之道，她一方面鼓励告密，信任一些奸佞小人，以巩固自己的政权；另一方面又能及时发现和重用一些治国爱民的贤才，以此来稳定社会和发展生产。

武周时期的一位名相狄仁杰，在豫州任刺史的时候，因办事公平、执法严明，而受到了当地百姓的称赞。武则天听说了他的才能和品行后，立刻把他调到了京城，并任命为宰相。

武则天召见狄仁杰时对他说："听说你在豫州的时候名声很好，但是，也有人在我面前揭你的短，你想知道他们是谁吗？"

狄仁杰立即回答道："别人说我不好，如果确是我的过错，我应该改正；如果陛下弄清楚不是我的过错，这就是我的幸运。至于是谁在背后说我的不是，我也并不想知道。"武则天听了他的回答后，觉得他是个器量大的人，于是，便更加地赏识他了。

在来俊臣得势的时候，他曾多次诬告狄仁杰谋反，并把狄仁杰打进了牢监。武则天爱惜狄仁杰是个正直的名相，不仅对他加以保护，而且还不断地提升和重用他。此外，武则天还把他尊称为"国老"，并且给予了特殊的礼遇。

狄仁杰出身于官宦世家，爷爷是贞观时期的尚书左丞狄孝绪，父亲狄知逊做过夔州长史。他聪明好学，通过了明经科考试，被任命为汴州判佐。在高宗仪凤年间，狄仁杰被提拔为大理丞，主管断案。他刚正不阿、廉洁奉公，一年内处理了大量的积压案件，一时间声名大噪，朝野为之赞叹。

狄仁杰不畏权贵,敢于直言进谏。公元676年,武卫大将军权善才因为误砍了昭陵的柏树,高宗想要处死他。可是,狄仁杰认为权善才罪不当诛,想请高宗免了他的职务就算了。

这时,高宗生气地说道:"他砍了我先辈的树,这不是将我陷于不孝之地吗,我怎么能放过他呢?"大臣们都看着狄仁杰,希望狄仁杰出来为权善才求情。

狄仁杰走上前,对高宗说:"我听说遵循皇上的意思,权善才是忤逆主上,我觉得其实并不是这样,忤逆祖上,在夏桀、商纣的时代是难以发生的事,但在尧舜时代这些事很容易发生。我很幸运赶上了像尧舜一样的时代,所以我不惧怕会得到比干那样的下场。汉文帝时,曾有人偷了高庙的玉环,张释之在朝堂上进谏,偷盗者免于一死。魏文帝要迁徙冀州士家十万户,辛毗据理力争,他的建议也被采用了。况且明主是讲道理的,忠臣是不会因为害怕而退缩的。如果皇上您不采纳我的意见,我死之后,就无法面对地下的释之和辛毗这样的忠臣了。皇上制定的法令都是有级别差异的,怎么能在犯人没有触及极刑的情况下就将他赐死呢?如果不按法律行事,老百姓该怎么办呢?如果皇上你要变法,就从现在开始吧……"

这话说得十分巧妙,软硬兼施。高宗理解了狄仁杰的意思,于是免了权善才的死罪。不久,狄仁杰被高宗任命为侍御史,负责审讯案件,纠劾百官。他不辱职责,对巴结逢迎的、贪赃枉法的、刻薄百姓的、仗势欺人的官员进行弹劾。

公元679年,司农卿韦弘机在宿羽、高山、上阳等地修建宫殿,宫殿豪华壮丽。狄仁杰奏报韦弘机引诱皇帝追求奢靡,高宗便免了韦弘机的职。左司郎中王本立因为受到朝廷的重用,飞扬跋扈,朝臣很忌惮他。狄仁杰毫不客气地揭露了他为非作歹的罪行,请求高宗交给相关部门审理。

当唐高宗想要包庇王本立时,狄仁杰说道:"国家虽然缺少人才,但是,怎么会需要像王本立之流的人呢!皇上您何必为了一个罪人而损害王法呢?如果您一定要维护王本立,那就把我流放到没人的地方去吧,好让忠贞的大臣引以为戒!"因为狄仁杰的公正不阿,王本立最终还是没有逃脱法网。

后来,狄仁杰被升任为度支郎中,就是管理国家预算、皇家吃穿用度的官员。高宗准备巡幸汾阳宫,狄仁杰被任命为知顿使,安排途中住宿问题。并州长史李冲玄征发数十万人专门给高宗铺路。狄仁杰知道后免除了数十万人的劳役，高宗大加赞赏。

在扬州叛乱期间，狄仁杰出任豫州刺史。他除了为几千人洗脱了罪名以外，还在这时得罪了一个人。他就是平定越王李贞的宰相张光弼，正当将士们以为自己立下了大功、会得到封赏时，狄仁杰不但没有同意，反而狠狠地斥责张光弼不该大肆屠杀投降的兵卒，还要用杀降兵来邀功。

张光弼对狄仁杰十分憎恨，并且把这件事记在了心里。等到回到了朝廷后，张光弼上奏说狄仁杰对自己不恭。此时，朝廷因为张光弼立了功，怕这时训斥张光弼会引起将士寒心，于是，便将狄仁杰贬为复州刺史，同为洛阳司马。

公元686年，狄仁杰任宁州刺史。当时的宁州各民族杂居在一起生活，狄仁杰知道因为文化差异、风俗习惯的不同，各民族之间，尤其是少数民族与汉族之间容易产生纠纷。

于是，狄仁杰十分注意处理少数民族与汉族之间的关系，在当地还被人立碑称颂。御史郭翰在巡察到这个地区时，听到宁州人人称颂狄仁杰，于是在回朝后便举荐了狄仁杰。狄仁杰又被升为了工部侍郎、江南巡抚使。

由于武承嗣勾结酷吏来俊臣诬告狄仁杰等大臣谋反，狄仁杰被逮捕入狱。后来，通过狄仁杰的智谋和武则天的保护才没有被致死，武则天将7位涉案人员给释放，并贬为了地方官，而狄仁杰也被贬为了彭泽令。

在彭泽做县令时，狄仁杰勤政爱民，忠于职守。就在他赴任的这一年，彭泽发生了旱灾，庄稼没有收成，百姓没有粮食吃。狄仁杰上书请求朝廷发粮赈灾，免除百姓饥饿之苦。由于他政绩出色，又被任命为魏州刺史，后来又被任命为幽州都督。狄仁杰的声誉和名望不断提高，武则天为了表彰他的功绩，赐给他紫袍和龟带，并亲自在紫袍上写了"敷政木，守清勤，升显位，励相臣"12个金字。

公元697年农历十月，狄仁杰被召回朝中，恢复了原来的宰相之职。还加封了银青光禄大夫，兼纳言。从此，狄仁杰便成了朝中重臣之一。

公元698年，武承嗣和武三思多次劝说武则天立太子，武则天都是犹豫不决。这时，狄仁杰也劝说她要顺应民意，将政权还给庐陵王李显。也有人说要让李旦继续做嗣，但是武则天看到李旦的懦弱，不想让他做皇帝。

狄仁杰是何等聪明的人,他洞察人情,谙熟世故,知道武则天内心的忧虑与煎熬。所以便对武则天说:"立自己儿子,就可以在死后被安放于太庙;立自己侄子,还没有听过侄子成为太子以后,把自己姑姑放在庙里的。"

武则天心情有些烦乱,于是对狄仁杰说:"这是我的家务事,爱卿你就不要参与了!"

狄仁杰沉思片刻说:"君王是以四海为家的,四海之内,哪分什么臣和妾呢?哪里不是皇上你的家呢?你是国家的首脑,我是左右手,道理上讲是一体的,况且我在宰相的位置上,又怎么能不预先知道呢?"武则天听后,沉思良久,不置可否。经过一番思考,武则天还是暗中将李显接回宫中,立为皇嗣,李唐江山得以传袭。

公元698年秋天,就是突厥南下骚扰河北这一年,武则天命狄仁杰为元帅讨伐突厥。突厥默啜可汗烧杀抢掠了赵、定等州,并将两州男女一万多人掳回漠北,狄仁杰却没有追上,武则天又任命他做河北道安抚大使。面对战乱后的凋残景象,狄仁杰提出4点建议:

一、赦免河北诸州,过往不咎,这样被突厥驱逼行役的无辜百姓就会愿意回乡生产。二、赈济灾民、贫民。三、修驿路。四、禁止部下骚扰百姓,违令者斩。这有利于河北的安定。这些措施实施后,河北的局面稳定了,狄仁杰的功德进一步彰显出来。

公元700年,狄仁杰被提升为中书令。夏天时,武则天到三阳宫避暑。有位胡僧请她看安葬舍利,武则天信奉佛教,高高兴兴地想要和胡僧一起去。

这时,狄仁杰急忙跪倒在马前,奏报说:"佛是外国人的神,不值得让身为九五至尊的您屈驾,况且这个胡僧形迹可疑,如果他是真心想要邀请的话,就应该派车迎接才对呀。"

听了狄仁杰这么一说,武则天也觉得有些蹊跷,于是便没有同去。这年秋天,武则天想要造浮屠大像,工程预算费用达到数百万,宫中没有这些钱,于是便号召僧尼每天捐钱。

狄仁杰上表说:"如来本意是以慈悲为怀,怎么能役使他们来修建虚空的东西呢?近来水灾、旱灾时有发生,边境也是十分不安宁,如果耗费了国库的银两,又用尽了人力,如果再发生了灾祸,又该拿什么去扶持呢?"武则天听了狄仁杰的话后觉得十分有道理,于是,就取消了工程。

狄仁杰还有一个优点，就是善于发现和举荐人才。他对武则天知人善用、爱惜、重用人才的做法也是十分钦佩的，于是，他也大力地为武则天推贤举能。

有一次，武则天请狄仁杰推荐将相之才，狄仁杰向武则天推荐荆州长史张柬之做宰相。武则天将张柬之提升为洛州司马，几天后，武则天再请狄仁杰为他推荐将相之才，狄仁杰说："之前我推荐的张柬之你还没有任命呢！"

武则天说："我已经提升他了啊！"

狄仁杰笑笑说："皇上，我给你推荐的是宰相，可不是司马呀！"武则天眨了两下眼睛，想了想答应任命张柬之为秋官侍郎。过了一段时间后，又将张柬之任命为宰相。

狄仁杰先后推荐了苏味道、李峤、张柬之、姚崇、桓彦范、敬晖等数十人，这些人后来也都成为了一代名臣，以至于有人对他说："天下桃李，悉在公门矣。"

可是，狄仁杰却坚定地表示："荐贤为国，非为私也。"

对于真正的人才，只要举荐可信，武则天基本上都能知人善任、量才为用。可以说，被武则天选出来的人才被委以重任之后，政风陡变，朝中出现了一种刚正之气，这些人后来也都成了唐代中兴名臣。

狄仁杰对少数民族的人才也是一视同仁的。契丹猛将李楷固多次率兵打败武周军队，后来被周武军队打败而投降，有的人主张将其斩杀。可是，狄仁杰却认为李楷固骁勇善战，如果饶他死罪，他一定会感恩戴德，为国家舍身效命。

于是，狄仁杰上书武则天授予李楷固官爵，派他专门征讨契丹，武则天同意了他的请求。正如狄仁杰所料，李楷固等人率军讨伐契丹残余部队，得胜还朝。武则天大摆筵席以示庆贺，她举杯对狄仁杰说："这都是你的功劳啊！"

武则天对狄仁杰的信任是其他大臣望尘莫及的，她对狄仁杰所提出的建议总是能仔细地思考。此后，狄仁杰不止一次地告老还乡，武则天就是不允许。年迈的狄仁杰进宫见她，她总是不让他下拜，不但如此，武则天还告诉大臣说："如果不是什么军政大事就不要打扰狄公了。"

公元700年，狄仁杰去世，朝野为之悲痛。武则天也流下了眼泪，并说自己的朝堂空了。接着，她又封狄仁杰为文昌右丞，谥号文惠，追赠司空。可见，武则天对狄仁杰的爱惜与敬重之情。

用名将娄师德

在武则天时期,娄师德也是令她十分尊重的人。娄师德是郑州原武人,20岁时考中了进士,被任命为江都县尉。扬州长史卢承业十分器重他,并说他是栋梁之材。果然不出卢承业所料,此后,娄师德的官位一直都在高升。

公元677年,高宗为了应对来自吐蕃的威胁,颁发了《举猛士诏》,并在全国范围内进行招兵。娄师德一心报国,虽然是个文官,却也应召入伍。高宗对娄师德的行为非常赞赏,让他当上了朝散大夫。

公元678年,高宗派中书令李敬玄为洮河道行军大总管,工部尚书刘审礼为洮河道行军司马,率领近20万大军大举进攻吐蕃。吐蕃听到消息后,命大将噶尔·钦陵督兵准备与唐军大战。

农历七月,双方在龙支交战。唐军仗打得很不顺,刘审礼兵败被捉,而此时身为唐军主帅的李敬玄却害怕起来,消极防守,使大唐军队处处被动挨打。当李敬玄率领唐军奔逃到承凤岭时,被噶尔·钦陵的军队包围了。幸好这个时候,左领军员外将军黑齿常之率领500名敢死队偷袭吐蕃军营,打败了吐蕃军。李敬玄这才得救,率领军队退回鄯州,但唐军损伤已过半。

因为吃了败仗,唐军士气低迷,如果此时吐蕃再次派兵攻打,唐军便有全军覆没的危险。在这个危难时刻,娄师德挺身而出,他集合剩余的兵力,重新鼓舞士气。接着,娄师德便奉命出使吐蕃,与吐蕃首领在赤岭会面。在会谈中,娄师德大力宣扬唐朝要休兵的愿望,借此把吐蕃稳住,并且赢得了巩固河陇一带防线的时间。

吐蕃首领见唐军求和,也非常愿意。随后,双方停止用兵,此后很多年吐蕃没有侵犯大唐边境,边境稍微安定了些。高宗认为这是娄师德的功劳，于是提拔他做殿中侍御史，兼河源军司马，知营田事。自此，娄师德成为抵抗吐蕃入侵的中流砥柱。

虽然吐蕃与大唐已经达成和解，不再大举来犯。但是，还是会时常骚扰边境，这让大唐的统治者极为困扰。大唐此时在河陇一带只采取守势，屯田备边。但高宗越想越不对劲，决定再次对吐蕃用兵。公元681年农历五月，被高宗派为河源军经略大使的黑齿常之出兵吐蕃，在良非川大败吐蕃军队。

公元682年农历五月，噶尔·钦陵率领大军进犯柘、松、翼等州。十月，吐蕃进攻河源军。为了应对吐蕃军的进攻，娄师德率领军队进行反击，双方军队在白马涧发生激战。

由于娄师德指挥得当，使得唐军八战八捷。经过这些战争，唐军威名远扬，吐蕃攻势也得到了极大的抑制。战后，娄师德被封为兵部员外郎、左骁卫郎将、河源军经略副使，与河源军经略使黑齿常之在河源一带共同抵御吐蕃。

公元690年，娄师德又被提升为左金吾将军、检校丰州都督，依旧知营田事。武则天在这个时期极为重视储粮备战，娄师德在北方营田10多年，粮食储备也达数万斛。军队粮食供给充足，不必再把时间、精力和财力都花费在运输上。周武时期安西四镇的军事能够保持常胜，与此也有着很大的关系。

武则天因此对娄师德大加赞赏，为了表彰他的功绩，武则天还特意下了诏书进行褒奖。

公元692年，娄师德被召回朝廷，封为夏官侍郎判，判尚书事；第二年，又被封为凤阁鸾台平章事，进入宰相行列。之后，武则天考虑到营田关系到边镇军粮的供应，于是又找来娄师德，对他说边境营田非他莫属，派他做河源、积石、怀远、河、兰、鄯等地的检校营田使，唐朝西北部以及北部边镇屯田因此变得十分兴旺。没过多久，娄师德被召回朝廷任秋官尚书。

就在这个时候，西北边事又起，吐蕃军进攻河西，想以此切断唐朝与西域的联系。公元696年，武则天派王孝杰为肃边道行军大总管，娄师德为副总管，率领军队迎战。接着又提拔娄师德为左肃政御史大夫，并知政事。

这一年的农历三月，唐军与吐蕃军队在素罗汗山打了起来，吐蕃将领发誓要与唐军决一死战，拼了命地攻打唐军，结果唐军大败，伤亡惨重。这一仗打得唐军元气大伤，唐廷上下颇为震动，娄师德也被贬为原州员外司马。

公元697年农历正月，武则天又让娄师德做了凤阁侍郎、同凤阁鸾台平章事，率领20万大军攻打契丹。唐军经过浴血奋战，终于平定了契丹。平定契丹以后，武则天命娄师德、狄仁杰等人安抚河北，娄师德为这一地区的安定作出了贡献。九月，娄师德代理纳言一职，一直升到谯县子。公元698年农历四月，娄师德被任命为陇右诸军大使，检校河西营田事。

紧接着，吐蕃又发生了内乱。娄师德因为熟悉吐蕃风土人情以及军事情况，被武则天任命为天兵军副大总管，负责招抚吐蕃。吐蕃因为内乱兵力大为削减，一蹶不振，所以娄师德轻松地招抚了吐蕃。

娄师德为人稳如泰山，有着丰富的行政、军事和屯田经验。此外，由于他器量超人，虽然处于大狱屡兴、政治风浪翻滚的时期，但是却从未动过他一丝一毫。他智慧超群，大智若愚，无论是在朝内，还是在军中，他做得都是游刃有余，因而也能够一直都保全着自己功名和身份地位。此外，娄师德还是个心地善良的人，他为人深沉，忍耐力也是极强的。

有一次，他与李昭德一同进朝。因为娄师德体型肥胖，所以行动缓慢，害得李昭德等来等去。他便生气地对娄师德说："都是你这个乡巴佬慢腾腾地耽误事。"

谁知，娄师德听了不仅没有生气，反而笑呵呵地说道："我不是乡巴佬，谁是乡巴佬。"被人骂了，他还坦然地承认，这又是怎样的胸怀啊！娄师德在担任纳言平章政事后，经常巡察屯田。

娄师德对别人亲切友善，从来都不会摆架子。也正是因为这样，他赢得了同僚的尊重。而娄师德能够长久地游刃于官场之中，更得益于他忍让的性格。

娄师德的忍让是出了名的，他的弟弟被任命为代州刺史，临行之时，他问弟弟："我是宰相，你又要去做州牧，这样的荣耀必定会引起人们的妒忌。你怎么才能免除由此可能产生的祸患啊？"

娄师德的弟弟跪在他的面前说："就算现在有人把唾沫吐在我的脸上，我擦了就是，请哥哥不要挂念了。"

娄师德听了以后更加显出忧伤的神态说："这正是我所担忧的啊！别人用唾沫吐你，就表示对你很生气。你擦了它，就表示你对他的不满，这个人就会更加生气，你要笑着接受，让唾沫不擦自干吧。"由此可见，娄师德的忍让性格可见一斑。也正是因为如此，娄师德得到了武则天的信任。

娄师德为官清廉，生活清贫。他在扬州时，曾经和都尉冯元常一起去拜见善于看相的张冏藏。张冏藏见到两个人后上下打量了一番，便对他们说："你们两人都有贵人相，冯元常的贵气不如娄师德。冯元常收到的钱越多，官当得越大。而娄师德如果收了一点儿钱，就甭想当官了。"

果然，冯元常任凌仪县尉时，行为放肆暴虐残忍，巡察却认为他办事果断，有能力。于是上奏皇上任命为云阳尉，又因为他搜刮钱财的事得到平反，被任命为监察御史。

不知道娄师德是不是惧怕张冏藏的预言应验，在做官的数十年里，没有为自己谋过一分好处。后来官都当到了台辅，仍然家徒四壁。之后，冯元常一直做到尚书左丞，因为犯了罪被处死了，而娄师德却是太平如故。

娄师德严于律己，却也不是个呆板之人。他在任监察御史时，遭遇到旱灾，为了表示求雨的诚心，按惯例禁止屠宰。娄师德到陕县视察，当地官员一看这么大的官来了，不能不有所表示，饭食上还是做了些安排，弄些羊肉给他吃。娄师德看了便责问他们，说道："你们怎么能够杀羊来吃？"

厨子回答说："这只羊不是杀的，是豺狼咬死的。"

娄师德知道这羊是厨子杀的，但事情已经这样了，还有什么好说的呢？只好笑笑说："这只豺狼挺懂礼节的嘛！"

过了一会儿，厨子又端上了一条红烧鱼。娄师德诡异地一笑，瞪大了眼睛问厨子："它也是被豺狼咬死的吗？"厨子满脸通红，不敢说话。

娄师德大笑说："你怎么不说是被水獭咬死的啊？这样就不会露出马脚了。"厨子谢罪，娄师德并没有怪罪于他，而是让厨子将这些东西分给下人吃。

此外，娄师德还是个爱民如子之人，他从来都不拿自己当大人物来看待，不但不收取钱财，就连吃喝也不愿与他人有别。他在当兵部尚书时，曾经巡视并州。进入并州后，附近的县员都出来迎接并且与之随行。

到了驿站已经是中午时分，娄师德怕人多扰民，便让大家聚在一起吃饭。娄师德见自己吃的是精细的白米饭，而别人吃的却是粗糙的黑米饭，便找来驿长面带不悦地说："你对待同样的人，怎么用两种不同的招待方式？"

驿长有些恐慌地说:"我们找不到更多的好米,罪该万死啊!"

娄师德说:"突然来的宾客遇见了没有准备的主人,大家一起吃黑米又有什么关系呢!"于是便换了黑米饭和大家一起吃,在场的人都为之感动。此外,娄师德还是个宰相肚里能撑船的人。在狄仁杰当宰相之前,娄师德曾在武则天面前竭力推荐他。对于这件事,狄仁杰却是一无所知。

狄仁杰觉得娄师德就是一介武夫,没有什么大的能耐,于是很瞧不起他,并排挤他到外地做官。武则天察觉到狄仁杰对娄师德的不屑,便问狄仁杰:"娄师德是贤才吗?"

狄仁杰说道:"他作为一名将领倒是操守严谨,但是,至于他是不是个贤能之人,那就不知道了。"

武则天又进一步问道:"他有识别人才的能力吗?"

狄仁杰略带不屑地说:"我曾经和他做过同僚,没听说他有这方面的才能。"

武则天又笑着说道:"我任用爱卿你,就是娄师德推荐的,他是有识人才的能力的。"接着便拿出娄师德推荐狄仁杰的奏章让狄仁杰看。

狄仁杰看后颇为惭愧,不无叹息地说:"娄公盛德,被他宽容相待却还不知道,我不及他太远了!"此后,狄仁杰也努力物色人才,随时向武则天进行推荐。

当娄师德70岁的时候,武则天仍然让他在朝中和军中担当重任,可见,武则天对他是多么的信任。娄师德也从不推辞,默默承担着。但是,终究是抵不过年纪的增长,圣历二年,他去世了。对于娄师德的离去,武则天如失肱股,十分伤心。

其实,在武则天时代的人臣,多数都是属于文武全才的人。同时,她能够知人善用,也是她最大的优势,这也是她能够长期执政的重要原因之一。

用奇人裴行俭

公元619年，裴行俭出生于绛州，他是唐朝的名臣。他出身于三晋名门裴氏家族。传说裴氏的祖先是嬴氏，是秦朝皇室的后代。因为继承了秦王室良好的基因，这个家族人才辈出。"将相接武，公侯一门"，裴行俭就是这个家族中最令人瞩目的人物。

一般来说，有大出息的人降生，都会给家族带来些灾难。也就说是这个人生命力太强了，因而克了家族成员。这虽然是个迷信的传说，但是裴行俭的出生却印证了这一说法。裴行俭的母亲在怀着裴行俭时，他的家族便遭受了灭门之灾。

裴行俭的父亲叫裴仁基，他是隋朝末年的左光禄大夫，而裴仁基的大哥裴行俨是一名威武的猛将，号称"万人敌"，裴氏父子同朝为官。

后来，大隋江河日下，王世充在洛阳称帝，割据一方，企图夺取天下，裴氏父子为王世充南征北战，立下了赫赫战功。因为裴家是山西望族，而李渊本就在太原坐镇，这也与裴氏有着千丝万缕的联系。再加上父子几人能力超群，于是，便遭到了王世充的猜忌和排斥。

公元619年，裴仁基父子密谋投奔大唐，但是，却被人出卖，从而遭遇了灭族之灾，裴氏在洛阳的一支全部被杀。也可以说，裴行俭一出生，就背负了整个家族的仇恨以及复兴的希望。

从此，裴行俭与母亲相依为命，过着清苦的生活。但是，幸运的是，当裴行俭长到少年时，作为名门之后、烈士遗孤的裴行俭得到了政府的照顾和培养，以荫生的身份被吸收为弘文生。

凭借着父辈积累下的功德，裴行俭成了国家人才培养系统中的官吏学生。后来通过科考，正式进入仕途，接着被任命为左屯卫仓曹参军，就是军队里管理粮草物资的文职军官。官职虽小，但他也是个吃皇粮的人了。

这时的裴行俭还不到20岁，就是在这里他遇见了改变他一生命运的人——苏定方。这个时候的苏定方，也正处于郁郁不得志的阶段。他是大唐开国功臣李靖的高足，这样一个身怀绝技却无用武之地的人，扎在小小的军营里自然憋闷坏了。

苏定方见裴行俭天资聪慧，认为是老天赐给他的礼物，便不无欣喜地说："我满肚子的用兵之术，找遍全世界也找不到可以传授的人，上天总算眷顾，送给我你这个不二人选，以后你就跟着我吧！"

接着，苏定方又兴致勃勃地把自己从李靖那里学到的兵法奇术连同自己的实战经验，毫无保留地都传授给了裴行俭。经过苏定方的耐心教导，使得裴行俭的学问大增。

李靖的兵法和学问是很神奇的，苏定方学成之后，就成了奇特的人，裴行俭居然也沾染了那种奇特的命运。他本出身豪门，虽然有族人在朝中做高官，但是没有直系的亲戚帮助他。所以尽管他本人少年登科、能力非凡，竟也十几年没有得到重用。

直到唐高宗永徽五年，36岁的裴行俭才被调任长安令。长安是首都，县令级别为正五品，这在达官贵人云集的京城，实在也算不上什么官。而他居然凭着自己的豪门背景和书法特长，与当朝宰相褚遂良以及前朝宰相虞世南交往甚密。随后一年，武昭仪怂恿高宗废王皇后立自己，这遭到长孙无忌、褚遂良等人的强烈反对。裴行俭内心忧虑不安，觉得国家会因此出大麻烦。他在私底下多说了几句，却偏偏不巧，被大理寺的官员袁公瑜听到了。

袁公瑜是武昭仪的人，当然马不停蹄地前来报告。为了掩人耳目，袁公瑜没有直接去找武则天，而是跑到荣国夫人那里告密。

武则天听到这个消息后，自然不会让反对自己的裴行俭把长安令坐稳了，于是，便把裴行俭贬到西州，做了都督府长史，西州就是现在的吐鲁番。

虽然远离京城，生活条件也大不如前了，但是，裴行俭并没有因此而消沉下去，反而将边疆治理得井井有条。他在西域待了十来年，一边搞经济建设，一边做好民族团结工作。

经过一番努力，西域出现了较为安定的局面。此时的高宗和武后听了也颇为高兴，将他一升再升。从六品长史升到安西都护，成为威震一方的封疆大吏。

公元669年，朝廷把裴行俭召回京城，封他做司文少卿，没过多久就任命他为吏部侍郎，与李敬玄、马载等人一起参与选拔官吏的差事。

随后，裴行俭又主持制订了官员候选人资历的长榜，也就是所谓的人事档案。同时，他又完善了选拔考核人才的规章流程，又为地方官员的考核任免定下了升降标准和等级评定办法。这套人才选拔、评价与考核办法对后世产生了深远的影响。

在唐朝初年，旧有官制与新官制并存，因而也使得官吏管理比较混乱。通过这种途径选拔上来的官员人数多、素质不等，需要规范化管理。这个时候，士族衰落，庶族崛起，统治者需要有一套完备的官员管理制度来加强统治。

裴行俭的这次人事制度改革，虽然得到了高宗和武则天的支持，但也得罪了朝中的士族阶层，因此面临着巨大的政治风险。可是，在经过一番努力和斗争，他最终赢得了朝廷和庶族的肯定。公元675年，裴行俭获封荣衔银青光禄大夫。

其实，裴行俭最令人称奇的不是他的文治能力，而是他的识人与鉴人之术。在他做吏部官员时，见到了当时还是官吏候选人的苏味道和王勮。

仔细端详之后，裴行俭对他们说道："你们两个将来都是做宰相的人，我估计我是见不到自己的儿子长大了。如果两位当上了宰相，要照顾一下我的儿子啊！"

当时，两个人还以为裴行俭是奉承之言，所以只是一味地谦虚迎合。李敬玄对杨炯和卢照邻等人的才华很是欣赏，并且还在裴行俭面前大大地美言了一番。

当裴行俭见过他们之后，便说了一番让李敬玄瞠目结舌的话。他说："判断一个人能不能成大器，要先看他是不是有器量和见识，然后再来看他们的才华。"李敬玄听了这个心里感到有些不舒服。

裴行俭在担任武将期间，所提拔、推荐的副将偏将，诸如程务挺、张虔勖、王方翼、刘敬同、李多祚、黑齿常之等人都成了大唐的名将，由他鉴别和推荐而做到刺史、将军的人多达数十个。裴行俭成了当时官场上颇为神奇的人物，人们对他又敬又怕，既想得到他的好评、推荐，又怕他有什么预言应验在自己的身上。

公元676年，吐蕃违反了与唐的盟约，边境再起狼烟，吏部名臣李敬玄率领的军队在青海战役中被吐蕃军打得溃不成军。裴行俭在紧急危难之中受命离京出任洮州道左二军总管，后又改任秦州右军总管，第一次以武将的身份正式上任。

第二年，突厥别部首领李遮匐以及原属于西突厥族裔的十姓可汗阿史那都支联合鼓动并诱惑各民族部落一起反唐，此举震动安西，还与吐蕃联合，互为呼应。

朝廷想要派兵讨伐，又唯恐吐蕃借着这个机会进攻。裴行俭上书说："现在吐蕃叛乱气焰嚣张，而我方李敬玄又战败，依现在的情形看，怎么能够再发动大规模的战争呢？正巧波斯王去世了，王子泥涅师现在在长安，我们不如派使节把他送回国继承王位。路过阿史那都支和李遮匐的领地时，如果能见机行事，很可能不需要劳师动众就能成功。"高宗觉得这个主意不错，于是便派裴行俭为安抚大使，送波斯王子回国。

当时位于伊朗的呼罗珊王朝一直与唐交好，当地人笃信摩尼教和拜火教，喜欢经商，经常往返于伊朗与大唐之间进行买卖活动，尤其对古董和珠宝生意更为热衷。后来，呼罗珊王朝被新兴的阿拉伯帝国所灭。国王被杀，王子卑路斯不愿改变信仰向异族臣民屈服，于是便率领数十万人东逃吐火罗，向唐朝求援。

唐朝鞭长莫及，便在中亚划出一块地方建立了波斯都督府，用来安置逃离故土的波斯难民，让王子卑路斯担任都督，并入朝挂右武卫将军的衔。后来，随着波斯难民的大量内迁，摩尼教在中国传播演化，成了传说中的魔教。而拜火教则成了明教，两者曾在历史中掀起过狂涛巨浪。

裴行俭奉命带领保卫军护送波斯王子回他的封国，裴行俭路过他曾经奋斗、生活过的西州，各部落听说曾经的长官回来了，都到郊外真诚而热烈地欢迎他。

随后，裴行俭从这些人中挑选出1000多个青年干将跟着他，并四处散布消息说："因为天气太热，不能再走下去了，等到秋凉以后再上路。阿史那都支派出的密探得到消息后禀报给了他，唐军数量不多，又显得矜持娇贵，没有强大战斗力的样子，阿史那都支便放松了戒备。

让阿史那都支防备松懈以后，裴行俭便悄悄地找来安西四镇的各部酋长，邀他们一起出去打猎。他说："真怀念当年在这里痛痛快快打猎的日子啊，你们谁还愿意再陪我打打猎怀怀旧呢？"

这一邀请，便邀请了一万多人。在这种明修栈道、暗度陈仓的计策下，他暗中整编训练好军队，秘密出发。不出几天就到达了离阿史那都支牙帐只有10余里的地方，接着，他又派使者前去问候，说大唐使节裴行俭途经这里，想要约曾经的老朋友、老搭档到这里来游玩涉猎，如果您有空，不如出来玩玩。

此前，阿史那都支听闻裴行俭等人要到秋天才上路，本打算与李遮匐在秋天的时候合兵抗击大唐使者。还没等准备好，大唐使者就带着两万多人浩浩荡荡地来到自家门口。阿史那都支手足无措，只好带着500多人来到唐营拜见，于是，裴行俭便将500多人一网打尽。

阿史那都支的令箭也被裴行俭缴获，裴行俭拿着令箭召集阿史那都支所管辖下的各部酋长来聚会。各部酋长纷纷赶来，投入裴行俭的罗网，裴行俭高唱着凯歌将这些人送到了碎叶城。

接下来就是对付李遮匐。裴行俭在消灭了阿史那都支的军队后，还没有休息一下就开始精选骑兵，然后又轻装上阵了。随后，裴行俭又迅速地袭击了李遮匐的队伍。

裴行俭恰好在路上抓住了李遮匐的使者，于是便告诉使者："你回去告诉李遮匐，阿史那都支已经被我们抓住了，你们要是再负隅顽抗，就别怪我们不客气了。"

当李遮匐听到这个消息后，一下子便傻了眼。他知道自己势单力孤，硬碰硬恐怕不是唐军的对手，只好向裴行俭投降。

对于上战场，裴行俭可是个初出茅庐的将领。可是，他却以迅雷不及掩耳的招式迅速解决了两个叛乱的头头。接着，他又押着俘虏返回京师，并且命令副将王方翼继续送波斯王子赶赴西亚，还让手下人刻碑记录这件事。

高宗根本没有预料到事情会是如此的顺利，当胜利的消息传来时，朝堂上为之雀跃。当裴行俭回到京城后，高宗亲自为他举行庆功宴，并在庆功宴上对他进行了一番评价。高宗说裴行俭没用一兵一卒便剿灭了叛贼，真是个文武兼备的人才。后来，高宗还封他为礼部尚书兼检校右卫大将军，文官、武官集裴行俭集于一身。

公元679年，北方草原的突厥部族又开始反叛。阿史德温傅拥立阿史那泥熟匐为可汗，并鼓动其所管辖的24州一起响应，叛军人数也增至数十万。都护萧嗣业带兵平乱，结果屡战屡败，唐军伤亡惨重。

朝廷心急如焚，再命裴行俭为定襄道行军大总管，开赴前线。突厥人数众多，大唐不得不派遣与其人数相匹敌的军队。裴行俭带领着太仆少卿李思文、营州都督周道务统兵18万，赶到边境。接着又在当地整合西军程务挺、东军李文暕等将领的兵马，共有30多万人，旌旗飘扬千里，刀枪林立。

先前萧嗣业军队的惨败，多是因为敌人突袭唐军的送粮分队，使军队补给无法供应，导致唐军饥急交加、战斗力严重削弱造成的。裴行俭料定敌人还会耍此花招，就决定将计就计，伪装了300辆运粮车，每辆车里埋伏下5名壮士，配备好大漠刀和劲弩，还故意用老弱兵士赶车，然后派精兵暗暗跟随其后。

结果，叛军果然中了计，气势汹汹地前来抢夺粮草，赶车的士兵按照事前的安排，四散逃亡。叛军还以为捡了大便宜，欢天喜地赶着运粮马车到水草丰满的地方，解鞍牧马。

就在突厥军要取车上粮食的当口，埋伏在车里的壮士突然杀出，与尾随而来的士兵一起剿灭了截粮的叛军。从此以后，叛军再不敢靠近唐军的粮草了。

公元680年，叛军主力驻扎在黑山与唐军决战，裴行俭运筹帷幄，指挥着唐军展开大规模阵地战。唐军战无不胜，攻无不克，叛军被打得没有一点反击之力，竟然产生了内讧。叛军的部下杀死伪可汗泥熟匐后投降唐军，首领奉职也被唐军生擒，残余势力逃往狼山。裴行俭再立战功，得胜还朝。

裴行俭刚回到京城，又传来突厥叛乱的消息。原来，突厥贵族阿史那伏念集合叛乱余党再称可汗，他与阿史那温傅联合继续顽抗。他只好再次赶赴前线，屯兵代州的陉口。这一次，裴行俭用了一招反间计，派间谍去挑拨伏念和温傅的关系，使两人产生隔膜，进而互相猜忌。当时，阿史那伏念全部家当和家眷都在金牙山，他带领主力绕道袭击唐军，裴行俭事先探知了这些事，便做好了充分的准备。

趁着伏念在唐军左右徘徊的时机，裴行俭派程务挺、何迦奇突袭金牙山，俘获了伏念的妻儿老小以及全部家产。伏念没想到唐军把自己的家都给收拾了，便坐立不安起来，于是便偷偷派人向唐军示好，许诺抓住温傅后前来投降。裴行俭封锁了这一消息，不动声色地等待伏念的捷报。几天后，一群异族的大队人马踏着滚滚烟尘而来。唐军侦察兵以为敌军来袭，火速向裴行俭报告。裴行俭从容、淡定地对手下说："这是伏念抓住了温傅前来投降，不必担心。不过受降就像受敌，还是要做好准备才行啊。"

于是，唐军显示出严阵以待的样子，派使节前往问讯。正如裴行俭所料，伏念带着温傅来投降了。这么一来，突厥叛乱全部平息。高宗十分高兴，便派户部尚书崔知悌领队去慰劳前线的战士。

裴行俭在说服伏念投降的时候，曾经答应过伏念不会杀他。但是，令人没想到的是同族侍中裴炎却向朝廷谏言说："伏念是程务挺、张虔勖打败的，后面又有回纥军队逼围，没有办法才投降的。"

裴炎鼓动朝廷把伏念和温傅一起处斩，而裴行俭的功劳也在这场争辩中被忽略了。虽然裴行俭在事后被封为闻喜县公，但他却因为言而无信而感到耻辱，并对裴炎的品行感到质疑和无奈。于是心灰意懒，从此称病不出。

公元682年，十姓突厥中的阿史那车薄部落再起叛乱，朝廷再次起用休病在家的裴行俭，任命他为金牙道大总管，但是，这次上天并没有给裴行俭发光发热的机会。大军还没来得及出发，鼎鼎大名的裴行俭便因病辞世，终年64岁，后被朝廷追赠为幽州都督，谥号为"献"。

当时裴行俭的4个儿子都未成年，小儿子裴光庭才7岁，因此高宗叫皇太子指定一名七品官员专门帮助裴家打理各种事务，直到裴行俭的孩子们能够自立为止。

可以说，在高宗执政时期，政务上几乎都有武则天的参与。武则天甚至比高宗更加清楚裴行俭的能力，任用这样的能臣为大唐稳固江山，武则天也确实极为有眼力。

用姚崇为宰相

公元650年，姚崇出生在江苏吴兴，祖辈世代在陕西做官，后来便跟着家族定居在陕州硖石。父亲死后，他跟随母亲一起回到了汝州梁县广成的外婆家。

从小生活在官宦之家的姚崇，养成了谨慎和好学的习惯，久而久之，便成了一位胸有大志的博学之士。入朝为官之后，他对朝廷提出的问题也是对答如流，而且落笔成章。由此而得到了武则天的赏识，并被封为侍郎。

在距离汝州60里处有一个广成泽，它是东都洛阳外围的一处名胜。东汉朝廷曾经把这里营造成宫苑，供皇帝狩猎、游玩。姚崇继承了父亲尚武的遗风，每天在广成泽一带习武，还经常和乡间的小伙伴们到山野射猎比武。

经过10多年的艰苦锻炼，姚崇练就了一身强健的体魄，以及大无畏的精神，十八般兵器样样精通。就在姚崇很努力地练习武艺时，他遇到了一个改变他人生轨迹的一个人，这个人就是张憬藏。

张憬藏是个饱学之士，他四处游学，在路过广成泽时，落脚在姚崇家。他见姚崇气宇轩昂，眼神里透出一股灵气，完全不同于一般的山野村夫。交谈之中，张憬藏发现姚崇知识贫乏，文理欠通，于是，便极力地劝说姚崇好好读书，增长自己的才学和见识。

同时，张憬藏还鼓励姚崇，说道："广成是上古圣贤广成子居住过的地方，皇帝还曾经向广成子问道。你将来会以文才而显赫，此外，你也是做宰相等一级大官的材料，因此，千万不要自暴自弃，你可要好自为之啊！"

姚崇听后极为震撼，他的确拥有一番抱负，可是应该从哪里入手，自己也不十分清楚。此次经过张憬藏的一番教导之后，姚崇开始潜心学文，刻苦攻读，学业也是大有长进。

后来，姚崇参加了科举，并且考中了进士，从此步入政坛。姚崇入朝为官后，负责理案刑狱，他秉公执法，并解救了许多遭诬陷的人，因而引起了朝野的关注。从此，他的官职连连晋升。

公元698年，姚崇被武则天破格提拔为尚书，兼相王李旦府长史。5年后，姚崇因为得罪了张易之和张昌宗兄弟，被派往边境做了安抚大使。在临行前，姚崇推荐张柬之出任宰相。

公元705年，武则天病重期间，姚崇从边关回京，张柬之与其密谋杀死了张昌宗兄弟。姚崇对于"二张"的恶劣行迹也是有所耳闻，认为铲除"二张"是非常必要的。可是，张柬之还要逼迫武则天让位给太子李显，姚崇却不愿意参与这件事。在张柬之逼宫的时候，姚崇并没有参加。

李显复位以后，任用姚崇和张柬之为宰相，还加封姚崇为梁县侯。此后，姚崇又被贬到亳州。接着，又发生了张柬之被杀、武三思和韦后掌权，太子杀死武三思、韦后和安乐公主合力毒死中宗而掌握朝中大权、李隆基杀死韦后拥立李旦继位等宫廷政变。姚崇却因为人在地方而幸免于难。

张柬之等人在一举铲除"二张"之后，武则天被迫退了位，迁到了上阳宫居住。此后，扬眉吐气的中宗带着文武百官前去请安，很多大臣都是礼仪性地问武则天好，接着便相互庆贺起来。只有姚崇不合时宜地痛哭流涕。

张柬之、桓彦范等人吃了一惊，张柬之对他说："姚公啊，今天是什么日子，不是哭的时候吧？你恐怕要惹出祸端来了。"

姚崇却很坦然地说："我侍奉武皇帝已经有些年头了，突然间要离开她，总会有所触动。这是发自内心的感情，实在控制不住啊！我参加你们组织的诛杀凶逆的举动，是尽做臣子的义务，不敢说有什么功劳；今天因为与旧主子告别而伤感，也是做臣子应有的节操，如果因此获罪，我也心甘情愿。"

这件事情很快便被中宗知道了，中宗十分不高兴。于是，他便把姚崇贬到了亳州去做刺史。有人说，姚崇是有先见之明的，他预见到了武皇帝的退位，朝廷之中必定会出现大的波动，甚至还将是一场恶斗。为了让自己不致陷入更深的旋涡之中，于是，他便想出了这个既有人情味,又能保全自己的脱身之计。其实,姚崇的表现也同样是出于对武则天深厚的感情。

姚崇承袭了父亲身上的武将气质,为人豪迈,崇尚气节,走上仕途后,因为才华出众而青云直上。在武则天执政时,他被提拔为夏官郎中。也就在这时,东北的契丹族不断侵扰中原,武则天不断地派兵抵御。

因为派兵次数比较多,所以兵部军事繁忙。姚崇的才干在这个时候才充分地发挥出来了,纷繁复杂的军务,到了他的手里,便被处理得干净利落、井井有条。兵部统属于中央,姚崇的能力很快被武则天发觉了。

武则天爱才是出了名的,她十分赏识姚崇的才干,于是马上让他做了兵部侍郎。这种知遇之恩,姚崇铭记于心。武则天的赏识,让姚崇铆足了干劲,他的才干进一步被激发出来。

姚崇在做宰相的时候,经常兼任兵部尚书,所以对兵部之事了如指掌;边防哨卡、军营分布、兵器储备、兵员情况全都装在他心里,每每奏报时都分析得鞭辟入里,武则天大为叹服。

姚崇被任命为侍郎后,可以直接参与朝政的议论。公元697年,武则天对大臣们说:"之前,周兴、来俊臣等人审理案件,朝中的大臣多被牵连其中,以谋反罪居多。国家法律摆在这儿,我怎能带头违反呢?我也曾怀疑其中有冤情,是滥用刑罚造成的,所以才派近臣到监狱中去审问。结果呈上来给我看的都是他们手写的状纸,且都是自己认的罪,我这才不怀疑了。自从周兴、来俊臣死后,我再没听说有谋反的事情了。那么,之前所杀的人中,是不是有被冤枉的呢?"

姚崇因为做过刑部的官员,办案公道,救过不少人,所以对这方面情况比较熟悉。他在朝廷为官也有些年头,对武则天较为了解,他知道武则天重用过一些酷吏滥杀无辜,却没有被人控制。一些正直之臣还在主管刑法,在这个问题上是能够听得进去意见的。

姚崇针对武则天所提出的问题,坦诚而直率地发表了自己的看法:"自垂拱以来,很多人被告得家破人亡,这些人基本上都是被冤枉的。告密的人因为诬告别人而立功,天下的人都开始用这样的方式编造别人的罪行,这种情况比汉朝的党锢之争还要严重。被皇上派到监狱中查问的人,连自保都不能做到,又怎么敢替人申辩呢?而被审问的人如果要翻案,又惧怕遭受那些人的毒手。现在老天保佑,皇上你醒悟过来了,杀死了这些小人,使朝廷得以安宁。我用我以及我全家百余口的性命担保,现在朝野官员没有一个谋反的。皇上你以后要是再收到类似的奏报,请将它们收存起来,不要追究。倘若以后有证据证明有人谋反,我情愿担当知而不告之罪。"这话说得已经相当严厉了,批评和建议都有,一般的皇帝很难忍受大臣的当面斥责。

唐朝之所以出现盛世局面,与统治者的广开言路不无关系。武则天不但没有生气,反而表现得很高兴。她有些欣慰地说:"之前的宰相任由事态发展,结果害我成了滥行刑罚的君主。你的说法,很符合我的心意。"接着,还给他赏赐。从此,姚崇和武则天之间有了更进一步的了解。

武则天后期对道教情有独钟,使得道教也成了唐代的又一大教。那时上自皇家、下至富户,无不利用宗教大捞特捞一番。但是,宗教的盛行,也引起了许多的社会弊端。

姚崇对这一现象强烈不满。武则天时期,男宠张易之要把10名有名望的京城佛教高僧调往定州私建新寺,高僧们不愿意去,便向朝廷请求留在京城。姚崇接受了他们的请求,让他们踏踏实实地在京城待着。后来,张易之一再坚持要调他们走,姚崇拿定了主意,就是不肯,结果,得罪了张易之。不久,姚崇就被武则天调出京城,派往灵武做灵武道大总管。

中宗时期,公主、外戚有度民为僧、为尼的权力,有的人还私造寺庙。基于此,出家人便增加了。当时有一个对寺庙很有利的规定,但凡出家人都可以免除赋税,于是一些富户强丁纷纷出家。

姚崇在做了玄宗的宰相之后,提出要改变这种状况。他的理由是:对佛教的信仰,不在于外在的形式,而在于内心的虔诚,百姓安乐才是佛教的要旨,何必妄度坏人为僧尼,反而破坏了佛法呢?玄宗认为他说得有道理,就命令相关部门暗中调查。经过一番查证后,让12000多名冒充的僧尼还俗务农。

姚崇至死仍反对过这种宗教流弊。他在遗嘱里猛烈地抨击佛教,无情地揭露那种把佛教传说当成既成事实的无知行径,对于抄经写像而导致的倾家荡产和为死人造像追福等愚昧风俗也进行了严厉的批评,他说这些都是"损众生之不足,厚豪僧之有余"。

姚崇还嘲笑那些所谓的饱学之士也跟风追捧,成了上述种种怪现象的俘虏。姚崇始终都认为宗教活动对百姓是没有好处的,同时,他也让他的子侄们多加小心,谨防上当。如果自己去世、办理丧事时,不能完全摆脱旧有习俗的束缚,在斋祭和布施等各方面,敷衍即可,不可铺张浪费。

此外，姚崇还提到了道教，提出道教只是叫人修身养性，不参与各种不必要的竞争，后来由于受到佛教的影响才走了样。姚崇对宗教的否定态度已经接近朴素的无神论了。

姚崇对儿孙也不会偏袒。魏知古是经姚崇引荐成为宰相的名臣，后来被调任到东都洛阳管理吏部事务。姚崇的两个儿子在东都洛阳做官，知道魏知古是姚崇提拔过的人，就想要走魏知古的后门，谋取私利。

魏知古将这件事告诉了玄宗，玄宗便找来姚崇闲谈。玄宗有意无意地问道："你儿子们的才能和品德怎样？现在都在做什么官？"姚崇知道自己儿子的品行，也猜到玄宗话里有话，于是坦白地对玄宗说："我有3个儿子，两个在东都洛阳，人有些贪婪，做事思虑不周，一定会走魏知古的后门。不过，我还没有来得及问他们这些事。"

玄宗还以为姚崇要为自己儿子遮掩，没想到姚崇竟然如此坦白，玄宗很是高兴。他接着又问姚崇："这些情况你是怎么知道的呢？"

姚崇说："魏知古在低位之时，我曾经保护、提拔过他；我那两个不争气的儿子，认为魏知古一定会因为感激我而宽容他们的行为，所以定会去找魏知古。"

玄宗听后，越发觉得姚崇为人正直、高尚，魏知古反而显得有些没气量，玄宗要罢免魏知古的官。姚崇忙跪地请求玄宗说："我的儿子胡闹，犯了法，皇上你赦免他们的罪就已经是万幸了，倘若因为这个罢了魏知古的官，天下人一定会认为你是出于对我的偏袒才这样做的，这样会毁了皇上的声誉啊！"但是，玄宗认定了的事是不容易改变的，魏知古最终被左迁为工部尚书。

姚崇是个脚踏实地的实干派，有着脚踏实地的务实精神。公元716年，山东闹蝗灾，百姓们迷信宗教，不但不敢捕杀，反而还设了祭台进行焚香祷告，眼睁睁地看着蝗虫吃掉庄稼。

姚崇将此事上奏朝廷，他引用《诗经》以及汉光武帝的诏书，证明蝗虫是可以捕杀的。蝗虫之所以捕杀不尽是因为人力不足，只要同心协力就可以将它们消灭。

玄宗疑虑地说道："蝗是天灾，是因为不修德政造成的，你要求捕杀，这不是违反天道吗？"

姚崇则说道："古人就曾经捕杀过蝗虫，皇上这么做是为民除害的行为。这是国家的大事，请皇上考虑清楚啊。"后来，玄宗被说服了。但是，这件事却引起了朝廷的争议，因为朝廷内外都说不能捕杀蝗虫。

玄宗便对大家说："我和宰相已经商量过了，灭蝗一事已经定了，谁要是再反对，马上处死！"紧接着派遣御史分道督促，指挥百姓灭蝗。结果成效非常显著，庄稼也获得了好收成。

第二年，山东蝗灾又起。姚崇依照先前的做法，派人到各地督促捕杀。朝廷上议论纷纷，觉得老天在报复先前的灭蝗之举，人们都说蝗虫捕杀不得。

玄宗也开始犹豫起来，便找来姚崇和他商量。姚崇说："这些读死书的人就知道照本宣科，根本不懂变通的道理。凡事都有违反传统的时候，有时要逆流而上才是好办法。"

接着，姚崇又列举了历史上反复出现过的蝗灾，后果都很可怕。他分析当前的形势："现在山东到处是蝗虫，如果田里没有收成，人们就要迁移，社会就会出现不安定因素，国家就难以保住了。即使现在我们无法根除蝗虫，总好过泛滥成灾。皇上你厌恶杀戮，恐怕感到为难，请允许我下文处理吧。如果我除不了蝗虫，您可以削除我的一切官爵。"姚崇又一次说服了玄宗。

当时的汴州刺史倪若水是个死脑筋，就是不肯执行命令。他说："蝗灾是天降的灾祸，要以仁德感动天。"

姚崇知道后怒气冲冲地写信给他说："古时，有好太守的州郡，蝗虫就不会侵犯。如果修德能够免灾的话，那么蝗灾的出现就是太守无德造成的！现在你眼睁睁地看着蝗虫毁掉庄稼却坐视不管，你于心何忍哪！如果因为这件事引起灾荒，我看你拿什么来保住性命！你不要有所迟疑，否则后果自负！"

倪若水见信傻了眼，他嗅出了信里的味道：不是说蝗虫是因为无德造成的嘛，那你就是无德之人。你要是治不好蝗灾，就让你好看。倪若水只好执行命令，焚埋蝗虫。他所捕杀的蝗虫共达14万石，投入汴河的不计其数。

朝中的另一个宰相卢怀慎也反对捕杀蝗虫，说辞也不过是天所不容之类的话。姚崇力排众议，坚持进行灭蝗虫的行动。所以，尽管这一时期连年发生蝗灾，却并没有造成严重的饥荒。

姚崇的灭蝗行动，不仅要冲破朝廷上下的阻力，还要面对来自朝廷之外的非议。可是，也正是因为姚崇的坚持，灭蝗行动才取得了一系列的胜利。

但是，姚崇并没有因此而获得奖赏，相反在这之后不久就从宰相的宝座上跌了下来。这可能有两个原因，第一个原因是时间拉得过长，成效不显著；另一个原因是上至玄宗、下至百姓，内心里还是对灭蝗有抵触心理。

玄宗即使知道灭蝗有些成效，也不愿意褒奖姚崇，他不仅要安抚他自己，还要安抚天下的人。姚崇手下犯了事，玄宗要惩办他，姚崇却想帮他过关。

正好在这个时候，京师大赦，玄宗特意交代不可赦免此人的罪。机智的姚崇马上意识到玄宗此举的不同寻常。他的目的已经不在犯人本身，而是针对自己来的。于是请求辞去宰相职务，推荐宋璟为宰相。后来，宋璟又成为一代贤相。

公元721年，姚崇去世，去世前姚崇曾立下了遗嘱，告诫自己的子孙要适可而止。自己做宰相时，那也是经过了惊涛骇浪，才能从高位上退下来，老于田间是感到满足的。人终有一死，这是自然规律，谁也逃避不了。

接着，姚崇又把事先分配好的家业，分给子侄。子侄们有些奇怪，没见过这样分家产的。姚崇跟他们解释说："我见过不少达官贵人，他们死后，子孙因为失去了荫庇，渐渐地贫困下来。紧接着便产生了互相争夺的现象，最后甚至到了水火不容的地步。这不仅让他们本人失去体面，也让自己的祖先蒙羞。不管孰是孰非，都会被人耻笑。另外，田地是公有的，就会互相推诿不进行管理，最后导致荒芜。我现在把它们分好了给你们，以后就不会因为这个发生争端了。"子侄们愈加感慨姚崇的先见之明，姚崇还要子侄们薄葬自己，不搞封建迷信活动，姚崇这种思想水准在封建时期是不多见的。

姚崇最为贤德的是能着眼于现状，务实肯干。他曾经问过自己的属下："你们说，我作为一个宰相，能和历史上的谁相提并论呢？"属下你看看我，我看看你，不知道怎么回答好。

姚崇见没人答话，便笑着说："能跟管仲、乐毅相比吗？"

下属听后便说道："管仲和乐毅的政论虽然不能施行到后世，但是，至少他们可以施行到死。可是，你的政令不断地更改，恐怕赶不上他们吧！"

姚崇不甘心，又追问道："那么到底可以和谁相比呢？"

下属答道："你可以算是救时的宰相。"姚崇听后竟然很高兴，认为这是很高的评价了，救时的宰相也是不容易得到的呀！

用大将郭元振

公元656年，郭元振出生于魏州贵乡，他是唐代著名的军事将领和宰相，同时，也是个文武全才。在郭元振所处的年代，科举之风极其盛行。在隋朝以来，读书人多是通过科举考试进入仕途。人们都希望自己的孩子通过仕途获取功名，富人家更是如此。

因为出身于地主家庭，郭元振自幼便被送入私塾读书。他少有大志，生得风流倜傥，性格也颇为豪爽，从不吝惜钱财。16岁时，他与薛稷、赵彦昭等人同为太学生。有一次，家中送来40万贯钱，有人自称："一家五世没有入葬，希望能借些钱把他们的尸体迁到同一个墓穴。"郭元振同情他便把钱全都给了那个人，周围的人全都惊叹不已。

郭元振聪明好学，他在18岁时便参加了科举考试，并且成绩优异，考取了进士。不久之后，他便出任通泉尉，从此走上了仕途。当了官的郭元振，依然保持着他粗放的个性，做事也是不拘小节，曾经贩卖管辖内的人口，赠送宾客，从而使得老百姓十分怨恨他。

当武则天听说了这件事以后，大为恼火，便召他入京责问此事。在经过了一番交谈之后，武则天竟然发现他是个才华横溢之人，于是便向他索要文章。

郭元振把自己写的《宝剑篇》呈给武则天看，武则天看后连连赞叹，这样的人才竟被自己忽略了这么久，真是太可惜啦。接着，她又把文章拿给学士李峤等人进行传阅，学士李峤等人看了之后，也是大加赞赏。武则天一向爱惜人才，便封郭元振为右武卫铠曹参军，进奉宸监丞。

此时，吐蕃是武则天执政时期最大的麻烦。万岁通天元年，也就是公元696年，吐蕃请和，武则天命郭元振出使吐蕃。吐蕃大将论钦陵要求唐朝撤去安西四镇的守军,并求取十姓突厥之地。

这时,郭元振说道:"安西四镇、十姓突厥与吐蕃是不同民族,现在请撤朝廷守军,难道不是有兼并的打算吗?"

论钦陵说道:"吐蕃如果想要贪求土地,想成为唐朝的边祸,那就会东侵甘州(也就是现在的甘肃张掖)、凉州(也就是现在的甘肃武威),又怎么会谋利于万里之外呢!"于是,便派遣使者随郭元振入朝提出上述请求。

当时,朝廷对于此事,也是犹豫不决。于是,郭元振上奏说道:"论钦陵要求罢兵割地,这是利害的关键,确实不应轻易作出决定。现在如果直接拒绝他,肯定会招致很深的边患。四镇的利益距离我们很远,但是甘州、凉州的受害离我们很近,不可不慎重考虑。因此,对于此事,应当用计策来进行拖延时间。那四镇和十姓,吐蕃是很想得到的,而青海和吐谷浑,也是我们想要的。那么,就不如答复四镇、十姓之地本来对唐朝没有什么用处,之所以去派兵进行戍守,也是想安定抚慰西域,现在,如果吐蕃并无东侵的打算,就应当归还我吐谷浑各部及青海故地,而西突厥五俟斤部也应当归还吐蕃。这样,就可以堵住论钦陵的嘴了,而且也未与他断绝关系。如果稍有违背,则是他没有道理了。而且四镇、十姓诚恳归附已久,现在还未发现他们有反叛的情况,做有害于我们的事情,又因为遥远而抛弃他们,恐怕要使各国伤心,不是控制四夷的良策。"武则天听完郭元振的建议后,便同意了。

郭元振接着又说道:"吐蕃百姓身受徭役和兵役之苦,早就希望能够与我们和好;只有论钦陵图统兵专制的私利,不想归附。如果我们每年都派去表示和好的使者,而论钦陵常不从命,吐蕃百姓就会对他的怨恨变得日益加深,盼望得到国家的恩惠就会日甚一日,这时,他要是想大规模发动百姓,肯定就困难了。这也是逐渐离间的办法,可以使他们上下猜疑,祸乱从内部产生。"对于这个说法,武则天深表赞同。

后来,由于这个逐渐离间的方法的使用,吐蕃君臣果然相互猜忌。圣历二年,也就是公元699年,吐蕃发生了内乱,论钦陵被诛杀,其弟赞婆率部降唐。武则天听到这个消息后,立即命郭元振与河源军大使夫蒙令卿率骑兵前往迎接。郭元振所献的离间之计,对武朝稳定西部边疆、避免战乱起了重要作用。这也是郭元振初显其才能的事件。

公元700年农历闰七月二十一日,吐蕃赞普亲自率领大军出征。他将大军驻扎在河州,以作援军。随后命令手下大将麹莽布支率领数万兵马进攻凉州,包围了昌松。唐军在陇右诸军大使唐休璟的指挥下,与吐蕃军在洪源谷展开了激战,唐军六战六捷,大获全胜,郭元振因出谋划策而被提升为主客郎中。

公元701年,郭元振升为凉州都督、陇右诸军州大使。郭元振刚到凉州时,凉州境内南北界相距只有400多里,州内军民常年受到吐蕃和突厥的骚扰。凉州城池虽然坚固,但只要敌军猛攻,用不了一天工夫就能攻到城下。

郭元振到任之后,仔细分析敌我状况,制定应对之策。为了巩固凉州防务,他在凉州城南部的边境峡口设了一个和戎城,在北部设置了白亭军,以此控制交通要道,为周武王朝拓地1500里。这两个地方易守难攻,每打一仗敌军就会损兵折将。从此,敌军不敢再进犯,凉州得以安宁。郭元振又派遣甘州刺史李汉通选择水草丰美、土地肥沃的地方进行屯田,保证军队粮食供应。不仅如此,他还在这里兴修水利、推广蚕桑养殖、改进耕作技术等。

在郭元振没有实行屯田以前,凉州地区的谷子和小麦每斛值数千钱。屯田之后,只要一匹细绢就可以换到数十斛粮食,储存下来的粮食可供军队用上10年。武则天能够平定契丹叛乱,与此不无关系。

郭元振担任凉州都督5年,保护了凉州安宁,促进了地方经济发展。他不仅拓地千里,而且所治之处,百姓丰衣足食,人们安居乐业。他又是一个伟岸果断的人,周边的少数民族都不敢来犯,结果出现了"河西诸郡置生祠,揭碑颂德"的现象。

公元706年,郭元振升任为左骁卫将军、安西大都护。这时候,突骑施的乌质勒部落兴盛起来,希望与大唐建立友好关系。于是,中宗在十二月派郭元振到突骑施商议相关的军事事宜。当时,天上正下着鹅毛大雪,冷空气几乎要将人冻结起来。郭元振站在帐外与乌质勒交谈。雪越下越厚,越积越深,郭元振一动不动地站在那里。

乌质勒年事已高,又生了病,会谈结束竟然被冻死了。乌质勒的儿子娑葛以为是郭元振故意害死乌质勒,于是谋划起兵攻打大唐。面对突发意外,副使、御史中丞解琬得到消息后,劝郭元振连夜出逃。郭元振凛然地说:"吾以诚信待人,何所疑惧,且深在寇庭,遁将安适?"之后,他便在大帐里睡了起来。

第二天,郭元振亲自到突骑施牙帐吊唁,大声痛哭。娑葛疑虑不决。吊唁之后,他还留下来和娑葛一起为乌质勒办理丧事,接连数十日。娑葛最终被郭元振的诚意所打动,与唐军和好如初。还派遣使者进贡5000匹马、200头骆驼、10余万头牛羊。二十八日,中宗让娑葛承袭怀德王、喁鹿州都督。郭元振因为表现出色而被授予金山道行军大总管的职位。

公元 708 年，娑葛与曾是他父亲部将的阿史那阙啜忠节失和，并多次发生武装冲突。阙啜忠节因为兵少，势力渐渐衰退下来。郭元振看到了好机会，他请求朝廷召阙啜忠节进京宿卫，把他的部落迁移到瓜、沙等州，中宗答应了他的请求。

阙啜忠节奉命率领部落向东撤离，走到播仙城时，碰巧遇到了唐西域经略使、右威卫将军周以悌。周以悌得知情况后，对阙啜忠节说："国家有以高班厚秩待君者，以君统摄部落，下有兵众故也。今轻身入朝，是一老胡耳，在朝之人，谁复喜见？非唯官资难得，亦恐性命在人。今宰相有宗楚客、纪处讷，并专权用事，何不厚贶二公，请留不行。仍发安西兵并引吐蕃以击娑葛，求阿史那献为可汗以招十姓，使郭虔瓘往拔汗那征甲马以助军用。既得报雠，又得存其部落。如此，与入朝受制于人，岂复同也！"

阙啜忠节听了以后，觉得是这么一回事。便派人用重金贿赂宗楚客、纪处讷等人，请求唐廷派兵进攻娑葛。

郭元振得知此事后，极力上书劝阻。他在奏疏中十分详细地阐述了目前边关的形势，同时指出，如果将吐蕃引入西域，"四镇危机，恐从此启"。而阙啜忠节所求立的阿史那献同他的父兄阿史那元庆和阿史那斛瑟罗一样，没有过人的才华，是不能治理西域的。但他的上书并没有被采纳。

这年的十一月，唐朝派遣御史中丞冯嘉宾持节安抚阙啜忠节等人处置安西四镇，将军牛师奖为安西副都护，发甘、凉以西各州之兵，攻打吐蕃娑葛。当时，在长安有个娑葛派遣的向唐廷进贡宝马的使者，他叫娑腊。娑腊得知这一消息后，立即返回碎叶城报信，娑葛听到这一消息后，又惊又怒。于是自立为可汗，接着派自己的弟弟遮弩率领重兵攻打安西，吐蕃军兵分四路向唐军大规模进攻。

娑葛兵来势凶猛，郭元振的兵力显然不足，他在疏勒赤河河口设栅不敢出击。阙啜忠节带领着自己的兵马到计舒河口前去迎接冯嘉宾，娑葛探明情况后派兵偷袭，活捉了阙啜忠节，杀死了冯嘉宾等人。

此后不久，安西副都护牛师奖所率领的甘、凉各州的军队陆续赶到，唐军与吐蕃军在火烧城展开激战，结果唐军大败，牛师奖全军覆没。娑葛乘胜攻陷了安西，阻断四镇交通，安西局势岌岌可危。

之后，娑葛便派遣使者上表，请求唐廷处死宗楚客、纪处讷等人。

但因为韦后等人的阻挠，中宗非但没有惩罚宗、纪二人，还派周以悌取代郭元振做安西大都护。并封阿史那献为西突厥十姓可汗，派军进驻焉耆，讨伐娑葛。

就在唐军将要到达焉耆时，娑葛上书暂时还是安西大都护的郭元振，说道："我本不想与唐廷交恶，只是对阙啜忠节耿耿于怀。而唐廷的宗尚书收取了阙啜的贿赂，想要消灭我的部落，冯中丞、牛都护接踵而至，我不能坐视等死啊！又听说阿史那献也要来，边境恐怕永无宁日了。希望您设法阻止唐军啊！"

郭元振深切地同情娑葛，知道他是迫不得已才这么做的，于是，便把这件事原原本本地上奏了朝廷。没想到，这下子却激怒了宗楚客，他诬陷郭元振别有所图，朝廷立即召郭元振回朝。郭元振知道回京后肯定是凶多吉少，便以"西土未宁，事资安抚"为借口，声称暂时不能回京。之后，他又派儿子郭鸿带着娑葛的书信抄小路回京。

后来，在太平公主的努力下，最终扭转了朝议。而引发此事的周以悌也被流放白州，郭元振再次被任命为安西大都护，娑葛也被赦免。这事过了没多久，娑葛得到咽面、葛逻禄、车鼻施和弓月四姓部落的归附，实力大增，他便自立为贺腊毗伽十四姓可汗。

公元709年农历七月，娑葛派使者向唐廷请降，中宗高兴地册封娑葛为贺腊毗伽钦化可汗，赐名守忠，他的弟弟遮弩被赐名为守节，突骑施汗国正式建立。郭元振在整场事件中起到了力挽狂澜的作用，如果没有他的极力周旋，恐怕西域在很长时间里都不会太平。

公元710年农历六月，李隆基发动宫廷政变，除掉韦后了集团。之后，李旦即位，成了睿宗。郭元振的才学和理政能力很得睿宗的赏识，又被封为太仆卿，加银青光禄大夫。

郭元振在离开安西赴任时，安西各部族的酋长哭着相送。离凉州还很远时，凉州的百姓就准备好了酒食夹道欢迎，这些足可以见证郭元振的人格魅力。

公元711年农历正月十三日，郭元振与张说并列为同平章事，后同中书门下三品。十月，睿宗召郭元振等几位大臣到承天门，责备他们："政教多有疏漏，灾害到处都是，府库空虚，官僚机构却越来越多；就算是我没有多少德行，也不致如此，你们不是能辅佐我的贤才！"随即免除了几位宰相的职务，重新任命新宰相。其中郭元振取代宋璟为吏部尚书。后转兵部尚书，封馆陶县男。

公元712年，李隆基登基，也就是唐玄宗。郭元振被任命为朔方军大都督，建丰安、定远城，使戍守军队有了屯驻的地方。公元713年，他被任命为兵部尚书，同中书门下三品。

玄宗即位之初，朝中官员很大一部分都是太平公主的党羽。太平公主又控制了左羽林大将军常元楷、左金吾将军李钦等将领，掌握了部分军权。她想架空玄宗，进而取得皇权。

经过一番准备之后，太平公主决定发动叛乱，结果却被玄宗预先探知。玄宗与郭元振等人一起商议如何除掉太平公主，商议之后玄宗采取了行动，最后灭掉了太平公主。

太平公主被除之后，玄宗论功行赏，封郭元振为代国公，实封400户，赐一子为官，赐锦千缎。不久又兼御史大夫，复为朔方大总管，以此来防备突厥的来袭。

这个时候内患已经平息了，玄宗的大权基本稳固。他有了足够的精力来管理国家，于是加强边防也被提上了日程。

在面对西方的吐蕃和西突厥、东北的契丹和奚、北方的东突厥等的军事威胁时，玄宗采取了设置节度使、增强边兵、严格训练军队等措施来加强防御能力。

此外，玄宗还十分地重视军容和军纪等军法的贯彻执行，他觉得这些是提高军队战斗力的最佳途径。

公元713年农历十月，玄宗到新丰视察边情。他与文武官员在骊山脚下观看士兵习武，共有20多万大军，旌旗绵延50多里。他看到军队这样拖沓的样子，不觉有些生气。

玄宗只好亲自击鼓鼓舞士气，这时，郭元振突然在玄宗击鼓的时候向玄宗奏事。玄宗鼓声一停，军队立刻混乱起来。玄宗更加生气，他想借此树立声威，于是，便让郭元振跪在军旗下，准备斩首示众。

这时，大臣刘幽求和张说等人急忙劝谏："元振有翊赞大功，虽有罪，当从原宥。"玄宗这才免了郭元振的死罪，将其流放到了新州。

不久，玄宗念及郭元振立过的功劳，想重新起用他做饶州司马。但是，郭元振由于遭到贬损，心情极度抑郁，在赴任的途中就病逝了，终年58岁。开元十年，他被追赠为太子少保。

郭元振守边多年，以建设、安抚见长，故能"克致隆平""安远定边"。他"武纬文经"，以诚信来对待边疆的少数民族，因而深得他们的爱戴。此外，郭元振还能化干戈为玉帛，不战而屈突厥、吐蕃之兵，这就是所谓的"善战者之胜也，无智名，无勇功"。这样的边将，对于保持边疆稳定和维护国家统一，起到了极为重要的作用。

诛杀残忍酷吏

在武则天执政的后期，她做出了一些令人很不满意行为。其中的一大弊病就是任用酷吏，因而引起了很多大臣的不满，如果武则天不将这股势力清除便无法在朝廷中站住脚了。

在李敬业谋反事件发生以后，武则天对自己所面临的形势越来越感到忧虑，她觉得必须以暴制暴，才能将反对自己的势力镇压下去。于是，她想到任用酷吏来巩固自己的统治，这也是酷吏产生的主观原因。

女皇在实行选贤举能、知人善用政策的同时，又先后任用了索元礼、周兴、来俊臣、侯思止等一大批酷吏，让他们来掌管制狱，这也是统治者善用的双刃剑。

武则天想借酷吏之手，严厉打击反对自己的元老重臣、勋贵旧族，同时，也以此打破了大族的控制政局、垄断高官的局面。这一方面的确满足了武则天的愿望，但是这些酷吏残暴之举的罪状，却也附加到了女皇的头上。

其实，女皇当初任命周兴和来俊臣审理告密者的案件，只是想让他们帮助自己分担一下多如牛毛的案件，并没有授意他们要严刑逼供，以残酷的刑法逼迫被告人就范。但是，在实际中他们却假公济私，利用公职残害了许多无辜之人；利用诬陷、控告和惨无人道的刑法，杀害了许多正直无辜的文武官吏和平民百姓。

如果被告者一旦落入酷吏的手中，能活着出狱的没有几个。这样，随着告密之风的日益兴起，被酷吏严刑拷打致死的人数日渐增多。

于是，在朝廷内外便形成了十分恐怖的政治气氛，以至于大臣们每次在上朝之前，都要和家人进行诀别，每天都惶惶不可终日。武则天也知道这些情况的存在，只是鉴于当时的政治形势，鉴于自己还有许多关系需要理顺，许多政敌还没有扫除，许多抱有男人主宰天下观念的臣民还在暗中作梗等原因，这一切都需要她尽快摆平，可是亲己者又有几人呢？

因此，武则天没有太多的选择余地，只要肯为她效力者，就要委以重任。一旦时机成熟了，一旦他们的罪恶昭彰，武则天就会出手为民除害。

公元686年，武朝出现了武则天当政时期的第一个酷吏。这个人的名字叫索元礼，他是个胡人。他秘密向朝廷举报了反对武则天执政的人后，朝廷便派人去抓捕，结果有一批人都给抓住了。

因为当时反对武则天的人很多，所以武则天对此也并没有怀疑。在这个非常时期，为了肃清反对派的势力而牺牲一些人，武则天也是在所不惜的。

此时，武则天觉得索元礼是个办事干净、利落的人，同时，也是铲除反对派的得力助手，于是，便赏了个将军的官给他。

索元礼得到重用后，被很多别有用心的小人看在了眼里。不用真才实学，只要会告密，会抓人就有官做，这种方式比十年寒窗苦读容易多了。于是，一个接一个的索元礼便诞生了。尚书都事周兴和来俊臣就是其中最为成功的两个人。

周兴得益于此，被提拔为刑部司郎，而来俊臣也被摆上了御史中丞的位置，此时的两人极为显赫、风光。

酷吏们不仅对抓来的人动用酷刑，就连抓人都是诬告的。他们收买了一群地痞流氓一起上告，把没有的事生出有来，把极小的事情，又说得极为夸张，如果你不承认就会动用酷刑，折磨到你招供为止。

接着，他们还会用屈打成招的供状来向武则天进行邀功。此外，周兴和来俊臣等人还发明了不少整人的酷刑。周兴等人还专门编撰了一套诬告别人的《罗织经》，只要是能看懂文字的，再加上一颗黑心，就能学会这个低级的游戏。酷吏们就是凭借着这些手段，踩着别人的尸体，爬上了尽显荣华的高位。

刚开始时，酷吏们只是诬告那些没有什么名气的人。这样的人好对付，又可以暂时不引起朝臣的非议和恐慌，风险性也比较小。凭着这些小人物，酷吏们不仅抬高了自己的身价，而且也渐渐地有了对付朝中反对派的力量和胆量。

公元689年农历九月，周兴诬告宰相魏玄同谋反。周兴在高宗时期做过河阳县令，高宗想要升他的官，但是朝中有人反对。周兴不知道情况，就在朝堂上等。

这时，身为地官尚书、检校纳言的魏玄同见到周兴，便对他说："周明府你可以离开这里了。"周兴认为是魏玄同让他无法升官的，之后便记了仇。周兴想搞垮魏玄同，于是千方百计地陷害他。

由于魏玄同和裴炎的关系很要好，于是，周兴便利用了这层关系，来陷害魏玄同。武则天听到了周兴对魏玄同的诬告之词后，十分害怕，她火冒三丈，立马将魏玄同赐死在了家中。

监刑御史房济知道魏玄同是被冤枉的，便让他密告周兴保住自己的名节。魏玄同却说："被人杀，被鬼杀有什么区别呢？怎么能做告密者呢？"于是便从容而死。

实际上，魏玄同是武则天改革的支持者，一直反对门阀制度。周兴诬告手段高明，魏玄同又不申辩，最后只落了这么一个下场，多少有些不值。与魏玄同遭受同样命运的还有夏官侍郎崔詧、百济名将黑齿常之，这些人都被周兴诬告而死。

酷吏横行霸道、滥杀无辜的行为，受到了很多人的谴责和反对。其中唐朝著名文学家陈子昂的反对最为激烈。在武则天临朝时，他被封为麟台正字，并且受到了武则天的赏识。

陈子昂是一位富有远见的改革派，积极支持武则天的新政。后来，他被封为了右胄卫曹参军。当他看到了酷吏的危害时，立即上表反对任用酷吏。奏表上说："周颂成康，汉称文景，皆以能措刑也。今皇上之政，虽尽善矣，然太平之朝，上下乐化，不宜有乱臣贼子，日犯天诛。比者大狱增多，逆徒滋广，愚臣顽昧，初谓皆实，乃去月十五日，皇上特察系囚李珍等无罪，百僚庆悦，皆贺圣明，臣乃知亦有无罪之人挂于疏漏者。皇上务在宽典，狱官务在急刑，以伤皇上之仁，以诬太平之政，臣窃恨之。又九月二十一日，赦免楚金等死，初为风雨，变为景云。臣闻阴惨者刑也，阳舒者德也；圣人法天，天亦助圣，天意如此，皇上届可不承顺之哉！今又阴雨，臣恐过在狱官。凡系狱之囚，多在极法，道路之议，或是或非，皇上何不悉召见之，自诘其罪！罪有实者显示明刑，滥者严惩狱吏，使天下咸服，人知政刑，岂非至德克明哉！"

奏表从人事、天命出发劝阻武则天停用酷吏，武则天接受了陈子昂的劝谏，并提升他做右拾遗言官。右拾遗的主要职责是挑皇帝的毛病，管理日常大臣们呈递奏折所用的匣子。

这个官职看似不大，但也不能小觑，奏折是要经过他们这里的，如果有什么诬告之事，他们可以直接向武则天提出。但酷吏并不管这些，他们见陈子昂没有被提拔到手握重权的位置上，便更加猖狂起来，继续进行着诬告和滥杀的行为。

在这个时候，武则天并没有采取实际行动，使得酷吏继续为非作歹，同时，酷吏的队伍还在不断地扩大。其中，最为荒谬的事情是有一个以卖饼为生的醴泉人，名叫侯思止，他因为与恒州刺史裴贞教训的一个小官关系要好，便与小官合计陷害裴贞。他们告发裴贞和舒王李元名谋反，结果搞得李元名被废掉舒王的头衔，发往和州，裴贞也送掉了性命。

而侯思止因为告发有功，也得了个将军之职。但是，他并不满足于自己的地位，希望做更大的官，于是面见武则天。武则天听说他想当监察御史，不觉大笑起来问他："你不识字，怎么能够担此大任呢？"

侯思止不慌不忙地说道："独角兽也不认识字，但是它能分辨出是非曲直、善恶忠奸啊！"武则天没想到他回答得如此巧妙，很是高兴，便封他为朝散大夫、侍御史。一个卖大饼、不识字的人也能凭诬告官居高位，那些心怀不轨的人怎会不竞相效仿呢？

此外，在衡水有个无赖叫王弘义，也因诬告有功，被封为了将军，后来，他又被提拔为殿中侍御史。有人告发胜州都督王安仁谋反，武则天便派他去审理这个案件。

王弘义一见到被押解来的王安仁，就用木枷砸他的头，接着又派人抓了他的儿子，最后把王安仁给杀了。杀完人了才发现有个漏洞需要补，由于这是无故杀人，被人知道了会被杀头的。王弘义有办法应付，他编造了案情和供词上报给上面，结果竟然还得到了嘉奖。

周兴、来俊臣、侯思止是当时最负盛名的酷吏，而徐有功、杜景俭在朝中是出了名的正直之臣。徐有功是个很有个性的人，但凡是酷吏陷害的人，他都要为他们辩护几句，类似的事前前后后发生了很多次。

县尉颜余庆与琅琊王李冲的家奴有几分交情，来俊臣便诬告他参与谋反，颜余庆被定为死罪。徐有功则对武则天说："皇上你颁发过赦令，只杀带头的人。其他没有告发的人都赦免了，现在又要治他们的罪，还不如不赦免呢。放人家一条生路，又要杀掉人家，还不如不放生呢！"

武则天反问了徐有功一句："你认为颜余庆还不算是带头的人吗？"

徐有功则慢条斯理地说："所谓带头人是最先谋划这件事的人。李贞才是元谋，现在已经被杀了，颜余庆不过是小党羽而已，按照赦令是该赦免的。"

徐有功和武则天你一言、我一语地争执起来，朝殿上的文武百官吓得面如土色，徐有功却泰然自若。武则天一看徐有功这样坚决，必定是有一定道理，于是便听从了他的建议，免了颜余庆的死罪。

与徐有功一样正直的人是司刑李日知，在一次判案中，他与另一个司刑胡元礼发生了严重的争执，争执焦点是关于一个囚犯是否该判死刑的问题。

胡元礼硬是要处决那个囚犯，而李日知死保囚犯，结果闹到了武则天那里。李日知不肯退让，武则天看胡元礼拿不出什么有力的证据证明囚犯的犯罪事实，便释放了那个囚犯。

武则天任用酷吏，害死了许多无辜的人。虽然她是出于清除反对势力的目的才采用了这一手段，但是，却产生极为严重的后果。

其实，在武则天称帝之初，武承嗣勾结周兴，陷害隋州刺史李上金、舒州刺史李素节谋反。李上金、李素节都是李家皇室，武则天对李家人叛乱尤为敏感，不管情况属不属实，只要有风吹草动便要深究细问。

武家子侄又竭力想铲除李家皇室的势力，便极尽诬告之能事，把小事做大，李家兄弟最终没有逃脱酷吏的魔掌。李素节被绞死，李上金自杀，李家宗室惨遭迫害。

其实，武则天也是个极为精明的人，她在利用酷吏整顿完朝中的主要反对派之后，又把眼光瞄向了酷吏本身。这一次，酷吏诬陷的是道州刺史李行褒兄弟，诬告他们的罪名是谋反。因为只有谋反才能置人于死地，所以李行褒兄弟被定了灭族的重刑。

这时，徐有功极力地进行劝阻。于是，周兴便告发徐有功故意袒护，这时候武则天出手了，她不仅没有治徐有功的罪，反而升他做了侍御史。可是，徐有功却不干了，他跪着请求武则天不要升他的官。他对武则天说："我听说鹿若在山林里，终究会被杀了吃肉。我做刑官的时候，危险没有那么大。但是，如果做了御史，迟早会被酷吏杀死的。"

武则天看了看周兴，又对徐有功说道："你放心好了，没人敢陷害你。"朝臣听到武则天这么一说，心中多少有些数了，于是，便静观其变。

公元691年，担任御史中丞的李嗣真上书武则天，委婉地陈述酷吏的危害："今告事纷纭，虚多实少，恐有凶恶阴谋离间皇上君臣。古者狱成，公卿参听，王必三宥，然后行刑。比日狱官单车奉使，推鞫既定，法家依断，不令重推。或临时专决，不复闻奏。如此，则权由臣下，非审慎之法，倘有冤滥，何由可知？况以九品之官专命推复，操杀生之柄,窃人主之威,按复既不在秋官,省审复不由门下,国之利器,轻以假人,恐为社稷之祸。"

　　武则天有个最大的优点,就是对于直言进谏的大臣,她从来都不会报复严惩。其实,这道奏折实际上是责备武则天任用酷吏的失误,只是把罪过推给了周兴等人而已。武则天看后,不置可否。实际上,她已经下定决心要拿这群酷吏开刀了。

　　就在李嗣真上奏后不久,左金吾大将军丘神被人告发。丘神也是个酷吏,他在平息李冲的叛乱中曾大肆屠杀无辜官民。这件事武则天早就知道了,但是当时还不是时候,所以就没有采取行动。

　　现在,既然下定决心要铲除酷吏,那就得先找个人来开这个先河。于是,丘神便撞在了刀口上,被武则天斩首了。丘神一死,朝野为之雀跃,人们知道酷吏的末日就在眼前。有了榜样的鼓舞,那些受酷吏陷害的人、知道酷吏暴行的人也都纷纷起来揭发酷吏的种种罪行。

　　有一天,一封告密信送到了武则天的手中,内容竟是告发周兴与已经处死的丘神联络谋反的事情。武则天看了之后大为震怒,立刻下密旨给来俊臣,叫他负责审理这个案件。朝中官员对于武则天的这种做法也是拍案叫绝。

　　说来还真巧。太监把武则天的密旨送到来俊臣家时,来俊臣正在跟周兴在一起边喝酒,边议论案件。来俊臣看完武则天的密旨后,不动声色,把密旨往袖子里一放,仍旧回过头来跟周兴聊天。

　　可是,这时的他大脑却没有闲着。他想,周兴是个狡猾奸诈之徒,仅凭一封告密信,是无法让他说实话的。可是,要是万一查不出个结果,皇帝怪罪下来,我来俊臣也担待不起呀。这可怎么办呢?在他苦苦思索了半天之后,终于想出一条妙计。

　　这时,来俊臣故意唉声叹气地说:"兄弟我平日办案,常遇到一些犯人死不认罪,令我万分头痛,不知老兄有何妙招?能否赐兄弟几招?"

　　已有三分醉意的周兴便得意地说:"这还不好办!"说着端起酒杯抿了一口。

　　来俊臣立刻装出很恳切的样子说:"请快快赐教。"

　　周兴阴笑着说:"这还不容易!我最近就想出一个新办法,你找一个大瓮,四周用炭火烤热,再让犯人进到瓮里,你想想,还有什么犯人不招供呢?"

　　来俊臣连连点头称赞说:"果然是高招啊!"随即命人抬来一口大瓮,按周兴说的那样,把瓮放在火盆上。盆里炭火熊熊,烤得整个厅堂的人禁不住流汗。

周兴正醉眼蒙眬地望着烤热的大瓮纳闷，来俊臣却站了起来，拉长了脸说："宫里有人密告你谋反，上边命我严查。现在，就请老兄自己钻进瓮里吧。"

周兴一听，吓得魂飞天外，手里的酒杯"啪嗒"一声掉在地上。来俊臣的手段，他是最清楚的。他连忙"扑通"一声跪倒在地，连连磕头求饶说："我愿意招认，我有罪，我招供。"来俊臣根据周兴的口供，定了他死罪，上报给武则天。

看了周兴的认罪口供，武则天想，周兴毕竟为她干了不少事；再说，他是不是真的谋反，也是有点怀疑的，因此就赦免了周兴的死罪，把他革职流放到了岭南。

可是，周兴干的坏事太多，冤家也多，到了半路上就被人暗杀了。后来，武则天发现索元礼害人太多，民愤很大，也找了个由头，把他给杀了。

武则天除掉了周兴以后，未经举报便杀死了索元礼，因为他，无辜者死伤无数，搞得民怨纷纷。武则天对他的罪行早有耳闻，觉得只有杀了他，才能安抚民众的心。只是还有两个人，武则天并没有展开行动，一个是来俊臣，一个是自己的侄子武承嗣。由此不难看出，只要有他们的存在，诬告就不会停止。

留下的来俊臣，仍旧得到了武则天的信任，又继续干了好几年诬陷杀人的事，前前后后不知道杀害了多少无辜官吏和百姓，就连宰相狄仁杰也曾经被他诬告谋反而被关进了牢监，差一点就被他害死。

狄仁杰的才干和名望越来越受到人们的赞扬，同时也得到了武则天的信任。公元691年农历九月，狄仁杰被提拔为户部侍郎，同凤阁鸾台平章事，进入宰相之列。

这个时候正是武承嗣显赫的时候，他十分忌惮狄仁杰的才干，认为狄仁杰是他被立为皇嗣的障碍，因此想方设法想把他铲除掉。

公元692年，武承嗣和来俊臣秘密商讨如何除掉狄仁杰、任知古等高官，这也是他们的宿敌。有这样一批正直的大臣在朝，武承嗣继承周武王朝的企图就难以实现。而来俊臣也惧怕自己的罪行会被大臣们拿来治罪，所以，他们为了自保也要铲除这些人。

他们深知武则天最大的弱点，就是惧怕有人谋反，只要一听有人要谋反，她周身的神经立马就会绷得紧紧的。

有一天，武则天正在午后小憩，这时，近侍报说左台中丞来俊臣有紧急事要求见。女皇急忙坐了起来，传来俊臣入宫觐见。

来俊臣入了内殿，三拜九叩之后，气喘吁吁、一脸惊慌的样子，郑重其事地向女皇奏报："启奏陛下，新任凤阁鸾台平章事地官尚书狄仁杰、凤阁侍郎任知古、冬官尚书裴行本，以及司农卿崔宣礼、前文昌左丞卢献、御史中丞魏元忠、潞州刺史李嗣真7人合谋造反。"

武则天听到后被吓了一跳，刚任命没几天的几个宰相也要造反吗？武则天一拍床帮喝问道："果真有此事吗？"

"臣只是收集了部分材料，但谋反大事不可不察，臣请收此7人入狱推问鞫讯，有无谋反，一问便知。"

只要一涉及"谋反"二字，武则天总是会感到心惊肉跳，对此也是极为敏感，恨不打一处来，当即颁诏准奏，令来俊臣从速审理此案。

来俊臣出了皇宫门，兴奋得直搓手，嘴里骂道："我来俊臣当不上宰相，你们几个也别想干成，非让你们几个入狱不可。"

回到左台后，来俊臣立即召集几个死党，布置任务，他指着侯思止说道："你负责抓捕审讯魏元忠。魏元忠是个倔种，你一定要负责从他的嘴里掏出谋反的口供来。"

侯思止拍着胸脯，大包大揽地说："没问题，他魏元忠骨头再硬，也硬不过我的孟青棒。我保证一天之内就会结案。"

来俊臣又指着判官王德寿说："你随我抓捕审讯其余几个人。"当天下午，6位重臣连同因公滞京的潞州刺史李嗣真被抓捕入狱。

刑讯室里，炉火熊熊，油锅里的热油被烧得翻着花儿向上冒。各种刑具依次摆开，地上、墙上和刑具上也是血迹斑斑，打手们光着上身，气势汹汹，空气中弥漫着一股逼人的杀气。这时，狄仁杰、任知古、裴行本、崔宣礼、卢献、李嗣真6人被铁链锁着，牵进了刑讯室。

来俊臣深知狄仁杰和魏元忠都是些不好惹的硬汉，没有犯罪事实不会蒙受不白之冤，所以他为了从速结案，避免夜长梦多，便拿着赦令去见这些人。所谓赦令，就是只要第一时间承认谋反，便可以减轻罪责。

这时，来俊臣走到狄仁杰的面前，说道："狄公，这里面数你任高，你是怎么考虑的呢？"

狄仁杰心中暗忖，落到此种沐猴而冠的禽兽手中，好比秀才遇到兵，有理说不清，不如来个一问即承，先逃过严刑拷打这一关，只要留下一条活命，再进行翻案也不迟。因为在唐法中有一条如果一审中承认自己谋反的，就会减免死罪。所以当来俊臣逼狄仁杰承认"谋反"时，狄仁杰出乎人们意料地一口承认了自己"谋反"。

只听狄仁杰说道:"大周革命,万物惟新,唐室旧臣,甘从诛戮,反是实!"来俊臣见狄仁杰老老实实地认罪,便不再严加审问,狄仁杰免受了皮肉之苦。

来俊臣点点头,感到十分的满意。接着,他又喝问其他人,说道:"你们又是怎么考虑的呢?"

其他5个人见狄公都已经"招供"了,于是也来个好汉不吃眼前亏,齐声说道:"我等追随狄公,皆愿承反。"

来俊臣没想到案子会办得如此痛快,高兴得哈哈大笑,当即指示判官王德寿:"赶快给他们录口供!"王德寿便听从来俊臣的指示一一给狄仁杰等人录了口供。

这时,王德寿见来俊臣出去了,便想为自己升官发财积累些资本,于是他倒了一杯水,走到狄仁杰的面前双手递上,小声地说道:"狄公,想跟你商量个事情。"

狄仁杰看了王德寿一眼,说道:"请说。"

只见王德寿故意摸了摸旁边的刑具,又拿过来在狄仁杰的跟前晃了晃,带着威胁的口吻说道:"德寿当了这个差,就有一定的生杀予夺的权力。就是我这个判官干了十几年了,老是升不上去。我想借你的口,扳倒夏官尚书杨执柔。"

见狄仁杰不说话,王德寿又进一步说道:"狄尚书既然已经录好供状,且得减死,多说出一些人和少说出一些人,又有什么区别呢?"

这时,在狄仁杰的心里已经十分明白了,但是仍然故作不解地问道:"你想怎么样呢?"

王德寿凑近狄仁杰,进一步"指点迷津",说道:"狄尚书原来在春官,杨执柔任某司员外。你当过他的上司。如今你已经承认了谋反,正好可以诬引他为同党呀。"

对于这种赤裸裸的害人行径,狄仁杰实在是忍无可忍,原来他们就是以这样的手段来陷害别人的,于是便厉声说道:"皇天在上,朗朗乾坤,你们竟然叫我做这样的事情!"说完后,狄仁杰便以头触柱,顿时血流满面。王德寿看到这种情形,一下子便吓傻了眼,一个劲儿地作揖谢罪,不敢再逼迫狄仁杰了。

魏元忠在被酷吏侯思止审问时,侯思止企图用来俊臣的方法说服魏元忠认罪。可是,魏元忠却是个硬骨头,听到这个怒不可遏,把侯思止骂了个狗血喷头。

这时,侯思止觉得肚子有些饿了,于是便命令暂停审讯,然后叫伙房端上了自己喜爱的火烧吃。正在这时,一个小令史走了进来对他说道:"侯御史,那边狄仁杰等几个案犯都已经招供了,就剩下你这边的魏元忠了,来大人叫你加快审讯的速度。"

一听到其他案犯都已经招供了,唯有自己这边落了后,侯思止急了眼,三下两下把一个火烧塞进嘴里,囫囵吞了下去,噎得直翻白眼。只见他顺了口气后立刻说道:"带魏元忠!"

魏元忠被铁链锁手带上堂来,刚刚站定,侯思止一拍惊堂木,劈头吼道:"快招!"

魏元忠是个视死如归、死不夺志的硬汉,又岂会在乎一个小小的"笼饼御史"。于是便指着侯思止骂道:"无耻小人,大字不识一个,竟敢在你魏爷面前耍威风?"

侯思止因告密有功,骤得高官,平日骄横惯了,见魏元忠敢当面顶撞自己,揭自己老底,气得扑了上去,把他推倒在地,倒提双脚,在地上拖来拖去。拖了一会儿,他便累得呼呼直喘,这才停下了手问道:"你到底是招还是不招啊?"

这时,魏元忠已经被拖得头晕脑胀、痛苦不堪,但是,心中的锐气却是丝毫不减。只见他慢慢地从地上爬了起来,指着侯思止继续挖苦道:"我运气不佳,乘恶驴坠,双足在镫,被恶驴牵引。"后来,侯思止不再提审魏元忠,可是又迫于来俊臣的催逼,于是只好叫人伪造了一份魏元忠自承谋反的供状呈上了事。

此时,关在监牢里的狄仁杰深知,既然承认了造反,依法当死,等一天就会离死亡更近一天,得尽快想个办法诉冤于女皇,借以自救。

狄仁杰想着想着,眉头一皱,计上心来。于是,他敲了敲牢门,叫来了狱卒。由于他曾当过大理丞,其以断案公正而闻名,因为被人所敬仰,就连狱卒也十分佩服他。狱卒来到牢房门口后,客客气气地问道:"狄公,您有什么事情吗?"

"老陈,能不能给我拿些笔砚来,我想写些字。"狄仁杰说。

"这小人可不敢做主,纸墨笔砚进监牢控制得很紧,必须当班的判官王德寿王大人批准才行。"狱卒为难地说道。

"那麻烦你给王判官说一声,就说我有一些事情想要交代一下。"狄仁杰说道。狱卒老陈答应了一声就走了。王德寿听说狄仁杰尚有未交代完的事,感到非常高兴,急忙带上纸墨笔砚来到了监牢里。

"狄尚书,你想写些什么呢?"王德寿问道。

狄仁杰站在牢里,隔着牢门作揖道:"自从入狱以来,判官对我照顾得非常好，吃穿都没受什么委屈。仁杰心中十分感动，想多交代一些事情，以报答判官大人。"

王德寿听到狄仁杰这么一说，十分高兴，于是便急忙问道："尚书还愿意牵杨执柔吗？"

狄仁杰摇摇头说："执柔是皇上母亲的侄孙，是皇上亲手提拔的国戚，若牵之不成反受其害，不如检举一些其他人吧。"

王德寿一听连连点头，说道："还是狄公考虑事情周到，凭公牵谁都行。"王德寿即命狱卒打开了牢门，把纸笔墨砚递了进去。此外，他还特意让狱卒弄来了一张小桌子，放在牢房里，让狄公沉住气地书写。

狄仁杰看见王德寿眼巴巴地看着自己，站在旁边不走，便笑道："我得慢慢考虑一下，判官有事就先忙去吧。"

"好，好，你忙你忙，我走我走。"王德寿说道。

等王德寿和狱卒走后，狄公拆开被头撕下了一块布帛，铺在桌上，抬笔写道：

光远吾儿：父陷牢狱，为人所诬，旬日之间即死。可速持书赴阙，以告皇上，求今上召见为父，以鸣我不白之冤也，父字。

写完之后，狄仁杰把帛书叠了起来，从线缝间塞进了棉衣里，整理完毕后敲了敲牢门，叫着远方看守的狱卒。

"狄公，又有什么事吗？"狱卒走过来问道。

"天热了，麻烦你把棉衣交给我的家人，去掉里面的棉花改成夹袄。"

狱卒面有难色地说道："按规定这件事情也得跟王判官汇报一下。"

"请务必帮忙。"狄仁杰说。

这时，王德寿正是有求于狄仁杰的时候，听说他想换件单衣，岂会不同意呢，于是他手一挥，命令狱卒："跑步前进，速把棉衣送到狄公家。"

狱卒答应了一声，便拿着狄仁杰的棉袄一路小跑来到了他的家中，把棉衣交给了狄仁杰的儿子狄光远，说道："狄尚书说天热了，让速把棉衣拆了，去其棉，做成夹袄，做好后马上送到狱里去。"

狄光远给了狱卒一些谢银，把他打发走了。回到后堂，狄光远把这事跟家人一说，母亲的泪就流了下来，说道："如今才二月天，时方寒冬，如何说热，难道是狱中生了火炉不成，按理说寒狱更冷。"

狄光远的妻子也说："何必再拆去棉絮做成夹袄，现成的夹袄，拿去一件不就行了吗？"

"不对。"狄光远觉得有些蹊跷，于是急忙拿过棉衣一把撕开，翻检了一下，果然在夹层里找到了帛书。捧读父亲的手书，狄光远的眼泪就流下来了，和母亲说了一下，当即决定持书诣阙诉冤。

狄光远风风火火地赶到了宫门口，向值班的内侍说："我是地官尚书狄仁杰的儿子狄光远，有非常事变，要紧急求见皇上！"内侍一听说有非常事变，急忙上报给武则天，武则天当即传旨狄光远觐见。

入了朝堂，三叩九拜之后，狄光远便把父亲写的帛书呈上，请求武则天召见父亲，允其当面诉冤。武则天一听是如此的非常事变，不屑地说道："你回去吧，朕会慎重处理这事的。"狄光远无奈，只得含泪再三磕头，离开了朝堂。

这时，站在一旁的上官婉儿见武则天对这件事情无动于衷，便进言道："7位重臣，共谋造反，甚为蹊跷，皇上不如召来俊臣当面问问。"

"那就传来俊臣问问吧。"武则天说道。

不一会儿，来俊臣便赶来了。磕头晋见完毕后，武则天问道："卿言仁杰等承反，今其子弟讼冤，这是为什么呢？"

来俊臣是何等奸滑的小人，鬼点子比谁都多，哄女皇的鬼话也多得很，当即便振振有词地说道："狄仁杰等人下狱，臣未尝褫其巾带，官服还都让他们穿着，住处和生活的待遇也都很好，不打他们、不骂他们、不歧视他们，他们在狱中生活得也很舒适，如果没有谋反的事实，他们会承认谋反吗？"

武则天听了来俊臣的一番谎话，也感到疑疑惑惑，一时难以下决断。这时，上官婉儿近前小声地说道："不如派个人到狱中看看如何？"

武则天点点头，于是便叫人召来了通事舍人周琳跟着来俊臣到狱中看看，看看狄仁杰他们在狱中生活得怎么样？

周琳也是个胆小鬼，平时见了酷吏来俊臣心里就打怵，到了狱中，也被吓得不敢四处看，只是跟在来俊臣的身边唯唯诺诺。

周钦差看见来俊臣就如芒刺在背，怕待的时间长没有好处，敷衍了一下便想溜之大吉，说："我这就回去向皇上汇报去，免得皇上多心。狄仁杰他们确实是自己承认谋反的。"

说完，周琳拔脚就想走，却让来俊臣给一把拉住了："稍等一会儿，我让他们几个写谢死表，请你代为呈给皇上。"听到来俊臣这么一说，周琳急忙拉过一个板凳坐了下来，一步也不敢再动。

不一会儿，王德寿拿了7份谢死表走了过来。来俊臣接过来看了看，递给周琳，威胁他说："好好跟皇上说说，有什么差错你我都不好交代呀。"

周琳接过谢死表后害怕地说道："一定照办。"望着周琳离去的背影，来俊臣哈哈大笑起来。

回到皇宫后，周琳据"实"向武则天作了汇报，并将七人所写的谢死表呈给了她。听了他的汇报和所呈上来的谢死表，武则天更加深信不疑。于是便说道："可传语来俊臣，对仁杰等7名谋反之人，速速宣判，择日处斩。"

来俊臣知道了武则天的宣判后，十分高兴，并且做好了行动准备。对狄仁杰等7人宣判完死刑，还没等刑部核准，来俊臣就急不可待地命人把布告贴了出来。

这时，在看布告的人群中冲出来一个十一二岁的少年，只见他手拿钢叉，怒不可遏地上去把来俊臣的名字戳了个稀巴烂，接着，他又把整张布告也戳了个稀巴烂。众人大吃一惊，唯恐惹祸上身，纷纷躲得远远的。

原来，这是前凤阁鸾台侍郎、平章事、前宰相乐思晦的小公子乐金钊，他爹乐思晦去年就是被来俊臣杀死的。亲人被害，家又被酷吏所毁，乐金钊对酷吏怀有刻骨的仇恨。

如今又有这么多的重臣被罗织入狱，性命危在旦夕，不由激起他的侠骨义胆，于是他冲到了皇宫门口。对值门的内侍说："有非常事变，我请求皇上紧急召见。"

武则天听说有个小孩要求紧急召见，觉得奇怪，急忙令其觐见。朝堂上的文武大臣见一个10岁左右的孩子，打着赤脚来到了朝堂，甚觉稀奇。

"臣乐金钊叩见皇上，愿我皇万岁万万岁。"

武则天见他小小的年纪，却是如此的礼貌，心里十分高兴，于是便和蔼地问道："你是谁家的孩子，见朕有何事要奏。"

"启奏陛下，臣是前朝宰相乐彦玮的孙子，本朝宰相乐思晦的儿子。臣告左台中丞来俊臣苟毒害虐，欺君枉法，包藏祸心，罗织构难，毒陷良善。前者残害数百家，今又凭空诬陷狄仁杰等7位重臣谋反。臣请将来俊臣收狱服法，以谢天下！"

见这个小孩说话虽稚气未脱，但口齿伶俐，义正词严，在场的人都暗暗称奇。这时,武则天问道:"你说来俊臣诬陷良善,有什么证据吗?"

乐金钊拱了一下手,毫不畏惧地说道:"臣父已死,臣家已破,但惜陛下为俊臣等所弄,陛下不信臣言,乞择朝臣之忠清,陛下素所信任者,为反状以付俊臣,则无不承反矣。"众大臣听后,也都不由自主地点点头。

这时,武则天想起了狄光远的告变,觉得此事确实有些蹊跷,于是决定亲自审理此案,于是传旨说道:"速把狄仁杰等人押至朝堂,朕要御审此案。"

当值殿中御史急下朝堂,去提狄仁杰等人。不一会儿,狄仁杰等人就被押到了朝堂上。上了朝堂,7人便跪在地上大呼冤枉。

武则天问道:"既然说是冤枉,那又为什么会承认谋反呢?"

狄仁杰回答说:"要是不承认自己谋反,早就被鞭笞而死了。"武则天又问道:"那为什么又要写谢死表呢?"

7人一听,急忙异口同声地说没有此事。武则天见他们不承认,便命上官婉儿拿出谢死表,抛到了7人的跟前,问:"那这又是什么呢?明明上面都有你们的签名。"

7人抢过谢死表一看,大喊冤枉,说:"这谢死表是伪造的。"

武则天急忙命上官婉儿对7人的笔迹进行一一核实。不一会儿,上官婉儿向武则天报告说:"启奏陛下,谢死表确实不是他们所写。"

武则天听后,怒问来俊臣:"这谢死表是怎么回事啊?"

来俊臣早在一旁惶惶不安了,见武则天喝问,忙"扑通"一声跪在地上,连磕几个响头说:"此7人承反以后,拒不写谢死表,臣又不敢动刑,不得已而私伪之。臣知错了,下次一定不敢了。"来俊臣擦着额上的冷汗说。

武则天知道是酷吏在下面动了手脚,但是,此时处理来俊臣的时机还不够成熟,于是便说道:"来俊臣身为御史中丞,办案不慎,扣其两个月的俸禄。"

狄仁杰等人见翻了案,便等待武则天赦令,官复原职。可是没想到,武则天却指着几人说道:"按我朝律法,即为被告,无论有罪无罪,一律要受贬职处分。可贬狄仁杰为彭泽令、任知古为江夏令、崔宣礼为夷陵令、魏元忠为涪陵令、卢献为西乡令。裴行本、李嗣真,事由其出,罪加一等,免官流放于岭南。"

狄仁杰等人虽然心里对武则天的判决愤愤不平,但是好歹也捡回了一条命，因而也不敢再辩解什么了，只好跪地磕头，说完谢主隆恩后一起下殿去了。

可是，来俊臣仍旧不知道收敛，还是在继续害人。他曾向左卫大将军泉献诚勒索贿赂被拒绝，因此对泉献诚怀恨在心。于是，便伪造证据，诬告他谋反。

公元692年，武则天为了表示对佛教的敬仰，下令全国禁止杀生。也就是在这个时候，左拾遗张德家生了一个男孩，这可是个大喜的日子，自然要宴请同僚，宴请总不能只吃素吧！于是，便宰了羊款待宾客。

补阙杜肃也在受邀之列，他竟然偷偷地藏了一块羊肉，上书告状。第二天，大臣们上朝，武则天对张德说："我听说爱卿家生了个男孩，朕很为你高兴啊！"

张德愣了愣，心想，皇帝的消息果然是灵通啊，于是俯身拜谢。这时，武则天又问道："你拿什么招待大家的呢？"张德知道自己犯了禁令就承认了错误。

武则天说："朕下令禁止屠生，并不包括红白喜事，但是你要招待客人就要选人来邀请了。"说着，把杜肃呈上的奏表拿给他看。

此时，杜肃的脸一会儿红、一会儿白，恨不能找个地缝钻进去。大臣们也是个个都盯着他看，有的人竟然冲着杜肃吐起了唾沫来。人家好心好意请你去喝喜酒，你却反过来告别人的状，这种小人怎能不为人所唾弃？

大臣们看到武则天的态度，也都渐渐明朗起来，便纷纷上奏，奏疏的内容大多涉及酷吏如何组织人告密，又是怎样给别人杜撰罪行的，他们对其他人是怎样逼供等情况。武则天见到奏本以后，进行了深入的分析，感触颇深。于是，她下定决心要铲除酷吏。

这个时候的来俊臣，胃口也是越来越大了，他甚至做起了独掌朝廷大权的黄粱美梦，还不知天高地厚地把矛头指向了武则天的侄儿武三思和女儿太平公主。

来俊臣觉得他们的势力太大，从不把他放在眼里，便记恨在心，于是索性收集起了他们的黑材料，把他们也举报了上去。这些人当然也不是吃素的，他们得到消息后立即先发制人，把来俊臣平时诬陷好人、滥施刑罚的老底全部都揭露了出来，并且还把他抓了起来。

武则天本来还想庇护来俊臣，可是一看，反对他的人真是太多了，满朝文武竟然没有一个人站出来肯为他求情的，因此也只好批准把他给处死了。来俊臣被处以死刑的那天，人人称快。

此后，武则天又命令监察御史严善思，对告密之人进行严加查办，很快就有800多个告密者被逮捕归案，这些人都是酷吏们的爪牙，结果都受到了严惩。侯思止的下场就更惨了，因为私藏丝锦，被李昭德抓来在朝堂上活活地打死了。

随后，有人告发岭南流人谋反，武则天便派司刑评事万同俊去查办此事，结果他自作主张杀死了百名流人。武则天知道此事后，处死了万国俊，并派使者安抚流人说："我之前派使者是来安抚你们的，谁知道使者没有领会我的意思，擅自杀害流人，这真是酷吏的危害呀。"接着，便放了没有遭杀害的流人。

实际上，这便是武则天的聪明之处，朝中酷吏多被清除，但是，百姓气愤难平。通过这样一件事情，便可以让老百姓知道，这些并不是她的主意，是酷吏们自作主张的行为，她也是被蒙在鼓里的。因此，也使得百姓们对她自然不会有以前的怨恨了。

但是，不管怎么说，酷吏总算是被清除掉了，酷吏时代也已经谢幕，真是大快人心啊！从此，大臣们便可以安安心心地睡上好觉了，每天提着的心也可以放下来了。

酷吏被铲除后，政局也变得宽松了许多。这个时候，便有许多人提议召回魏元忠。武则天二话没说，立马任命魏元忠为御史中丞。魏元忠三次被流放，一次被贬，也真是险象环生。

有一天，武则天大摆酒席，宴请群臣，其实也就是谢罪宴。席间，她问魏元忠："卿往者数负谤，何也？"

魏元忠说："臣犹鹿耳，罗织之徒欲得臣肉为羹，臣安所避之！"武则天心里也颇为难过，看着良臣被糟蹋成这个样子，还有什么好说的呢？也只能以行动来证明自己的悔改之意吧！

后来，在监察御史魏靖请求为那些受冤者平反昭雪之时，武则天立即批准。经过一番彻查，许多蒙冤之人得以昭雪。此后，朝中没有重大狱情，君臣关系也逐渐变得和谐起来，朝廷之中也出现了欣欣向荣的局面。历经几年的酷吏风波也终于平息了下来。

其实，不能不说武则天在任用酷吏时，对压制、肃清反对势力也起到了很大的作用，这使她能够震慑朝臣。但是，同时这也使武则天大失民心，从而引起了朝野对她的不满，这也成了武则天执政以来最为昏暗的一段时光。

神龙政变爆发

　　晚年武则天所做出的一系列荒唐事，引起了当时人们的强烈不满，其中最为朝臣所不满的就是她与男宠"二张"的事情。所谓"二张"，指的就是张昌宗和张易之。

　　张昌宗聪明伶俐，通晓音律，名门出身；张易之是张昌宗的亲哥哥，是兼具诗人、美食家、医药学家、美容专家于一身的美男子。

　　武则天对"二张"十分满意，于是，便不断地为他们加官晋爵。张昌宗被封为了散骑常侍，张易之则做到了司位少卿。这样的行为引起了大臣们的不满。

　　公元704年，朝臣与"二张"的斗争愈演愈烈，因而也使得朝中的人事发生了变动。韦安石被提拔为知纳言事，李峤知内史事。这两个人都是女皇一手培养的大臣。

　　唐休璟因多次在西陲作战，熟悉西部边事，被封为夏官尚书、兼幽州和营州等都督，又兼安东都护，入将相之列。前宰相韦思谦之子、天官侍郎韦嗣被提拔为凤阁侍郎、同平章事，桓彦范等人被任命为御史中丞。崔玄暐也是武则天一手提拔的人，现在也被选入将相之列。

　　张柬之是襄州襄阳人，高祖时出生，少年时入补太学生。勤奋好学，精通经史，尤其精于三礼。先曾得到监察御史的职位，因为得罪武则天被贬，后经狄仁杰、姚崇多次推荐，才被任命为同平章事。可是这时他已经80岁了。

　　张柬之一直对武则天当皇帝心存芥蒂，进入宰相行列之时，也正是"二张"横行霸道的时期。他极度厌恶"二张"的所为，于是暗中联络朝中反张、反武势力，谋划除掉"二张"、逼迫武则天退位，恢复李唐江山。可以说，从张柬之入相开始，摧毁周武王朝的一场大雨就已经在开始酝酿了。

　　反对"二张"的大臣还有很多，其中宋璟对"二张"的意见最大，当初，魏元忠被罢免时，他的反应也是最为激烈的。宋璟是邢州南和人，才华横溢，官路顺畅。考中进士后便被任命为上党尉，渐渐被提拔为监察御史、凤阁舍人。他性格耿直，为官清廉。武则天看到他的才干，提拔他做御史中丞。他对张昌宗兄弟极为鄙视。

　　"二张"能形成势力，除了武则天的宠爱外，当然也离不开一群善于谄媚、随风倒的小人。宰相杨再思就是这群小人中的一员，他虽位高权重，但却甘愿被张氏兄弟利用，为其马首是瞻。

　　张易之的哥哥司礼少卿张同休，经常举行宴会招待公卿。有一次在宴会上，有人戏弄杨再思说："杨内史长得像高句丽人啊！"杨再思听后竟然做出了一个让人始料未及的举动：他当场把官服脱下，反穿过来，戴上纸制的帽子，跳起高句丽舞来，这一举动引得在场的人哄堂大笑。

　　对一个男宠这样的奴颜媚骨，还真亏他一个宰相能做得出来！更甚的是，有人称赞张昌宗"面似莲花"时，杨再思巴结着说："是莲花似六郎。"正因为有这样的一群人围绕在"二张"周围，才使得"二张"变得更加骄横放纵了。

　　张同休、汴州刺史张昌期以及尚方少监张昌仪倚仗着"二张"贪赃枉法，结果被查出来，身陷囹圄。司刑贾正言等人上奏，张昌宗与此案有关联，应该一起治罪。御史中丞桓言范也上奏说："张同休、张昌宗贪污了4000余缗，请求免除张昌宗的官职。"

　　张昌宗为自己脱罪说："我对国家是有贡献的，虽然犯了罪，但还不至于免官。"

　　武则天便问下面的宰相："昌宗有什么功劳吗？"

　　杨再思看女皇的意思根本就不想免张昌宗的官，于是走上前来说："张昌宗兄弟之前炼的神丹，皇上服用后很有效果，这是社稷的福分，哪还有比这更大的功劳呢？"武则天听此一说，正中下怀。于是，便免了张昌宗的罪，张昌宗有惊无险地做回了原来的官。

　　其实，这个时候的武则天已经病了，到了年底，武则天病得已经不能再上朝了，一直住在长生院。国不可一日无君，宰相们没有皇帝的首肯不能下达政令，政务就一直搁置着无法办理。此时，病床边也只有张氏兄弟陪侍。

　　有一天，武则天的精神有所好转，宰相崔玄𬀩请求进谏。武则天让他进来，问有什么要事。崔玄韦建议说："皇太子、相王仁明孝友，足侍汤药。宫禁事重，伏愿不令异姓出入。"

也就是说，武皇帝有儿有女，且又是有孝心的人，他们足可以照顾你了。宫中禁地，就不要让外姓人进入了。言外之意，让"二张"走人。

武则天微微一笑，说谢谢你们的关心，我会处理好这件事的。其实，她也知道，这个时候自己的儿女在身边服侍才正常。但是还活着的儿子被自己折腾得够呛，来伺候自己也不是出于真心，说不定还会借此谋害她。倒不如外姓人踏实，她觉得张氏兄弟没能力兴起大的风浪。

虽然女皇一直没有动"二张"，但是"二张"心虚，见到女皇病重，唯恐大臣们在这个时候对自己不利，便开始联络同党，拉拢亲张大臣，准备在合适的时机谋乱。

他们这一动作，立即引起了反张大臣的注意。有人写了招贴，希望大家提高警惕。一时间，街头巷尾都传说张氏兄弟要谋反。当消息传到武则天耳里时，她不信，也不予理睬。

直到许州人杨元嗣上书说："张昌宗曾召术士李弘泰占相，弘泰言昌宗有天子相，劝于定州造佛寺，以示天下归心。"武则天才猛然警醒。

其实，武则天对天命一说尤其敏感，只要一听说哪个人利用谶语造势，她立马就打起十二分精神。这还真不能掉以轻心，一定要查清楚。再者，事情都闹到大臣上书的地步了，就不能装作不知道了，总得给天下一个说法，于是命令宰相韦承庆、司刑崔神庆、左台中宋璟一同审讯张昌宗。

审讯完毕后，丞相韦承庆上书说，张昌宗已经自首了，可以免治他的罪，只要把散布谣言的弘泰问罪就可以了。宋璟可不干了，好不容易找到一个铲除贼子的机会，竟然放过他，这不是遭天谴吗？

于是，宋璟不妥协地上奏："张昌宗已经得到这样的荣华富贵了，他还要招术士占相，目的是什么呢？弘泰声称占卜到纯乾，是天子的卦。如果张昌宗真认为是妖言惑众，为什么不把他交给相关部门办理？虽然是先已奏闻，终是包藏祸心，依法应抄家问斩。请皇上把他收监，一一查明他的罪过。"

武则天听罢，许久没有说话。她本就身体不好，心烦意乱，出了这么一档子棘手的事，还没有厘清思路，不知如何办才好。这时，宋璟又说："如果不将他收押，恐怕他会蛊惑众人。"

武则天叹了口气说："就到这里吧，等详细查明情况再上书讨论。"

宋璟只好退下。

这个时候，谏官李邕又进谏说："但凡宋大人上奏的事，都出于安邦定国的考虑，绝不是为自己谋福利，请皇上准其所奏。"

武则天皱了一下眉头道："爱卿还是下去吧，稍后再说。"

其实，现在的武则天还是信任"二张"的，毕竟他们并没有做出实质性的谋反动作。所谓的谶语，也不过是别人所说，张昌宗并没说。她想保住张昌宗，于是想出了个好点子，就是调宋璟出京，让他审理幽州都督的贪腐案件，又想让宰相李峤出使陇蜀之地。

宋璟不仅自己不去，也不同意派李峤去。他对武则天说："地方的案件应该交由侍御史或监察御史来审理，中央大臣不插手此事。而陇蜀之地也没有异常情况，李峤是御史中丞，按规定也不应到地方上管理这些事。"

大臣们见宋璟等人不听从调遣，胆子也都大了起来，纷纷上奏请求武则天惩处"二张"。司刑少卿桓彦范上奏说："张昌宗无功得宠，却包藏祸心。他招致祸患，是皇天降怒；皇上不降罪，是违背天意的……"好嘛，把老天爷都搬出来了，可见张昌宗与朝臣的积怨有多深。崔玄𬀩等也纷纷上奏，请求处置张昌宗。

武则天看到这个架势，无法再跟朝臣抗衡下去了，只好将张昌宗交给有司处置，有司立即决定处以死刑。武则天有气无力地说道："昌宗已经自己奏报了。"

宋璟义正词严地说："昌宗是因为写着他阴谋的飞书已经传到宫中，才迫不得已自首的，不是出于自愿。谋反是大逆不道的事情，不能因为自首就免了他的罪过，如果张昌宗不能服刑，那还要国法干什么呢？"

武则天希望宰相们可以法外开恩，饶他死罪，大臣们就是不肯。武则天知道，自己无论从身体还是从力量上都不能跟朝臣们较劲了，于是闷闷不乐地让张氏兄弟到御史台受审。

宋璟审问"二张"的罪案，还没有定案，武则天就急急忙忙地派来使者宣布敕令，特赦张氏兄弟。宋璟气得直跺脚："事先没有把他杀了，真是太遗憾了！"

事后，武则天命令张昌宗到宋璟家去谢罪，宋璟是个牛脾气，劈头盖脸就是一句："公事就在公家的地方说，如果是私会，法律是不讲私交的。"张氏兄弟悻悻而归，但终究是保全了性命。

这时的武则天正处于两难境地，她知道张氏兄弟确实有罪，她也知道这些进谏的大臣都是忠心耿耿的人。即使大臣们与她针锋相对，她也没有怪罪他们。

大臣们嫉恨"二张"也是因为自己贪图享乐，过度宠爱他们所致。张氏兄弟陪自己这么些年，耗费了大好的青春，总不能就这样把他们给解决了吧？年老的武则天显得有些心慈手软了，在面对朝中挺张和反张势力的争斗时，也只能是尽量地安抚。

神龙元年，也就是公元705年，武则天生病，张易之和张昌宗侍奉左右，外人不得入内。此时，朝中大臣张柬之等5人机密谋划，除掉"二张"、逼迫武则天退位的政变也在悄悄地酝酿着，史称"神龙政变"。

春节过后，冰河解冻，万物复苏。凛烈砭骨的酷寒在悄悄地隐退，一切隐身于地下和黑暗处的生命都在慢慢地蠕动起来。这个时候，首辅宰相张柬之也开始有所行动了，他就像一条悄无声息的蛇，在经过了漫长的蛰居和沉默之后，终于要蜿蜒出洞了。

这位80多岁的老翁，一生几乎都是在默默无闻中度过的。以前，张柬之只是一个名不见经传的地方小吏，朝臣中大多不知其人是谁。后来，经过狄仁杰的反复力荐之后，这棵幽涧老松才被移植到了中庭之中。

入朝5年来，张柬之仍然是默默无闻。当朝臣们与诸张、诸武的斗争，已经激烈到了白热化程度的时候，他仍然是不为所动，一直都是在冷眼旁观。在大是大非面前，甚至在朝廷重臣生死攸关的大事上，他依旧是不置一词。

因此，也使得许多朝臣都十分憎恶张柬之，认为他是个毫无人性、毫无正义可言的冷血动物。其实，要想干大事的人，必须要练就一套炉火纯青的"忍"道功夫，必须深谙韬光养晦之术。

大臣们整天吵嚷着要扳倒"二张"，出现了乱纷纷的你方唱罢我登场局面，在张柬之看来简直如同儿戏。只要有女皇这棵大树在，你们上书再多，言辞再激烈，甚至陪上几条人命也是徒劳无功。

张柬之认为要杀"二张"，文谏不行，必须武谏，而武谏必须要等待最佳时机，确保万无一失方可行动。更何况杀了他们并不是最终的目的，其最终的目的是要恢复李唐江山。像这样改朝换代的易姓革命，光靠耍嘴皮子怎么能行呢？

但是，张柬之不能说话，他必须把自己包裹得严严实实，在近乎残酷的寂寞中忍耐着，从而来等待最佳时机的到来。当然，也有几个最知己的大臣知道他在想什么。其实，从他入朝的伊始，便是抱着匡复李唐的雄心而来的。

当年，张柬之被应召入京，接替他职位的是杨元琰。张柬之提议到茫茫大江之上，一面泛舟中流，一面交割公务。一叶轻舟飘荡在滔滔江流之上，有什么话尽可以畅所欲言，再不怕隔墙有耳了。

当话题扯到则天革命、诸武擅权、二张恃宠乱政时，杨元琰慷慨激昂，大有匡复之意。这个80岁的老头子却仍是点头微笑而已，一言不发。

初入朝时，张柬之在刑部任职。刑部的一批朝臣，像桓彦范、宋璟、袁恕己、崔升等人，都是一些对武周不满，志在匡复的有识之士。张柬之虽然从不与他们议论朝政，却在暗中不断地与他们联络感情，因为他知道这些人将是他成就大事的中坚力量。

而张柬之最为倚重的要数桓彦范、崔玄韦、敬晖、袁恕己、姚崇诸人。这些人果断有谋，沉稳老辣，将来行大事时必然是能够挑大梁的人选。后来，他在暗中与他们聚过几次，虽然没有进行过深谈，但是大家都已经是心知肚明了。

这几个人都是经狄国老推荐入朝的。在狄仁杰病危之时。他们勿须避讳，结伴前往探视。狄相让他们围到床前，曾语重心长地托付道："所恨衰老，身先朝露。不得见王公盛事。冀各保爱，愿尽本心。"

狄相所说之意，各人都是十分清楚的。那就是在女皇百年之后，5人各尽其心，匡复李唐基业。这是对他们有知遇之恩的狄国老的临终嘱托。狄公千方百计引荐他们入朝辅政，恐怕也是为了让他们来遏制武氏兄弟篡权，最后成就匡复大业的吧。

从此，这些人自然成了领导匡复的核心力量，而沉默寡言的张柬之，则是他们的举旗人。

张柬之又推荐桓彦范、敬晖和右散骑常侍李湛为左、右羽林将军，让他们控制禁军，为胁迫武则天退位做准备。

桓彦范是润州丹阳人，得祖上的荫庇成为三卫之一的右翊卫，狄仁杰对他的评价是：有能实现远大抱负的才能。他历任监察御史、司刑少卿，也是一位响当当的权臣。

当时宋璟请求治张昌宗的罪，武则天不予应允时，他直接批评女皇是放纵他们的所作所为，要求把张昌宗交付三司审判。他还曾经多次上书，奏请武则天赦免所有的政治犯，言辞激烈，被女皇采纳。他在张柬之牵头发动的宫廷政变中，发挥了很大的作用。他参与谋划，先行控制军权，遂调为左羽林将军，为政变铺路。

崔玄韦系出名门，明经考试成为官员，先后被任命为尚书省库部员外郎、天官郎中、凤阁舍人等职位，后被提拔为文章左丞，成为武则天晚年的重要宰相之一。

崔玄韦几乎不吃荤，他被升为宰相时，官员们都设斋表示庆祝。武则天还以为他们要干什么坏事，赶紧把他降回原职，做天官侍郎，后又见他做官清正廉明，才明白是怎么一回事，于是又拜他为相、兼任太子左庶子。他建议将"二张"除掉，让太子、相王侍奉武则天。他弟弟任职司刑少卿，主张诛杀"二张"。崔玄韦也是神龙政变的谋划者之一。

狄仁杰推荐的敬晖，通过科考进入仕途，初时被任命为刺史。在打击突厥骚扰的过程中，因为保护卫州而立功，被提升为夏官侍郎，就是兵部侍郎，后又被提升为洛州长史。

武则天对敬晖很是器重，在巡狩西京时，让他做神都副留守，还多次赞扬他。后来被提升为中台右丞。他也是这次兵变的策划人之一，张柬之在兵变前把他安排在了左羽林将军的位置上。

张柬之不仅团结了一批汉族官员，同时对少数民族的官员也尽量进行劝服。

这日夜晚，悬月如钩，寒星闪烁，皇城大内一如平常，到处是一片凄冷和宁静，只有巡哨的侍卫禁兵偶尔走过，这儿那儿不断响起更夫们敲响的梆子声。

老宰相张柬之来到了洛阳宫北门，他要来拜访右羽林卫大将军李多祚。这也是一位年过70的老人了，他多年来都一直稳居中央禁军众将领之首。

李多祚原是末竭的酋长，骁勇善战，长于骑射，为人忠肝义胆，正直豪侠。入唐以来，屡经大战，功勋累累。当年深得高宗皇上的信任和器重，命其掌管羽林禁军。

张柬之深知要举大事，没有军队特别是宫掖禁军的支持，那是不行的。而驻守在洛阳宫北门玄武门的左右羽林军，则是发动政变必须首先掌握的一支重要的军事力量，同时，这也是通向皇宫大内主要门户上的一把巨锁。

其实，张柬之已经观察李多祚好多年了。李多祚虽然是一位纯粹的军人，但平时却从不参与朝政，只以卫戍皇城为己任。但是，从各方面的迹象来看，他对李唐皇朝的感情极为厚深，每谈及高宗时，常为念其知遇之恩而唏嘘不已。

张柬之敲开了北宿卫署的房门，李多祚将他迎进屋内，心中却深感讶异。这位当朝首辅深居简出，落落寡和，数年来两人几乎连话都没说过几句，偶尔见面，也只是点头微笑而已。今日深夜造访，必有大事。

李多祚让侍从们泡上茶，皆退出去。两个老人围火盆而坐，一面品茶，一面取暖。

这时，张柬之问道："李老将军，你执掌北门有多少年了？"

"已经有三十年了，一晃之间，人都已经老啦。"李多祚捋了捋花白的胡须，话音中不无自豪。

"是啊，我们都老了。不过，老将军勋劳素著，功存社稷，既对得起国家，也不虚此生了。"

"张相谬奖了。我李某一介武夫，凭着一身蛮力，从死人堆里爬出来。原以为这辈子能混个饱暖，有个妻子家室也就行了。若不是先帝垂青，哪会有今天？"

张柬之看看李多祚，觉得时机到了，便感慨地说道："这话倒也是实情。将军如今钟鸣鼎食，金章紫绶，贵宠当代，位极武臣，可全是先帝之恩啊！"

"张相说得极是，先帝对我李某之恩，可比东海南山。这些年来，每想起先帝的恩宠，我便食不下咽，寝不安席。可惜啊，先帝天不假寿，早升仙界。我李某今生无以为报，只能到来生了。"

张柬之微微一笑，把坐椅向前挪了挪，压低了嗓音说道："将军既感大帝殊泽，欲报大恩，何须来生呢？"

李多祚见张相突然变得严肃起来，忙问道："李某正愁报效无门，还请张相赐教。"

张柬之慨然说道："先帝之子，现在东宫，年过半百，尚不得即位。而竖逆张易之兄弟恃宠专权，朝夕危逼。一旦今上有变，张氏兄弟篡取大位，第一个要杀的，恐怕就是东宫太子。如果真到了那一天的话，先帝在天之灵，何以瞑目呢？将军若真欲报恩，当在今日。"

一听此言，李多祚顿时热血沸腾。只见他霍地站起身来，对张柬之说道："该怎么办，请张相明言，李某一切都听你的。"

"朝中大臣，已众志成城，欲杀二张，扶太子正位，匡复李唐社稷。李将军手握大内禁军重柄，大事成败，就看将军的了。"

听到这里，李多祚十分激动，大声地说道："为了李唐皇室，我李多祚可置妻子性命于不顾，破家兴唐，在所不辞。"

"好，危难之时方见英雄本色。老将军，在下愿与你一起盟誓。"

于是，李多祚便摆好了香案，两个白发苍苍的耄耋老人双双面北而跪，磕过3个响头之后，齐声说道："天地神祇在上，先帝在天之灵为证，为匡复唐室，刀斧不避，死而无憾。若违此誓，天雷殛之。"皇宫北大门的这把巨锁，就这样被张柬之给打开了。

紧接着，左羽林军将军敬晖又向冬官侍郎朱敬则询问计策，朱敬则胸有成竹地说："你假借皇太子的命令，带领北军诛杀易之兄弟，两飞骑就可以解决问题！"

敬晖认为这个计策很好，于是采取行动控制北军。所谓的北军是驻屯在玄武门的左右羽林军等军队的统称，只有控制了北军，政变才有可能成功。

要发动一场政变，光有几个文臣武将是不够的。张柬之还说服了一些人，成王李千里在张柬之的动员下，也参与其中，可见张柬之的说服能力还是很强的。就连女皇的孙女婿、典膳郎王同皎也被劝说，共同做着政变前的准备。

此外，武则天的表外甥、右卫郎将杨执一也在张柬之的组织下向张柬之、崔玄韦集团倾斜，愿意协助他们铲除张易之兄弟，拥立中宗复位，逼迫武则天退位。

太子婿右卫郎将杨慎交，也参与到这件事中来。推荐张柬之为宰相的姚崇回到京城时，也赞同铲除"二张"，但是对逼武则天退位有所保留。羽林军将领赵承恩、司刑详事冀仲甫、检校司农少卿翟世言等人，也都团结在张柬之周围。

此时，太子李显根据宰相们的提议，已经从东宫搬到北宫居住了，表面上的理由冠冕堂皇——"母皇病重，作为人子，自然应该住在离母皇寝宫最近的地方，也好早晚侍奉汤药，随时听从召唤，以尽孝道"。而实际上，却是为了进一步加强对"二张"的监视，以防不测。

诸事都准备停当后，该是向这位未来的皇帝通报情况的时候了。桓彦范和敬晖两位大臣担当了此项任务，他们连夜来到了太子的住处，谒见之后，密陈其策。

这位太子爷当年曾经当过几天的皇帝，被赶下台来后蛰伏多年，几同傀儡。虽然一提此事便被吓得心口乱跳，颜面变色。但是，在面对九五至尊的诱惑之时，却又不能无动于衷。

太子沉吟多时，突然问道："你们有把握吗？"

"此事已经酝酿已久，万无一失。"桓彦范和敬晖二人同时说道。

问鼎大宝的野心在长期的压抑之后终于抬头了，一想到自己可以重新登上帝王宝座，威加四海，从此再也不会受任何人的窝囊气了，他激动得浑身发颤，也不顾得表白一下对母皇的"孝心"，便急忙地说道："好吧，就按众爱卿的主意去办吧！"李显很痛快地全面允准了政变计划。

至此，政变者已林林总总遍及朝廷。他们完全掌握了军权、政权和司法大权，同时，又有了皇太子李显的支持，真可谓是万事俱备，只欠东风。

当然，张柬之的最终目的是恢复李家王朝的统治，打着诛杀"二张"的口号是想团结能够团结的人。事实上，就算"二张"有武则天庇护、有一群乌合之众支持，也用不着这样劳师动众地发动一场政变。

机会终于被他们等来了。女皇再次因病退养长生殿，已无力掌握朝政。朝臣们经过了这么长时间的斗争，恢复李唐已是众望所归。因此他们不能再等了，有"二张"围在女皇身边，一旦有变，随时都能矫诏。

不能等到皇上升天再动手，那样就有可能横生枝节，功亏一篑。女皇陛下，臣子们不是对你不忠。实在是为了李唐江山不至落于佞臣之手，只能委屈您老人家了。一切准备就绪，政变即将到来了。

在正月二十二这天，张柬之、崔玄韦、桓彦范及左威卫将军薛思行，羽林将军李多祚、李湛、杨元琰等率领着组织好的大军，兵分三路进入皇宫，发动了改写周武王朝历史的神龙政变。

这三路大军，一路由张柬之亲自带领，崔玄韦和杨元琰等 500 将士随从，直奔玄武门，目的就是攻进皇宫，挟持女皇，如遇抵抗杀无赦。

另一路大军是由李多祚、李湛和王同皎率领，前往宫中迎接太子，接着到玄武门与张柬之队伍会合。还有一路大军是由司刑少卿袁恕己带领南衙兵做好警备工作，以备不时之需。

为了师出有名，这次行动打出的旗号是"清君侧，诛竖凶"，这时，有太子主持大计，那就更加地名正言顺了。

当李多祚等人来到了太子住处时，不料太子却临时变卦了，他关上了宫门，躲在屋内就是不肯出面。原来，这个懦弱的李显，因为多年来的腥风血雨，被吓破了胆，怕一旦事情败露，自己会身首异处。此时，他还是在故作姿态，假惺惺地摆出一副"孝心"可鉴的模样。

箭在弦上，不得不发。不管是什么原因，在这千钧一发的时刻，都不允许将领们有丝毫的迟疑。

这时，驸马王同皎等得不耐烦了，竟然破门而入，直闯宫内。见到太子，他怒气冲冲地说道："先帝以神器付殿下，横遭幽废，人神同愤，迄今已23年了。今日北门、南衙同心戮力，欲诛竖凶，复李氏社稷，愿殿下快去北门，以副众望。"

太子却虚情假意地推让道："凶竖固然该当夷灭，但母皇圣体欠安，不能惊吓。此事还望诸公日后再图？"

后进来的李湛怒不可遏："诸将相们都以家族性命来殉社稷，到了这个时候，殿下却要退避，莫非要把众人纳于鼎镬之中，置于刀斧之下？宗社安危，已在须臾。众将相生死，亦在此一举。外面兵士已群情汹汹，请殿下自去制止。"

就是这样，连劝带吓，终于让李显扯下了假面具，随之走出门来。可是，他竟然被吓得连马背都爬不上去了。还是驸马将他抱上了马背，跟随众人来到了玄武门，与张柬之等人会合。

当两路人马会和之后，便浩浩荡荡地向长生殿冲去了。一路上竟未遇到任何抵抗。整个后宫都是李多祚的人马，老将亲自前来除恶，谁还敢来进行抵抗？

这时，张昌宗和张易之兄弟正在长生殿内，忽然听到殿外人声嘈杂，不知出了什么事，急忙跑出来进行察看。刚拐过一处回廊，忽见一队人马全副武装，气势汹汹而来，顿时吓得面如死灰，扭头就跑。此时早有十几名禁军冲了上来，将二人团团围住。

张柬之也不多说话，嘴里只说出了一个字："杀！"

于是，两柄寒光四射的利剑，几乎同时插进了兄弟二人的胸膛之中，两人"啊"了一声，便颓然倒地死去了。这时，500名禁卫军将长生殿团团围住，张柬之与太子李显及桓彦范、李湛诸人，带上十几个禁军侍卫闯进殿来。

其实，刚才听到张氏兄弟一声惨叫，武则天就已经知道情况有变，正欲起身，就见一帮人已来到内宫。顿时，她心里就什么都明白了。

智者千虑，必有一失。朝臣们反对自己庇护"二张"，都希望自己这个女皇帝应该早日退位，还政于李唐，这些她都是知道的。但是，她无论如何也没有想到，在经过了几十年的反复清洗和诛杀之后，竟然还有人敢以这种方式来迫使自己交权。大概自己是真的老了，连起码的警觉都丧失了。

武则天苦笑着看了看闯进来的人，只见他们的剑锋上还沾着鲜红的血迹。这时，上官婉儿、老太监武壮和五六个太监侍女，一起将女皇的龙榻围了个严严实实，一个个眼冒火花，对这些闯入者怒目而视。

他们虽然手无寸铁，但是，如果这些闯入者敢动皇上一根毫发，他们将以血肉之躯与之拼命，和他们的女皇陛下一起飞升极乐。

"婉儿，没你们的事，快扶朕起来，他们不敢对朕撒野。"武则天淡淡地说道。上官婉儿听到女皇这么一说，便略有些放心了，于是，她将女皇搀扶着坐在床上。

这时，武则天看了看太子李显，心平气和地问道："显儿，这件事是你办的吗？"

李显"扑通"一声跪在床前，只顾着哭泣，不知道该说些什么。

"谅你也没有这等本事，如果真的是你办的，那么，朕倒是也放心了。张柬之，是你策划操纵前来逼宫的吗？"顿时，女皇变得声色俱厉。老辣的张柬之，也不禁心中为之一凛。

"禀皇上，臣等意在诛灭竖凶，以清君侧，并非逼宫。"张柬之说道。

"谁是竖凶，难道是昌宗兄弟吗？其实，朕心里都明白，你们心里更明白，张氏兄弟有什么能耐能够谋反呢？这只不过是自欺欺人的借口罢了。行了，你们也不用再遮遮掩掩的了，其实，你们不就是想让朕交出皇权吗？"武则天直接说出了他们的心里话。

这时，张柬之不失时机地说道："皇上圣聪烛照。太子年齿已长，久居东宫。天意人心，久思李氏。群臣不忘太宗、大帝之德，故奉太子诛贼臣。愿陛下传位太子。以副天人之望。"

女皇笑笑说道："众卿所望，也正是朕之所愿。若不想传位李氏，朕何必立显儿为太子呢？这只是迟早的事，朕本欲在归天之前，再行传位。既然你们是如此的迫不及待，也罢，朕今日便将大宝交与显儿。婉儿，你去把东西拿给他们。"

于是，上官婉儿捧出了一个小巧玲珑的镶金红木匣，并从中拿出了两份诏书，一份是《命太子监国制》，另一份则是传位于太子李显的正式诏书。武则天本来是想在病危时再分期进行颁布的，现在就只能两步并作一步走了。看着这两份诏书，张柬之等众大臣皆变得哑口无言了。

这时，女皇又看了看崔玄韦，说道："他们都是经别人推荐擢升入朝的，唯有崔卿是朕亲自擢升的，怎么你也会在这里呢？"

崔玄时愣了一下。可是，他毕竟是久历宦海的练达老臣，迅即答道："臣这样做，正是为了报答陛下的浩荡之恩。"

女皇开怀大笑，说道："说得好，既然如此，朕就把显儿交给众位爱卿了。你们既是朕的老臣，也是新皇帝的擎天保驾之臣，以后就靠你们来善辅新主了。"

"臣等遵旨。"众人不约而同地跪倒在地,齐声答道。

武则天又把目光转向了李显,缓缓地说道:"回去准备一下,近日即可登基。朕接管江山数十年,自觉无愧于国家,无愧于万民。现在,朕要把这个尚属富强的国家交还于李家,你要励精图治,善加经管,对得起上苍,对得起李家的列祖列宗啊!"

直到此时,武则天终于把视为生命的皇权交出去了,这当然也是无奈之举。但是,她却在谈笑间化解了一场剑拔弩张的兵变,即使是在最后的时刻,都保持了她至高无上的尊严。这不能不令在场的所有人,包括那位老谋深算的张柬之,都为之倾倒和折服:这才是一位真正的强者啊,即使是在她失败的时候,也不会失掉强者的风范。

那是在正月二十五,李显即位。此后,李家皇室曾经被贬官的、发配的,以及死去之人的子孙都经过斟酌得以续官。正月二十六,武则天迁居到上阳宫中居住,由李湛守卫,实质上也就是被软禁起来了。

神龙政变后,张柬之被任命为夏官尚书、同凤阁鸾台三品;崔玄韦被提拔为内史,袁恕己同凤阁鸾台三品,敬晖、桓彦范皆为纳言。一干人等封王拜相,李多祚被封为辽阳郡王爵;王同皎被任命为琅琊郡公;李湛为右羽林大将军;赵国公与其他参与者按功劳大小依次加官晋爵。

政变的第六天,中宗皇帝李显带领着文武百官,到上阳宫拜见女皇,给武则天上尊号为则天大圣皇帝。此后,中宗每十天便探视一次武则天。

武则天躺在上阳宫中的病榻上,无奈地回忆自己曾经经历的叱咤风云。现在,她已经无能为力了,属于她的时代已经结束了,任她怎么挣扎都是无济于事的了。可是,她并没有因此而伤心落泪,她觉得作为女人,她这一生值了。虽然有些不甘心,但是,终究都是挣脱不了命运的。

中宗李显终于在群臣的簇拥之下当上了皇帝。但是,当上了皇上的李显并没有向群臣们所期望的那样让朝堂安宁,反而致使朝堂动荡,这也颇让参加政变的臣子们感到失望。

中宗本来就是个昏庸之人,当上皇帝后,他的皇后韦氏便干预朝政。武三思与韦后十分亲近,因而很是得宠,张柬之等人看在眼里、急在心上。他们多次谏言中宗除掉武三思,削弱武氏权力,加强皇权的力量。但是,中宗却只信任韦后,根本就听不进去劝。此前,监察御史崔皎就曾经向中宗提过此事,中宗非但不听,反而把他的话原原本本地告诉了武三思。

后果可想而知，崔皎不久就被降了职。武三思也知道张柬之等人视他为眼中钉、肉中刺，一心想要除掉他，便想先下手为强。于是，他便找来亲信御史周利用、冉祖雍、太仆丞李俊、光禄丞宋之逊、监察御史姚绍之几人商议计策。这5个人是武三思的耳目，被称为"三思五狗"。"五狗"经常给武三思出坏主意，这次也没让武三思失望。武三思有了主意后，来到宫中与韦后商量。经过一番谋划之后，他们便向中宗说起张柬之、崔玄韦、桓彦范、敬晖、袁恕己5位大臣的坏话，说他们恃功专权，意图不轨。

中宗信以为真，便向他们询问解决办法。韦后和武三思建议他封这五个人为王，用明升暗降的方法夺取他们手中的实权，中宗觉得这个办法挺好就同意了。之后，中宗便封张柬之为汉阳郡王、崔玄韦为博陵郡王、桓彦范为扶阳郡王、敬晖为平阳郡王、袁恕己为南阳郡王，还赏赐五大臣很多金银马匹、绫罗绸缎。这种明升暗降的方法，使得5位大臣手中的权力被剥夺了。

5位大臣被暗降之后，武三思便把持着朝政。他有韦后在后面撑腰，更是飞扬跋扈、不可一世。他排除异己，把反对自己的人一个一个赶出了京师；而听命于他的人，全部被委以重任。

之后不久，武三思觉得对5位大臣下狠手的时机成熟了，便杜撰了他们的罪名，以诬陷韦后为由，告到中宗那里。中宗言听计从，遂颁布诏令，把五大臣流放到遥远的边疆。

张柬之被流放到了襄州，忧愤而死；敬晖被流放到崖州，后被谋害；桓彦范被流放到贵州，遭杖杀而死；崔玄韦被放到白川，半道身亡；袁恕己被流放到环州，被逼至疯，后遭击杀。总之，5位大臣没有一个得到善终。

曾经遭到武则天贬职的宰相魏元忠，在"神龙政变"后被召回朝廷，重新拜为宰相。他深知中宗昏庸，难有作为，于是苟安在朝。可是，即便是这样，他也没能幸免于难。公元708年，魏元忠被贬为县尉，途中死亡。

作为"神龙政变"军事支柱的李多祚，在政变后得到辽阳郡王爵位。公元707年，又拥立太子李重俊发动政变。他带人杀了10多个武三思的亲党，接着进攻皇宫。

中宗、韦后逃上玄武门楼，李多祚与守军作战，结果战败被杀，众将军死的死、逃的逃，李多祚政变以失败告终。此后，生性耿直的宋璟也遭到了武三思的排挤，被贬为检校贝州刺史。

　　武则天的确没有看错李显，他确实不是一个能够担当大任的人。从"神龙政变"他上台，到最后被韦后毒死，他做了5年的皇帝。在这5年里，他吃喝玩乐样样不落，就是不能够做好一位皇帝，结果大权被韦后和女儿以及武三思掌控着。

　　说李显不务正业也不是信口开河，他经常命令宫女和大臣们在宫中做买卖游戏，拿讨价还价取乐。他还命令三品以上的大臣拔河，看着大臣们拔得东倒西歪、衣冠不整，他拍手大笑。更离谱的是，他还拿大臣的婚姻开玩笑。

　　公元708年，大年三十这一天，李显召集文武百官进宫守岁。大家喝酒喝到兴头上的时候，他突然对御史大夫窦从一说："我听说你还未娶妻，倒是很为你担忧。今天是除夕夜，我为你成婚吧！"

　　窦从一是个善于阿谀逢迎的人，听到皇帝要为他赐婚，高兴得直拜谢，中宗便等着看笑话。过了一会儿，内侍们端着灯笼、步障、金缕罗扇自西廊走了过来，扇后有一女子身穿嫁衣，脸施朱粉，一派喜气洋洋的景象。

　　中宗命令窦从一与扇后之人相对而坐，又命令他朗诵《却扇诗》，这是当时成婚时的习俗，新郎诵后，新娘从扇后出来，称之为"却扇"。窦从一念完诗后，新娘去掉头上的顶中，大家仔仔细细地打量，原来是皇后的老乳母王氏，结果弄得哄堂大笑。

　　中宗当即封她为莒国夫人，嫁给窦从一做妻。王氏比窦从一大很多岁，但因皇帝主婚，窦从一哭笑不得只好认命。

　　中宗昏庸也就罢了，偏偏韦后也不是个会管理国家的人。中宗爱玩，她爱胡闹，先后与武三思、光禄寺卿杨均、散骑常侍马秦客等人私通，朝野上下尽人皆知，夫妻两人把宫中搞得乌烟瘴气。

　　"神龙政变"除掉了武则天身边的"二张"，扶中宗即位。虽然皇帝是李家的，但是，政权却旁落他人，同时，也致使许多老臣被害，从此政局也变得动荡不安。

爱女太平公主

在后武时代，出现了一些类似于武则天的女强人。这些女人个个都是不让须眉的人物，她们渴望在历史的长卷里留下自己的足迹，也渴望得到至高无上的荣耀。只是她们并没有看到武则天的成功源自于哪里，她们看到的只是武则天头上的光环，于是，她们便犹如飞蛾扑火般朝着光环扑了过去。

太平公主的父亲是高宗李治，母亲是武则天。她是武则天的小女儿，继承了母亲的雄心壮志，处处都不甘人后。李氏家族虽然是皇族，但并非当时一等一的门第、一等一的门庭是山东士族。从高祖建立大唐以来，几代皇帝都对传统的一等大族，尤其是山东士族采取了"以抑为主，软硬兼施"的政策。

公元659年，高宗还下诏禁止太原王氏、荥阳郑氏、清河崔氏、范阳卢氏等"自为婚姻"，也就是说这几家都不能自己决定婚配，以此来削弱山东士族的势力。

当时的皇族也多与当世名臣或关中、代北贵族联姻，却基本上不与山东士族通好。正因为这样的"国策"，也直接影响到了太平公主以后的婚姻。

太平公主不仅生活在开放的大唐王朝，更生活在"不守礼法"的大唐皇家。大唐皇族里的人，在私生活方面一向比较开放；本为太宗才人的武则天可以与太子李治私通；而武则天的姐姐韩国夫人在丈夫死后和妹夫高宗有私情，并把她的女儿也送入宫中，侍奉姨父；武则天养了不止一个男宠；武则天的侄子武三思与表嫂韦皇后又牵牵连连……太平公主生活在这样一个大家族里，不可能不受这种风气的影响。因此，她也不把风流当作一回事。

太平公主是武则天的最后一个孩子，因此武则天对她也是疼爱有加，因而也自然助长了她飞扬跋扈的气焰。太平公主长相酷似武则天，母女俩不光长得像，就连脾气秉性也都十分相似。她也擅权谋、喜参政，自幼就不循规蹈矩。

太平公主的第一段婚姻是薛绍，她在十四五岁时便萌生了嫁人的念头，明示了自己想要结婚的想法。在大唐前期，作为皇族的李氏家族基本上只和非山东士族的家族联姻。

薛氏正是这样的大族，薛氏向来有与李唐家族结亲的传统。薛绍的父亲是驸马，母亲是城阳公主。实际上，太平公主的这次婚姻，也是一场政治婚姻。薛绍本不愿意娶太平，但是迫于皇室的压力，不得不接受，而太平公主想嫁的人也不一定就是薛绍。

武则天知道薛家不愿意后，竟然使出计策要挟薛家同意。这其中已经不是简单的门户问题，它有更急迫的原因。在高宗晚年，吐蕃势力逐渐增强，唐蕃几次战争都以唐军大败而告终。

公元680年，吐蕃派使者前来求和，虽然武则天说了一些托词，暂时打发了吐蕃使者，但总归不是长久之计，将公主嫁出去才是解决问题的根本。

那是在公元681年，公主与薛绍结婚。婚礼举办得相当隆重，连高宗都因此累得病重起来。太平公主和薛绍的婚姻持续了7年，并且还生了两男两女。

公元688年，薛绍被揭发与琅琊王李冲联合谋反武则天，武则天一怒之下将其"杖一百，饿死于狱"。太平公主的第一次婚姻也随着这场政治风波而结束了。

大唐开放的社会风气是允许改嫁的，武则天在杀了自己女婿之后，觉得对不住太平公主，于是，替她另谋了一个夫婿，这个人就是她的堂侄武攸暨。

武攸暨已经是个有家室的人了，而且据说夫妻感情还不错。不过，不知怎么回事，武攸暨的妻子却莫名其妙地被人杀死了。据说，这是武则天所为，她要强迫武攸暨做太平公主的丈夫。

至于为什么不惜采用极端的手段，急急忙忙地把太平公主嫁给武攸暨，可能是因为武则天想要在称帝前，把自己亲近的人尽量团结起来，最大限度地保护好太平公主。

公元690年农历七月，太平公主嫁给武攸暨。时隔两个月，武则天称帝。改"唐"为"周"，封武氏子14人为王，武攸暨被封为千乘郡王。太平公主因为与武氏联姻，避免了武氏在迫害李氏时，将太平公主伤害。武攸暨与太平公主也生了两男两女，这段婚姻存续了22年左右。

太平公主被父母安排的这两次婚姻自然是不幸福的。两个驸马都不是出于自愿娶她，对她自然也好不到哪儿去。

太平公主的婚姻生活并不美满，但是她在物质上的享受却是应有尽有的。当她没有形成势力时就已经"崇饰邸第"，等到她的势力形成以后，她已经"田园遍于近甸膏腴"，私有仆人也达到了千人之多，一切娱乐活动设备她都不缺少。同时，还有一万户户丁交税养着她。

太平公主"食"的户都按大户计算，一户七丁。若一丁交绢二匹，太平公主在一年里得到的绢就有14万匹，而当时国家年收入的绢最多也就百万，少的时候只有七八十万匹。这样算下来，太平公主算是富可敌国了。

太平公主这种穷奢极欲、聚敛财富的行为，是对国家经济实力的损害，正直的大臣对此也颇为不满。太平公主在政治斗争中的失败，也与她的横征暴敛、贪图享乐有关系。

在太平公主的一生中，参与的大的政治斗争有3次，并且卷入的程度一次比一次深，作用也是一次大过一次。

在武则天执政时期，虽然没有公开让太平公主参与政务的商讨，但是，却常常找她"预谋议"，到了武则天的晚期，她想要除掉给她不断制造麻烦的男宠薛怀义。这个时候太平公主就派上了用场，母女经过一番谋划之后，用太平公主的关系网把薛怀义给铲除了。

张柬之等起兵诛杀"二张"是太平公主参与的第一场重大政治事件。在武则天的晚年，"二张"倚仗武则天的宠爱，专横跋扈，权倾朝野，大有顺之者昌、逆之者亡的势头。

公元701年，张氏兄弟竟然胆大包天地将私自议论他们的邵王李重润以及其妹永泰郡主、妹夫魏王武延基下狱逼死。这下可把李、武两家给激怒了，于是，李、武两家便联合起来反对"二张"。

公元705年，张柬之等人铲除了"二张"，逼迫武则天传位给中宗，改"周"为"唐"。太平公主也参与到了这次政治斗争中。她参与这次斗争的原因有两个：主要的原因是她作为李家子孙、武家的媳妇，决不允许张氏兄弟掌握政权；还有一个私人原因就是为自己的爱人高戬报仇。

张昌宗曾诬陷高戬，把高戬送进了大狱。太平公主想借此机会，将"二张"送进地狱，也算是为高戬报了仇。李重润兄妹都是中宗的子女，后来李重润被追封为懿德太子、永泰郡主被追封为永泰公主。

在这场政治斗争里，太平公主似乎只是"预诛张易之谋"，并没在实际行动中发挥作用，但也就是这一"谋"让她的威力得以发挥。宫廷政变后，她因功被封为了"镇国太平公主"。从此，太平公主的影响力正式显现出来。

李隆基诛杀韦后是太平公主参与的第二次重大政治事件。中宗即位后，太平公主的三嫂韦氏想要效仿武则天主持朝政。因此，她不断地扩充自己的势力。也就是在这个时候，太平公主从后台走到了前台。

公元706年，太平公主开府置官属，迅速扩张自己的势力。最后，竟发展到与中宗的女儿安乐公主竞相培植势力、互相诋毁的地步。韦后集团与太平公主及其四哥相王、相王之子李隆基展开了明争暗斗，太平公主也成为韦后当权的主要障碍。

后来，皇后韦氏与女儿安乐公主合谋毒死了中宗，立温王李重茂为皇帝，自己临朝摄政，并且想要害死小皇帝，独霸朝堂，攫取李氏江山。当然，要达到这一目的就要先除掉相王和太平公主。

面对这种紧迫的局面，李隆基联合陈玄礼等人起兵，杀死了韦后和安乐公主，迎接相王即位。太平公主已经有政治斗争的经验了，她对这次斗争始终抱着积极、乐观的态度，不仅参与了此事的全盘谋划，而且还派儿子薛崇简直接参加这次行动。

太平公主赞同李氏掌权，也可以赞同武氏掌权，就是不允许韦氏得到天下。李氏是自己的娘家，武氏是自己的婆家，无论哪一方掌权都不会损害到自己的利益。

而之所以说太平公主在这次斗争中起了重要作用，是因为在处理小皇帝问题时，她扮演了一个形式上废旧立新的角色。她出面将小皇帝从"御座"上请了下来，扶着自己的四哥李旦坐上了帝位。

太平公主参加的第三次重大政治事件，也是最为激烈的一次政治斗争，是她与太子李隆基之间的斗争。睿宗这一时期的政治焦点是联合太平公主希望保住皇位，而太子李隆基则要争夺皇位，因而，双方必然要进行一场相互压制的明争暗斗。

太平公主当然希望选出一个弱小者立为太子，从而使睿宗不至于大权旁落，也使自己更容易掌握朝纲。在与李隆基对峙的几年里，她不仅制造出李隆基不是长子、没有当太子的资格等言论，甚至召集宰相要求废掉太子，另立新储。

在这些行动中，睿宗与太平公主站在了同一战线上。有一次，睿宗召见宰相韦安石时，对他说："我很担心眼前的情况，看来多数大臣都倒向了太子一边。"

韦安石说："您这话一定是太平公主教的吧。"当时太平公主正在帘子里偷听，听完韦安石的话后，勃然大怒，立即想将韦安石打入大狱。

由此可见，太平公主经常在睿宗这里密谋太子的事情，也经常在帘子后面偷听睿宗和其他人的谈话。及至睿宗末年，在宰相7人中，就有5个人是来自于太平公主一派的，因而就形成了"在外只闻有太平主，不闻有太子"的局面。

此外，左、右羽林将军也都投靠了太平公主，她的势力也变得空前膨胀，也使她逐渐有了铲除李隆基的底气和信心。

公元713年，太平公主准备派遣羽林兵从北面、南衙兵从南面起兵废掉李隆基。这个消息被李隆基事先探知，他先发制人，首先诱杀了左、右羽林将军，而后以迅雷不及掩耳之势，迅速除掉了参与此事的两位宰相。太平公主本人也逃入山寺中，3天之后才出来，结果被赐死了。

太平公主在睿宗在位的3年中，参与的政治活动最频繁，个人的势力也达到鼎盛。她希望做母亲武则天一样的人物，于是，便加大了对朝政的干涉力度。但是，她的愿望却落空了，太平公主失败的原因有以下几点：

第一，也是最直接的原因，太平公主没能做出得人心的事情。她通过疯狂的敛财来满足自己的穷奢极欲，最令人感到憎恨的，是她一再纵容自己的手下搜刮民脂民膏，弄得民怨沸腾。

第二，太平公主以金钱为手段来达到扩张个人势力的目的。这样做就导致众多品行不正的人跟随她，同时，这些人也不以国家社稷为重，而是一味地热衷于权力，用自己得到利益的多少来决定维护太平公主的力度。就用人而言，太平公主远远不如李隆基。李隆基手下的宋璟和姚崇等臣僚的品行与能力，远远胜过了太平公主的乌合之众。

再次，也就是更重要的原因，是太平公主在政治上没有建树。她会弄权，却不会对政治作出贡献。换句话说，她不具备武则天的深谋远虑。她一心想要掌权，只是为了参与政治，满足权力的欲望而已。

中宗时期，有一个"斜封"授官的政策。一般授官按照正常的程序走，是由皇帝下诏封好交给中书省办理，但是，太平公主等人则是卖官鬻爵，只要花上30万贯钱，就算你是贩夫走卒，也可以当上官。

"斜封官"是女人干预政治的一个明显标志。睿宗即位之初，姚崇、宋璟等大臣把数千名"斜封官"全部罢免了。谁料，只过了4个月，在太平公主的精心安排下，"斜封官"又被恢复了。

太平公主把"斜封官"当作自己参与政治的筹码，自然不会在政治上有所作为。她除了在除掉"二张"、废掉韦后的过程中发挥了不同程度的辅助作用外，可以说再无其他利国利民的功绩。

当然，太平公主不能取得武则天的成绩，与她所处的背景也有关。武则天干预朝政、称帝以后，朝野上下对女人涉足政治都抱有强烈的戒备心理。

在这种社会大背景下，不管什么样的女人想要再起风云都是难上加难的事。韦后失败，太平公主被赐死。此后，唐朝再没有出现女人干政的情况，太平公主的死也标志着大唐女人干政时代的结束。

悍女安乐公主

在中宗李显的8个女儿中,安乐公主排名第七,名叫李裹儿。她是中宗被废后与韦氏在奔赴房州时,韦氏在颠簸之中所生。由于当时情况窘迫,匆忙中解下衣服做襁褓,因此取名为裹儿。

李裹儿自幼聪明伶俐,容颜娇美,很得父母喜爱,所以养成了蛮横骄奢的习性,下人对她无不惧怕。

后来,中宗被召回到东宫,武则天看到李裹儿后,不觉得有些恍惚。她认为这个孙女不仅长得倾国倾城,人也是机灵得不得了。李裹儿刻意讨巧,就使得武则天更加喜爱这个孙女了,于是,便封她为安乐公主。

安乐公主在宫中受到了众星捧月般的待遇,因此,气焰也越加嚣张。当她长到了该嫁人的年龄时,武则天想着为这个孙女找个人家,她选中了武三思的儿子武崇训,实际上这也是一种无奈之举。

武崇训比安乐公主大一岁,经常出入宫中。他在宫中不干好事,动不动就偷香窃玉,和宫女做下许多风流事。丑事传千里,最后,外面竟然沸沸扬扬地传说武崇训和祖姑母通奸。

武则天听到这个传言后十分生气,于是,便决定把安乐公主指配给了武崇训。这样,一方面可以平息谣言,另一方面也想让安乐公主管一下这个浪荡公子。

在安乐公主出嫁前,大臣们都纷纷前来道贺。宰相李峤、苏味道,郎官沈佺期、宋之问等人还献诗文称颂。后来,安乐公主还生了个男孩。

之后,武则天病逝,中宗已经当上皇帝,安乐公主变得也就更加有恃无恐了。她与母后韦氏一起勾结朝野奸佞之臣,形成了权倾一时的势力集团。

　　武崇训有个同族兄弟，名叫武延秀，是个风度翩翩的美少年。他在突厥数年，懂得异邦的语言和歌舞，因而时常拿来取乐，又比武崇训年轻英俊，常来驸马府闲谈。一来二去，安乐公主便和武延秀产生了感情。

　　安乐公主是骄横惯了的人，和武延秀交往也不避讳他人，两人在一起有说有笑，武延秀对这位天香国色的公主也是爱不释手。全府上下也都知道他们之间的关系，只有武崇训还被蒙在鼓里。不过，就算武崇训知道了，他也没办法。

　　太子李重俊因为不是韦后所生，所以经常受到韦后的排斥，安乐公主也不把他放在眼里，并且还经常欺侮他。就连武三思也会时常戏弄他，他自己无权无势，只好忍气吞声。但是，李重俊却十分不甘心，暗地里积蓄势力。

　　后来，武崇训唆使安乐公主请中宗废掉太子李重俊。李重俊知道后十分恼火，在神龙三年发动部分羽林军要杀掉武三思和武崇训，武崇训在这次叛乱中被杀身亡。

　　安乐公主并不感到悲伤，因为武崇训的死，也恰恰给她松了绑。从此，她和武延秀厮混也变得更加明目张胆了。最后，竟然到了夫妇一般同起同卧的地步。中宗知道这件事后，也感到十分无奈，只好将安乐公主许配给武延秀。

　　安乐公主不仅在私生活上放荡，在物质享受上也是毫不含糊的。她和姐姐长宁公主争先恐后地大兴土木，广建豪宅，奢华程度令人瞠目。她们家府第的建筑规模与皇宫不相上下，其精巧程度却在皇宫之上。

　　中宗在金城坊赐了宅地给安乐公主，富丽堂皇，美轮美奂，国库为之空虚。长安有个昆明池，是汉武帝时开凿的。安乐公主嫁出宫去，心里舍不得昆明池畔的风景，于是央求高宗把昆明池赏赐给她，划到驸马府园地中去。

　　中宗这次倒是很果决，他坚决地拒绝说："昆明池自前代以来，从不曾赏人，朕不能违背祖宗成例。况且池鱼每年卖得10万贯，宫中胭脂水粉的花费，全都依靠它了。如果把这个池塘赏赐给了你，会使妃嫔们失去颜色。"

　　安乐公主听了心里很不痛快，后来竟然自行强夺民田，开凿了一个大池，取名为定昆池，池边风景都按昆明池的样子做。池中央仿照华山的样子堆起一座石山，从山顶引瀑布到池水中。

此后，还另外开辟了一条清溪，用玉石砌岸，岸边奇花异草争奇斗艳。溪底全用珊瑚宝石铺成，波光粼粼、美不胜收。楼亭轩榭富丽堂皇。后来，公主还让许多渔户住到这里来，自己则又扮成了渔夫在池上钓鱼。

安乐公主还叫来天下的能工巧匠，在洛州昭成寺中造了一座百宝香炉。炉高3尺，开有4门，架4座小桥，雕刻着花草、飞禽、麒麟、鸾凤、白鹤、诸天、伎乐等图案，炉身嵌着珍珠、玛瑙、琬琰等饰物，因而把府库历年来积攒下来的钱财全部耗尽了。

安乐公主还拥有两件旷世珍品百鸟裙。百鸟裙由尚方制作，集百鸟羽毛织成。其色彩让人眼花缭乱，难辨本色。从正面看是一种颜色，从侧面看又是另外一种颜色；在阳光下呈现出一种颜色，在阴影处又呈现出了其他的色彩。此外，裙上的百鸟也是若隐若现，令人惊叹不已。由此不难看出，这不是一件衣服，而是一件艺术品，这种奢华程度在历史上也都是少有的。

安乐公主还十分热衷于权力，她利用公主的身份开府置官，形成了自己的政治势力。她把国家官爵分等级标价卖出，县令、刺史等职务公开兜售，被卖出的官职就有五六千个。

此外，安乐公主还经常自己写诏书拿进宫去。一手掩住诏书上的文字，一手捏住中宗的手在诏书上署名。等中宗反应过来，安乐公主早已走远了，中宗也不细究。

一时间，土豪劣棍摇身一变，便成了朝中的大臣，并且聚集在公主门下。中宗上朝时也时常会看到新的面孔，可是，他却不知道是怎么回事儿。

安乐公主自幼在武则天身边长大，很羡慕她指点江山的威严。于是，便异想天开想要做皇太女。中宗竟然抚摸着公主开玩笑说："等你母后做了皇帝，再立你为皇太女也不迟啊。"

说者无心，听者有意，安乐公主之后便天天撺掇着韦后效仿祖母武则天临朝听政。韦后因中宗体弱多病，便自行开始独断专行起来，气焰也是越来越嚣张，而中宗也任由韦后把持着朝政。

有一天，安乐公主突然想起了南海泥洹寺里佛像的五绺须，它是用东晋谢灵运的真须装上去的，于是，她便打发黄门官去将佛须一齐割下来。寺僧想要去阻拦，可是又怕开罪安乐公主，于是只好眼睁睁地看着佛像的胡须被拿走。

据说，谢灵运的须髯很美，他本人也十分爱惜，每天临睡前，都用纱囊装起来。后来，谢灵运被杀。在临刑之前，他把须髯割下来施给泥洹寺僧，为装塑佛像之用。自此以后，寺中僧人每见有人来随喜，便得意地向人展示佛须。

现在，僧人们看到安乐公主把佛须一齐割走了，心中自然是十分的苦闷。到了端午节时，公主和妃嫔们都聚集在昆明池盛宴斗草。所谓斗草，就是古代的一种民间游戏。正当斗得十分热闹之时，安乐公主突然拿出了谢灵运的真须来，大家看到后都被吓了一跳，她们认为这个公主实在是太胆大妄为了。

有一天，韦后把安乐公主8岁的儿子抱在膝上，并且下诏封他为太常卿、镐国公，食邑500户。中宗见韦皇后没有经过自己同意就擅自做主下旨，便拦住韦后说道："且慢下诏！待朕回宫去，再做计较。"

韦后听了十分不高兴，便侧目说道："皇上您在房州时候，不是说过将来所有的一切都听臣妾的吗？可是现在，皇上您为什么又来横加干涉呢？"

中宗心中感到十分气愤便拂袖而去。韦后早已不把中宗放在眼中，看到中宗生气地走了也丝毫不害怕，还在安乐公主府中饮酒作乐直到深夜。

不久，许州参军燕钦融上奏中宗说："皇后淫乱，干预国政，安乐公主、武延秀及宗楚客等，朋比为奸，谋危社稷，应亟加严惩，以防不测。"

中宗面召燕钦融前来问话。燕钦融毫不畏惧地大声发表天下人对韦后的不满，中宗沉默着不说话。燕钦融刚走出朝门，韦后手下的宗楚客便擅自派骑士用锁链把他捉回，扔在殿庭石上，摔断了脖子，当场死亡。

中宗十分生气，查出此事是宗楚客指使的，不禁恨恨地对那些骑士说道："你等只知有宗楚客，不知有朕吗？"宗楚客听了也十分害怕，毕竟中宗还是皇上，要杀一个他这样的人是能够办到的。他思来想去，还是进宫禀报皇后才保险。

韦氏正因为上次中宗负气而走的事情而心存不快，而且又担心自己私通马秦客、杨均等人的事泄露招致祸患，所以萌生了杀人的念头。安乐公主又一直怂恿韦后做皇后，希望借此做上皇太女。因此母亲二人联合起来，设计毒杀中宗。

韦氏亲自制饼，把毒药放入馅中，之后，拿着烤熟的饼来到神龙殿见正在批阅奏章的中宗，命令宫女把毒饼拿去给中宗吃。中宗哪能想到这些,他平时最爱吃饼,伸过手去拿来便吃,还觉得味道比以前好,不觉多吃了两块。谁知,刚吃完没多久,腹部便疼痛起来,坐不住、站不起,倒在榻上乱滚。

内侍急忙禀告韦后,韦后不紧不慢地赶了过来,假模假样地询问。中宗此时已说不出话来,他用手指着口,痛苦地抽搐了许久,直到不能动弹,最后,中宗在痛苦中结束了他艰难的一生。

这时,韦后终于可以临朝听政了,她任命韦氏子弟统领南北衙军队,安乐公主、宗楚客、武延秀以及韦氏族人,一起鼓动韦氏效仿武则天,除去相王李旦。但是,李隆基却抢先一步攻占玄武门,杀尽韦姓人。

韦后疑惧之下逃入飞骑营中,有一个飞骑兵将韦后斩首,并拿着她的首级献给李隆基。安乐公主深居别院,还不知道外面所发生的事,一边对镜贴花黄,一边与人调笑。听到响动后,她还未及时回头,便倒地身亡了。

武则天后期的这些女人们,大多都是敢想敢做的,这也许是武则天在女权领域发挥作用的结果。安乐公主也是因为有了武则天这束光的吸引,才向权力进发的,只是她并没有远见的头脑,除了贪图享乐之外,她什么都没有。

欣赏上官婉儿

在武则天时期的上官婉儿也是不容小觑的,她的才华与聪慧令武则天十分欣赏。上官婉儿是高宗时期的宰相上官仪的孙女。公元664年,上官仪因为替高宗起草废武后的诏书,而被武后所杀,从此家族籍没。

当时还是婴儿的上官婉儿和母亲郑氏一起被配没掖庭,在掖廷为奴期间,在其母的精心培养下,上官婉儿熟读诗书,不仅能吟诗作文,而且明达吏事,聪敏异常。

当上官婉儿14岁的时候,就已经出落得妖冶艳丽,秀美轻盈,款款一笑,姿态万千。其实,最重要的是,她天资聪慧,过目不忘,文采过人,下笔千言。后来,上官婉儿因聪慧善文为武则天所重用,并掌管着宫中制诰多年,此外,她还有着"巾帼宰相"之名。

记得当时,武则天出了一道题目,让上官婉儿作出文章来。她才思敏捷,不一会儿的工夫就完成了,文藻华丽,声调调和。此外,她的书法也是清婉秀丽,别具一格,不由得让人感到赞叹。

武则天是个爱才之人,不管是男还是女,只要是有出众的才华,她都会加以重用。后来,武则天下令免除了上官婉儿奴婢的身份,并让她掌管宫中诏命。自此以后,武则天所下制诰,几乎全部都出自于上官婉儿之手。

这时,被武则天重用的上官婉儿正是情窦初开的年龄,而此时的太子李贤也是个20多岁的热血青年。在宫中,除了皇帝,上官婉儿见的最多的男人,恐怕就是太子李贤了。

可是后来,李贤被废。而置他于死地的这份废黜诏书,正是出自于和他传过谣言的上官婉儿之手。其实,在给武则天起草废黜诏书的时候,上官婉儿或许已经做出了自己的选择,而这个选择就是要追随武则天一生。武则天的刚毅和果决，让上官婉儿看出她是个干大事的人，而她对权力追求的欲望，也不允许任何人动摇她的地位，动摇者只有死路一条。上官婉儿也是一代女杰，对武则天既惧又敬，十分懂得权衡利弊。

武则天十分器重上官婉儿，并将她倚为心腹。就连在与她的男宠张昌宗在一起时，也丝毫不会避讳她。可是天长日久，上官婉儿便与张昌宗生出了些异样的情愫来。

这天，上官婉儿与张昌宗正在打情骂俏，不巧却被武则天撞见了，武则天顿时火冒三丈，便拔出金刀插向了上官婉儿的前鬓，上官婉儿在躲闪时被金刀划伤了左额。

武则天余怒不消，又大声进行斥责："你真是罪该万死！"张昌宗见势不妙，便跪下来为上官婉儿求情。武则天深呼一口气，平静了一下心情。想到自己还有很多事情需要她来处理，于是，情绪便不再有先前那么激烈了。其实说到底，武则天还是以事业为重的人，男宠在她眼里多半只是玩物或是解闷的工具。所以，即便张昌宗不为上官婉儿求情，武则天在冷静之后，也会放过她。

上官婉儿因为前额上有金刀被刺的伤痕，便在伤疤处又刺了一朵红色的梅花作为遮掩，没想到这一刺更加增添了妩媚的效果。宫女们也都觉得这个是很好的装扮，于是，便有人偷偷地用胭脂在前额点红效仿，渐渐地宫中便兴起了红梅妆。

当然，也有说上官婉儿的额伤不是由于武则天所致，而是因为厌恶武则天的男宠调戏自己，所以便关闭了甬道，因此而导致象征皇权的明堂因报复而被毁。武则天气愤至极，想要杀了上官婉儿。可是，在临刑前改变了主意，赐给她一个生存的机会。死罪可免，活罪难饶，便决定在她额头上刻"忤旨"二字作为惩罚。

此后，上官婉儿一方面为纪念太子李贤，一方面表明自己无欲无求，终日里素装打扮，再不梳妆照镜。不管怎么说，上官婉儿自从脸上有了这个"记号"之后，行为上便收敛了很多。她精心伺候着武则天，也尽量讨她欢心。

武则天不仅没有记仇，反而更加喜欢上官婉儿了。从圣历元年起，就让她帮助自己处理百司奏表，参与政务的决策。从此，上官婉儿的权势便日益扩大起来。

公元705年，也就是神龙元年，中宗复位。中宗重新登位后，韦后学起了武则天，掌握朝中政权。中宗本就性格柔弱，加上一生颠沛流离，过着朝不保夕的日子，因而养成了办事没有主见的个性。

韦后也是个不简单、会使手腕的女人，在中宗颠沛流离之时，只有韦后陪在他身边，她时常鼓励自己的丈夫要忍耐、要坚持。贫贱中的夫妻关系逐渐得到了改善，中宗对韦后很是信任。

韦后一心都想要效仿武则天进行执政，于是，她便联合自己的女儿安乐公主把持着朝纲。中宗复位之初，册立上官婉儿为昭仪，并封她的母亲郑氏为沛国夫人。从此，上官婉儿权势更加强盛了，并且还在政坛和文坛上有着显要的地位。此外，她还以皇妃的身份掌管着内廷与外朝的政令文告。

其实，上官婉儿被封为昭仪还与武则天有着一定的关系。有一天，武则天问上官婉儿张柬之这个人究竟是个什么样的人。上官婉儿被她这么冷不防的提问吓了一跳，思索了一会儿才说道："张柬之老奸巨滑，深藏不露。依奴婢看，此人初入朝时，便包藏祸心。但是，却一直忍隐不发，他这是在寻找时机。奴婢实在不明白，以狄相国之忠正睿智，怎么会看走了眼，力荐此贼呢？"

"不。"则天女皇摇摇头，说道，"狄相国没有看错，张柬之的确是一位安邦治国的栋梁之材。他力荐张柬之，不仅是为了朕，也是为了显儿。不过，他是让张柬之在朕身后恢复皇唐，力保新主。张柬之早动手了一步，自有他的道理。但却是一种失策，天下人将认为他是贪图禄位。怎么，听说他们都封王了？"

"是的，陛下。张柬之、崔玄韦等5人同日封王。"

"异姓封王，非国家之福，亦非此5人之福。这个张柬之，虽然老道，但是与狄相国相比，还是差了一截子。'器满则倾'，这个王位，也是好做的吗？朕当年就不敢封薛怀义和张氏兄弟为王。"

上官婉儿怕她伤心，不敢再继续循着这个话题说下去。于是，她忙岔开话说道："姚崇倒是忠正多情。听说在皇上登基那天，他因思念陛下而放声大哭。"

"嗯，这个姚崇朕没有看错，不仅抱经纬之才，而且有端方之品，他才是狄仁杰的真正传人。他的哭，也不只是个多情的事儿，怕也多少有点儿韬晦远祸的意思，真智者也。"上官婉儿惊讶地睁大了眼睛，她无论如何也没有想到这一层。

"婉儿，你看显儿能掌好这个江山吗？"武则天又问道。

"陛下，这个奴婢可说不好。"上官婉儿面有难色地回答道。

"知子者莫如其母。显儿遇事无主见，耳根太软。但愿他能信用张柬之等这些能吏，这样的话才能使国家不至于出现什么大的乱子。但是，就怕他们君臣不能慎终如始。如今朕老了，本来不想再管这些事了。但是，这却是朕唯一的一块心病了，怎么也撂不下呀。"

"陛下，别说了，一切听天由命吧。"上官婉儿疼惜地看着武则天说道。

"婉儿，你跟了我20多年了吧？也该找个归宿了。"

上官婉儿大吃一惊，一下子便跪倒在武则天的面前："皇上，陛下，您要赶奴婢走吗？奴婢今生今世，绝不离开陛下。"

"傻孩子，朕怎么舍得赶你走呢？但是，朕的来日不多了，如果不把你安排好，朕如何能够瞑目呢？以你的冰雪聪明，又在朕身边历练了几十年，也是见过大世面，谙熟朝中政事的人。朕想了，你该去辅佐当今皇上，保江山，守社稷，造福祉于天下庶民，也好青史留名。你收拾一下，明天便入宫，先做皇上的昭仪。朕二次入宫的时候，就是先当的先帝的昭仪。"

"奴婢怎敢与陛下相比，陛下是巍巍泰山，奴婢只是一粒沙石。不，奴婢绝不离开陛下。"

"好了，就这样吧。你入宫之后，还可以随时来陪朕嘛。"

数日之后，中宗皇上尊武则天旨意，将上官婉儿纳入后宫，并封为了昭仪。上官婉儿走了之后，武则天更加感到孤独和寂寞了，但是，在她心中却是高兴的。因为她又了却了一桩心愿，而且还是一举两得的事情：既安排了上官婉儿，同时，又为当今皇上增添了一条更加强有力的膀臂。

上官婉儿曾经还和相貌不俗的武三思有过私情。后来，为了保住武氏家族日渐衰微的地位，也为了武家和李家能够像武则天所希望的那样世世代代交好下去，她作出了一个决定：要武三思去伺候韦后。

经过上官婉儿这一穿针引线，很快便促成了"好事"。后来，得益于武三思的加入，韦后在朝中的势力大增。此后，中宗的权力也几乎被架空了。

武三思在得到韦后和安乐公主等人的支持后，相继设计贬杀了张柬之、袁恕己、桓彦范、敬晖和崔玄暐五王，韦后也渐渐有了武则天在武后时期的气焰。此后，上官婉儿为了保住武三思的地位，在所草拟的诏令中，经常推崇武氏而排抑皇家，她的这种行为引起了太子李重俊的强烈不满。

那是在景龙元年七月，李重俊与左御林大将军李多祚等联合，假传圣旨，调用左御林军及精骑300多人，夜半时分，兵分两路直扑武三思和武崇训的府第。一鼓作气诛杀了武三思及其亲党十几人，接着，他们又带着这些士兵，直奔肃章门，想要铲除韦皇后、安乐公主和上官婉儿。

上官婉儿得知了这个消息后，急忙前往中宗和韦后的住处商量对策。她对两人说道："看太子这架势，是要先杀我上官婉儿，而后再杀皇后和皇上。"韦后和中宗听后又惊又气，在内殿来回踱步。但是，此时的当务之急是找个地方躲避。

于是，中宗和韦后带着上官婉儿和安乐公主登上玄武门躲避兵锋，命令右羽林大将军刘景仁率两千多名骑兵，守在太极殿前，把城门关得严严的。

太子的300多人并不是中宗军队的对手，结果兵败被杀。中宗下诏将太子首级献上太庙。韦后见武三思死了，心中又悲又恨。后来，她听说太子首级到京后，马上下懿旨："将太子首级，在三思、崇训父子枢前致祭。"韦皇后和安乐公主亲自到灵前吊奠。此时的武三思也可以安息了，有堂堂一国之母为自己报了仇。

大概是受到了大唐开放思想的影响，上官婉儿也喜爱彰显自己的才能。于是，她建议中宗设立修文馆，招揽天下才子。同时，她还邀请朝中能书会写的大臣进入修文馆，一起舞文弄墨。且多次赐宴游乐，醉不思归。

上官婉儿博学多才，还多次代替中宗、韦后和安乐公主作诗咏赋，诗句优美，被当时的人竞相传唱。中宗赏识上官婉儿的才华，并将大臣们所作的诗，交给她一一评定，排名第一者的，常有加官晋爵的机会。

一时间，在朝廷内外，吟诗作赋之风极为盛行。韦后没有好的文采，既然有上官婉儿的捉刀代笔，而各文臣又是心照不宣，于是，对韦后也是一味地进行称赞。中宗和韦后顿时也感觉十分有面子，于是对她便更加宠爱了。

上官婉儿借此机会，成功将身为兵部侍郎的崔湜变成了自己的人。从此以后，才子佳人便惺惺相惜。崔湜年少多才，俊朗体贴。上官婉儿觉得他们两个是天作之合，现在结成了露水情缘，也算是称了自己的心意。但是，上官婉儿唯一感到遗憾的是崔湜在宫外，而她却在宫内，虽然对于他们来说，宫闱不是个大问题，但是，终究有个中宗在上面，行动也是极为不方便的。

上官婉儿苦思冥想，终于想出了一个掩人耳目的好办法，即请求营建外第，以方便游乐。中宗派人在上官婉儿居住地，营假山，建池塘，穷极雕饰，常常邀请大臣到这里游玩助乐。这里亭台轩榭，绿水环绕，是洛阳最为有名的风雅之所。

但是与此同时，这个地方也成了上官婉儿和崔湜的安乐窝。从此，两人如胶似漆。当然，崔湜也借由上官婉儿的关系，得了不少的好处。后来，他又把自己的弟兄崔莅、崔液、崔涤4人都介绍给了上官婉儿。

从此，上官婉儿行走坐卧，4兄弟形影不离。她常常在宫中设宴，与4兄弟饮酒作乐，行令赋诗。后来，崔湜在主持铨选时，犯了很多错误，御史李尚隐实在看不下去了，便上书进行弹劾。

朝廷没办法，便将崔湜贬为了外州司马。上官婉儿哪里肯让他在外受苦，于是，联合太平公主为其求情，崔湜便官复原职了。此后，为了更好地保护崔湜，上官婉儿把他让给了太平公主。

景龙四年六月，中宗被韦后和安乐公主毒死后，上官婉儿和太平公主一起草拟遗诏，立温王李重茂为皇太子，并于3天后即位，是为唐殇帝。此后，韦后主掌天下事务，而唐殇帝却形同傀儡，实权均在韦后的手中。后来，临淄王李隆基率领羽林将士杀进宫中，将韦后及其党羽一起消灭了。

上官婉儿知道这次带兵的是李隆基，便知道自己活不长了，因为在上官婉儿在院内与武三思发生私情时，被李隆基看见了。李隆基下决心说："有朝一日，我定会杀了这个女人。"

于是，上官婉儿秉烛出迎。各位官兵在奔波劳顿了一天之后，见到如此恬静的美景，不觉都愣了。有人想要代为求情，却被她给拒绝了。她说李隆基来了，自己也该走了，于是便自杀身亡了。

上官婉儿是历史上既懂政治又有才气的女子，她的一生充满了坎坷。虽无丞相之名，却有丞相之实。

后来，玄宗追念上官婉儿的才华，便派人收集她的诗文，编辑成二十卷。张说曾为她写道："敏识聆听，探微镜理，开卷海纳，宛若前闻，摇笔云飞，成同宿构。古者有女史记功书过，复有女尚书决事言阀，昭容两朝兼美，一日万机，顾问不遗，应接如意，虽汉称班媛，晋誉左媼，文章之道不殊，辅佐之功则异。"这些诗文多已丢失，收录在《全唐诗》中的遗诗只有三十二首。

可怜一代红颜，终将成为皇权斗争的牺牲品。从粗使因犯到权倾一时的"女宰相"，其间的波澜曲折，无人尽知。武则天成就的不仅是一个时代的开拓前行，同时，也成就了上官婉儿不甘落寞的铅华女子。

晚年愈爱荣华

　　武则天曾经在泰山封过一次禅，通过那次封禅，也使她在朝野中立了权威。高宗临死之前一直想封嵩山，结果却是半途而废。高宗去世，朝中的政治局面稍稍平稳后，武则天也想封嵩山。

　　当初封禅泰山，武则天以"亚献"的身份一同前往。而此时的武则天，已经是一朝天子了，因此，她要以帝王的身份来进行封禅大典。武则天在封禅之前，就做了许多的准备工作。当洛水出现"圣母临人，永昌帝业"的瑞石之后，武则天就将嵩山提升到了"神岳"的地位。称帝以后，她决定正式封中岳。

　　公元695年，她宣布"将有事于嵩山，先遣使致祭以祈福助，下制，号嵩山为神岳，尊岳神为天中王，夫人为灵妃。嵩山旧有夏启及启母、少室阿姨神庙，咸令预祈祭"，这次，她的重点是封女性。

　　中岳神的夫人被封为"灵妃"，启母和少室阿姨原本是夏启的母亲和夏启的妹妹，武则天派人专程祭祀她们，表示从上古时候起，就有值得人们赞扬的"圣夫人"，这也是对女性地位的提高，同时，也让人们觉得女性也有资格封禅。

　　等到一切都准备就绪之后，武则天带领着文武百官浩浩荡荡地赶赴嵩山，进行真正由女人主持的封禅大典，这也是中岳历史上前所未有的封禅大典。

　　公元696年，武则天登山封禅。封禅完毕之后，便大赦天下，改元"万岁登封"。改嵩阳县为登封县，阳城县为告成县，接下来就是少室山祭地，接受朝臣朝觐，而后便回到了洛阳。在整个封禅的过程中，耗费了20天的时间。此后，嵩山又被确定为了五岳之尊。

　　嵩山对于武则天来说，地理位置是十分优越的。它距离洛阳近，山清水秀，又是周王朝的圣地。武则天不是以周朝的后人自居吗？因此，她封禅嵩山便是再正常不过的事情了。其实，不管她是出于什么原因来封嵩山，取得的结果是她对权力的欲望，得到了空前的满足。

武则天一生钟爱嵩山，她不仅在嵩山进行了封禅大典，而且前后8次登临嵩山。分别为：公元680年，公元683年农历正月和十月，公元696年，公元699年农历二月和五月，公元700年农历正月和四月。

可是，武则天在这8次登临嵩山的过程中，在不同程度上耗费了大量的财物。多次的舟船劳顿之后，也引起了很多人的抱怨。而后来发生的事情，同样也弄得人心浮动。

公元699年农历二月，一向健康的武皇帝病了。这一病，连她自己都感到慌张起来，有生以来，她第一次意识到了生命绝望的濒危。她还没有享受够这个世界的繁华，她不想就这样告别这个多彩的世界。于是，长生不老的传说就成了她救命稻草。她要死死地抓住这根稻草，拼命地挣扎着。这个时候，嵩山再次发挥了作用。

当武则天发病时，她正在嵩山。因而病急乱投医，她找到了阎朝隐向嵩山之神求福，保佑自己能够好起来。阎朝隐当然不敢怠慢，接到命令后立马就行动了起来。

阎朝隐煞有介事地斋戒沐浴，接着，他又在武则天面前大秀了一次忠贞，说愿意用自己的生命延续皇上的生命，武则天听后大为感动。在经过了一番折腾之后，武则天的病情确实有所好转，于是，她便对阎朝隐褒奖了一番。经此一病，武则天便迷上了道教。本来她是信奉佛教的，但是由于佛教讲究生死轮回，不讲究长生不老，所以道教的长生不老学说便在这个时候散发出了光辉。

此后，武则天吃着张昌宗和胡超等人给她炼制的丹药，又将"久视"作为年号，可见她对长生不老的向往。大家知道武则天有长生不老的愿望后，便有一些想升官发财的人开始活跃起来。有的人今天做个梦，明天遇个祥瑞，后天听个传闻，总之，那些都是在预示着武则天能够长寿。

武则天听到这些所说的祥瑞后，感到十分的高兴，于是，他们便都被加官晋爵了，就算是没有丝毫才能的人，也会给些银子进行打赏。大家听说只要说几句奉承的话就有利可图，于是便竞相献媚，因而也使得朝中风气骤下，正直之臣对此也无不慨叹。

武则天在老年时表现出的对荣耀和长生的追求，也导致这位女皇的人生在晚年黯淡了下来。

阻断皇嗣之争

　　自从武则天当上皇帝的那天起，嗣位问题就一直在困扰着她，武氏、李氏家族以及众大臣也都离不开这个问题的纠结。嗣位不是个小事情，它决定着将来由谁来做皇帝。而这个皇帝是否具有治理好一个国家的才能，也关系着国家和人民的命运。

　　武则天是中国历史上唯一的正统的女皇帝，将来继承女皇位置的是武氏家族成员还是李氏家族成员，这也将对社会的未来起到关键性的作用。当然，武氏家族的人自然希望武则天能够传位给他们。而对于周武王朝来说，武氏算是正统皇家，而李氏则是外戚，武家人自然觉得腰杆很硬。

　　在武承嗣看来，武则天已是年近古稀的老人，用不了多长时间就要告别人世了。按照皇家传统，他有资格成为皇嗣。他是武氏的嫡长，又继承了武士彟的爵位，接着又被封为了王拜相，可见姑姑是很看重他的。

　　但是看重归看重，这位姑姑实在是难以捉摸，况且现在的皇嗣还没有被废，立自己为嗣，李家人是绝对不会答应的，朝臣也会有说法。由此看来，自己的前途命运还是很难预料的。

　　武承嗣靠着武则天得到了眼前的一切，如果她一死，自己就会失去这把保护伞。如果想要长久地享有富贵，那最好的办法就是成为皇嗣，而要成为皇嗣，那就需要培植自己的势力。

　　于是，武承嗣便开始着手笼络朝中的大臣，并且时刻都在树立自己在朝中的威信。同时，他还不断地排挤着反对自己的大臣，将朝局进一步控制在自己的手中。

　　此外，武承嗣还利用酷吏将仇恨武家的人一个个进行清除，并且换上了自己的亲信。他十分地清楚，如果自己一旦当上了皇嗣，那么就会有很多人来依附于自己，从而转向他这一面。这样，武家的天下才能够继续传承下去。

武承嗣自然不敢直接向武则天要皇嗣继承权，因为他完全没有把握能够从她那里取得皇嗣的继承权。所以，他一直都在为这件事情感到焦虑和不安。

武则天虽然也渴望长生，但是，在她的内心深处也时刻都在考虑着死亡。万一自己死了，那么该由谁来继承皇位呢？自古皇位都是传给自己儿子的，可是，现在的问题是自己的儿子姓李不姓武啊。如果传位于儿子的话，那么，天下不又回到李家的手里了吗？从此，周武王朝也就自然地消失了。

之前，武则天把儿孙们都改为了武姓，才使得现在的皇嗣存在。现在武姓分为了两派，一派是自己的娘家人，而另一派是后改为武姓的李家子孙。两派同时存在，必定会产生一些尖锐的矛盾，由此也使得双方都形成了各自的阵营。有武则天在的一天至少表面上还能够风平浪静，如果她不在了，那一定会爆发一场血雨腥风的战争。这些是武则天不想看到的。

这时，武则天想到的办法就是打击自己的子孙，让武姓王扬名立万，这是武周王朝得以存续的基础。文武大臣如果能够接受武姓王，那么，让周武天下继续下去就没有太大的阻碍了。

所以，武则天又把李姓王降级，降楚王李隆基为临淄王、恒王成义为衡阳王、赵王陵业为彭城王、卫王隆范为巴陵王……同时，她还借助解决宗室叛乱遗留问题之机，大大迫害了李家宗室一把，就连高宗的庶子也是一个不留。

不仅如此，从长寿二年开始，也就是公元 693 年，在宗祖祭祀时，武则天就以皇帝身份初献，而让武承嗣作为亚献。这样做的目的就是为了给朝臣一个明确的信号，她要立武氏为皇帝的继承人，周武王朝也要永久地取代李唐王朝。

女皇的一系列举动，遭到了朝中大臣的强烈反对。正直之臣对武承嗣更加没有好感了，看他到处怂恿酷吏滥杀无辜，如果要他当了皇帝，那岂不是要把天下的百姓送入虎口吗？因此，大臣们就皇嗣问题与武则天展开了激烈的争斗。

这时也就出现了两种观点：一方观点是，先前王庆之所提倡的立武氏血亲；另一方观点是，应立女皇的儿子为皇嗣。两种说法都具有说服力,但是又不能同时成立。为此,即使是英明神武的女皇也变得犹豫不决了。

武承嗣对皇嗣的问题看得很重,因为这是关系他身家性命的事情,所以他不能不紧张。之前,主张立武氏为皇嗣的大臣王庆之被李昭德在光政门外杖杀的事,至今想起来都让他感到毛骨悚然。如果让这些人占了上风,自己也就完了。武承嗣等不及了,他要采取行动来保全自己。

此时,武承嗣能够想到的办法就是将李旦害死,从而迫使皇帝立他为皇嗣。而最简单的方式就是利用告密者来将李旦消灭,这么做还不至于牵扯到自己。于是,他便选中了韦团儿,也就是那个曾经喜欢上李旦的侍女。

武承嗣指使韦团儿陷害了李旦的两个妃子后,又在武则天耳边密告皇嗣。武则天的亲信对她说是韦团儿设计害死两位妃子的,接着又加害皇嗣。她这才恍然大悟,处死了韦团儿。

武则天杀死了韦团儿后,又把李旦的几个儿子都降为了地方王。后来,李旦的儿子李成器的皇孙资格也被取消了,并且还降为了寿春王。这时,武承嗣觉得这是抢夺皇嗣的最好时机,于是,他便派人诬告皇嗣李旦谋反。

于是,武则天便命令来俊臣审问皇嗣手下的人,他是个什么阴损的招术都能使得出来的人,李旦手下的人经不起严刑逼供,便屈打成招说皇嗣谋反,以免再受皮肉之苦。

当然,也有正直的官员不忍心加害李旦,便向来俊臣表示抗议,其中就有个叫安金藏的人。他对来俊臣说:"你既然不信我的话,就请剖开我的腹部,以示皇嗣的清白。"说着便用刀子把自己的胸腹给剖开了,顿时血流满地,五脏六腑都露了出来。

这时,有人飞快地跑到武则天面前向她报告了这件事,女皇听后,立即派人把他抬进了宫中,命令太医进行抢救。太医折腾了一夜,才把安金藏给抢救了过来。

之后,武则天亲自来到安金藏的床前进行探视,安金藏不能动弹,武则天叫他好好休息,不用施礼。她叹息着说道:"我自己的儿子我都不能明察,还连累你到这种程度,让你受苦了。"于是,命令来俊臣停止审讯,释放被审讯的人。武承嗣的阴谋又没有得逞,恨得是咬牙切齿。

尽管皇嗣的问题把大家弄得异常波动,但还是无法解决。武则天还是犹豫不决,事情也就只好暂时搁下了。她不愿意看到哪一方当上皇嗣,而另一方就要遭殃的结果。因此,她只好祈求上苍能够多给她几年的寿命。这样,她就可以自己掌握政权,平衡两家的力量,使自己的子孙不至于互相残杀。

年纪越大的人越是怕死,武则天越老越想长生,她的这种想法始终都在伴随着她。尽管人们的求仙活动不停地宣告失败,就连帝王也不例外。可是,武则天还是抱着一线希望。接着,她便开始了屡试屡败的求仙活动。

皇帝要求仙自然就会有人来迎合,因此,也使得各种神仙蠢蠢欲动。这时,有个住在洛阳麟趾寺的老尼姑,法号浮光如来,她和嵩山人韦什方联合起来妖言惑众。浮光如来自称博古通今,能知过去与未来。而韦什方说自己是东吴赤乌年生人,到现在已经450多岁了。

武则天听到他们说的话后,甚为惊奇,为了留住这位"神仙",立刻赐了个武姓给韦什方。接着,她又任命韦什方做正谏大夫、同平章事,还送皇帝的语录给他:"迈轩代之广成,逾汉朝之河上。"

其实,这是有典故的。相传,广成子居住在崆峒山上,黄帝轩辕氏曾经向他问道。说是汉文帝在黄河边上盖了个茅草房,听到一个叫河上的神仙讲《老子》,河上公对汉文帝说:"我讲这部经已经上千年了。"武则天这是在褒奖韦什方是活神仙,她认为韦什方就是黄帝时代的广成子、汉文帝时期的河上公。

这样一来,武则天也被奉为神圣,还在她皇帝的名号前加了很多神圣的字眼。长寿二年,她被人尊称为"金轮圣神皇帝"。

公元694年,在武承嗣的鼓动下又有26000多人为武则天呈上了个"越古金轮圣神皇帝"的尊号,武则天高高兴兴地接受了这个尊号,于是,改元延载元年。一年过后,再加尊号为"慈氏越古金轮圣神皇帝",改元证圣,总之,就是祈求长生不老的意思。

其实,神仙之说本来就是子虚乌有的事情,邪门歪道终将败露,武则天聚拢到身边的神仙们最终会原形毕露。就在尊"慈氏越古金轮圣神皇帝"号不久,薛怀义把明堂付之一炬,一把大火烧得明堂片瓦无存。

武则天气愤之余又想起了这些"神仙",她正要找这些活神仙问个究竟,那个"浮光如来"却像没事儿似的走进皇宫。武则天劈头盖脸就说:"你不是说能够未卜先知吗?为什么没有说明堂会起火呢?"

老尼姑被问得哑口无言,狼狈而逃。这时,有人知道皇帝对这些人产生了质疑,便跑到武则天面前告老尼姑的状。而韦什方又以能够造出长生不老药,需要到岭南采药为借口,逃走了。

武则天本来不想对他们有所行动，但是，她一听众人的控告，便更加有被欺骗和被羞辱的感觉。于是，故意派人去找老尼，说是要继续任用她。

　　这时的老尼，并没有想到武则天会设好了圈套在等她，于是，便大模大样地带着众弟子住进了原来的寺院。随后，武则天又命令将士围住寺院，将她们全部逮捕。最后，河内老尼被杀了，其余的人则被收为了官奴。

　　通过这件事情，也让武则天明白了，她是不可能寻求到长生之路的，人总有一天要面临着生死的问题，皇帝的位子始终是要别人来继承的。之后，她便开始认真地思考起皇嗣的继承问题。

　　公元698年，75岁的武则天已经没有了之前的豪气冲云天的气魄了。以前的她是威严的、凛冽的、机敏睿智的，但是，现在的她却随着身体的变化，似乎对很多事情已经失去了兴趣。那个曾经活泼好动、登泰山、赏洛水、宣赦武则天门的风发女子，现在却已是垂垂暮年，步履蹒跚了。

　　由此不难看出，人，无论打过什么样的胜仗、战胜过多么强大的敌人，最终都会输给时间，因为他们终将要老去、死去。时间将带走人们身边的一切，但是，即使是在这个时候，老态龙钟的武则天依然没有决定出将由谁来继承大位。

　　在武则天没有任何行动的情况下，可是急坏了他的侄子武承嗣和武三思。他们看着武则天的身体一天不如一天，却仍然没有确定将由谁来继承皇位，他们不免感到慌张起来。

　　这时，朝中的狄仁杰、娄师德、杜景俭、王方庆和王及善等一批重臣，都是李家皇室的支持者。虽然武承嗣和武三思也做了高官，但都不是执掌中枢的官职。因而使得武氏成员变得忐忑不安，终于，他们再也沉不住气了。

　　公元698年农历二月，有些人向武则天提起了皇嗣的问题。他们声称："自古天子没有立异性为皇嗣的。"言外之意是不能立武家人为皇嗣。这样一来，刚放下没多久的话题又被重新被搬上了台面，朝中的大臣自然对武氏兄弟的心思了如指掌。

　　有一天，武则天又摆好了酒宴。酒宴进行到一半的时候，有人提起了皇嗣的问题，提议立武承嗣和武三思为皇嗣。狄仁杰一听当时就予以反驳了："文皇帝栉风沐雨，亲冒锋镝，以定天下，传之子孙。大帝以二子托皇上。皇上今乃欲移之他族，无乃非天意乎！且姑侄之与母儿孰亲？皇上立子，则千秋万岁后，配食太庙，承继无穷；立侄，则未闻侄为天子而祔姑于庙者也。"

武则天对狄仁杰说："此朕家事，卿勿预知。"接着，又将家国之事阐述了一番。王方庆、王及善等人也纷纷进言，并劝说她召回庐陵王，与分别多年的儿子相见。

武则天也是个母亲，而且是年老的母亲。这位母亲怎么会不思念被自己打击的儿子呢？如果不是顾及皇位被夺，又怎么会把他安放到那么远的地方受罪呢？现在，自己已经是就要离去的人了，难道还要让自己的儿子在外面受罪吗？想到这里，她有些泪眼婆娑了。这时，旁边的侍从替女皇擦了擦眼泪，武则天叹了口气说道："我老了，不中用了啊。"

第二天，武则天突然召见了狄仁杰，并且还问了他一个关于梦境的问题："我梦见一只大鹦鹉的两只翅膀被折断了，这要怎么来解释呢？"

狄仁杰一听就明白了武则天的用意，他知道武则天这是在暗示他，让他向武则天提起立皇嗣的问题。于是，狄仁杰便说道："武是皇帝的姓氏，两只翅膀则是你的两个儿子，皇上要立他们，两只翅膀就会展翅高飞了。"武则天一听便明白了，朝中大臣还是李唐的大臣。他们认可自己做皇帝，但并不代表着他们也可以认可武氏一族来做皇帝。

其实，武则天在召见狄仁杰之前就已经做出了最后的决定，那就是将李显接回，并立为皇嗣。

公元698年农历三月，武则天借言庐陵王生了病，派人将庐陵王李显以及家眷接回京城，为李显治病。这年七月，庐陵王回到了洛阳，并被偷偷地安置在了宫中。

狄仁杰等大臣知道了庐陵王被接回皇宫的消息后，便来到宫中拜见武则天。武则天见狄仁杰来了，兴致勃勃地说："我知道爱卿你为什么来，庐陵王已经返回宫中了。"

狄仁杰还假装着不知道，惊奇地说："还有这样的喜事，我怎么不知道呢？"

于是，武则天便命令侍从掀开帘幕，庐陵王从帘后走了出来，跪在地上给女皇请安。武则天拉起李显，走到狄仁杰面前，对他说："我把庐陵王还给爱卿你！"接着，又对李显说，"能让我们母子团聚的人是国老，你要拜谢国老才对！"狄仁杰激动得热泪盈眶，跪地拜谢，侍从们又把他搀扶了起来。

狄仁杰站起身来，对武则天说道："皇上母子团聚，真是家国之幸，天下人都认为庐陵王在房州，如今却在宫中，连我都不知道。这时，宫外难免会有些议论,还不如正式将他迎回,也让朝野内外的人都知道这件事情。"

武则天考虑了片刻后,答应了狄仁杰的请求,于是,便将庐陵王安置在石像驿,由武则天率领文武大臣热热闹闹地将庐陵王迎接回宫。通过武则天一系列的举动,大家都已经明白了她是要立李显为皇嗣。

其实,如果复立李显为太子,不仅能够阻止了武氏诸王图谋太子位的活动,而且也能及时压抑了诸武的气焰,使他们在武则天在世时,没能像在唐中宗时那样倚仗权势严重地危害政治,而且对缓和当时的民族关系也起了良好的作用。

武承嗣发现女皇立自己为太子的心意完全消失后,便自觉大势已去,从此以后,他的情绪便一落千丈,最终还抑郁得一病不起,忧愤而死。至此之后,太子之位便再无悬念了。

武三思是个头脑比较灵活的人,他见到出现了这样的形势,便开始与庐陵王交好,他想借此来保证自己的荣华富贵。在立嗣期间,突厥与周武的关系起伏不定。突厥首领默啜许诺把他的女儿嫁给武室,建立姻亲。在这年六月,皇上命令武承嗣的儿子武延秀进入突厥,迎娶默啜女儿为妃子。

武延秀是当时的淮阴郡王,武则天命令身为豹韬卫大将军的阎知微以及右武卫侍郎将杨齐庄,作为使者,携带金银布匹等聘礼,护送武延秀前往。

这时,张柬之劝谏说道:"自古未有中国王娶夷狄女者。"武则天本来就不太喜欢张柬之,听他还是那副传统论调,便把他调到了合州做刺史去了。

武延秀等人来到突厥黑沙南庭,见到默啜等人。默啜说:"我要把女儿嫁给李氏,怎么能用武氏的儿子呢!这是天子的儿子吗?我突厥族也是受过李氏的恩德的,听说李家已经没什么人了,只有两个儿子在,我打算带兵辅佐他们。"

接着,默啜便把武延秀给扣留了,还让阎知微做南面可汗,说是要留着做唐朝在突厥之地的百姓之王,此外,还把杨齐庄和裴怀古等人也一并被扣留了。之后,便把不重要的人给放了回去,并且还让他们拿着自己写的谴责信回到了洛阳。随后,默啜又派突厥兵进攻靖难、平狄、清夷等地。

被突厥人放回的人回到洛阳后,呈上默啜的书信。武则天看后勃然大怒。默啜在信中列举了周武的五大罪状:给他们的种子是熏熟的,金子是假的，丝帛是粗劣的……最重要的是可汗的女儿是贵女，武氏是小姓，用武延秀来冒充婚姻，是在侮辱他们，所以要起兵夺取河北。这简直是岂有此理！

于是，武则天便命令庐陵王为河北道元帅，率领30万大军气势汹汹地讨伐突厥。人们听说太子做元帅出征，纷纷前来应征，几天内就召到百万士兵。

此后，武则天还命令狄仁杰为行军副元帅，协助太子征讨。从默啜所写的信中，武则天也看到，连少数民族都不赞成立武氏为皇嗣，也不愿意接受周武的统治。如果真的要立武氏为皇嗣，恐怕将来他们也很难去应付边患。

就在大军临行前，狄仁杰等将领还向武则天叮嘱，在立嗣的态度上还要坚决、明朗些，并且还要让新太子在百官面前听政和谒见皇上，这样的话即使我们死了也能够瞑目了。到了最后，武则天终于答应了众将士的请求。

可见，储位问题不仅成了契丹和突厥出兵的借口，而且还成了促使武则天决定嗣立亲子的原因之一。

那是在圣历二年，也就是公元699年，武则天为了防止在自己死后武氏诸王与太子再度纷争残杀，召集太子李显、相王李旦、太平公主与武攸暨、武三思等人，立誓于明堂，祭告天地，铭之铁券，藏入史馆，让他们和平共处。

此后，武则天度过了人生中最后一段比较安定轻松的日子。复立李显为太子的事件，是放弃酷吏政治之后，这位女政治家在晚年时期的又一重大而明智的举措。

女皇驾鹤归西

公元699年,吉顼和亲王武懿宗率领周武军队在赵州打败了突厥的军队。得胜还朝后,两人都在女皇面前争功。武懿宗是个口齿笨拙的人,因而也使得有些问题回答得不是很清楚。

可是,吉顼却是个口齿伶俐、能言善辩的人,武则天所提出的问题,他都能对答如流。而且吉顼一直都不把武懿宗放在眼里,即使在武则天面前也表现出了不屑的神情。

武则天看了之后,心里十分不舒服,她觉得吉顼实在是太盛气凌人了,于是,便很严厉地对他说道:"你在我面前都这样鄙视武家人,更何况是在平时呢?你叫我再怎么倚重你呢!"吉顼听后无言以对。

几天后,吉顼前来奏事,刚想慷慨陈词一番,武则天却愤怒地制止了他,说道:"你的那些话我已经听够了,请不要再多言了。当年太宗有匹名叫狮子骢的马,膘肥体壮没有人能驯服它。我那时候还是伺候太宗的宫女,主动请求说'妾能制之,然须三物,一铁鞭,二铁楇,三匕首。铁鞭击之不服,则以楇挝其首,又不服,则以匕首断其喉。'连太宗都赞赏我的志向,你想要脏了我的匕首吗?"

吉顼听后吓得满头大汗两腿直哆嗦,跪在地上请求武则天饶过自己。不久后,吉顼的弟弟犯了冒充官员的罪,连累到了他。身为天官侍郎、同平章事的吉顼便被贬为了固安县尉。

吉顼原本是武则天的心腹重臣,走之前流着泪向武则天辞行,他说:"臣从今以后将告别朝廷,永远不能再与皇帝见面了,请允许我再说一句话吧!"武则天有些伤感,就让他坐下来慢慢说。

吉顼说:"用水把土和成泥,会互相排斥吗?"

武则天愣了一下说:"当然不会。"

吉顼接着又问:"那么把它们一半做成佛,一半做成天尊,会有争议吗?"

武则天若有所思地说:"这个是难免的。"

吉顼这个时候便开始切入正题了,他说:"宗室、外戚各有各的分内之事,天下才能安宁。现在太子已经被立为皇嗣,而外戚还在做王。这是皇上在给他们日后的争斗埋隐患啊!"

武则天沉吟良久叹了口气说:"我也知道会有这种情况,但是事已至此,我又有什么办法呢?"吉顼虽然傲慢,却是个深谋远虑的人,武则天正是看中这一点才把他提为天官侍郎、同平章事的。吉顼被列入宰相后,武则天还经常向他询问计策。

吉顼这一番肺腑之言给了武则天很大的触动,皇嗣的问题一直以来都是她最头疼的问题。这些日子她一直在思考这个重大问题。吉顼的话可以说点到了问题的点儿上。

武氏成员被封王是她作为武姓皇帝必然要做的一件事,也是周武政权存在的象征,她想要周武王朝长久地存在,就不能取消武姓王,一旦取消武姓王就意味着自己称帝的失败。立庐陵王李显为太子,是朝臣、李氏、武氏几方斗争的结果。武则天因为没有一个更好的解决方案,不得不屈服于这个结果。

在面对这种进退两难的境地时,武则天的思想便开始向一方倾斜了。虽然前几天她还命李氏成员与武氏成员在明堂前立誓,保证世世代代和睦相处。但三方都知道这誓言的力量有多么渺小,约束力有多么脆弱,其实,大家也只是让武则天图个心安而已。

武则天也曾尝试着让李家人姓武姓,这样不管是他的子孙还是她的侄子继承皇位,皇帝都还是姓武的,这样她的周武王朝也就可以永久地传下去了。

但是,现在武则天越来越发现,这个办法实际上是很蹩脚的。改姓武姓的李旦,始终是李氏家族的子孙,自己活着他姓武,自己死了,他可以立马恢复李姓,而只要立李家子孙为皇嗣就会存在这样的问题。

其实,武则天还考虑过让自己的女儿当皇帝的事情。但是一方面这个女儿没有自己这样的才能,如果把国家交给她,她实在是不放心。另一方面,女儿是嫁给了武家的人,那后世继承皇位的很可能是真正的武家子孙。这样,她李家儿媳妇的身份就被排除在宗庙之外了,这也是她所不甘心的,也是她为什么不肯直接把武承嗣立为皇嗣的根本原因。

最后,在狄仁杰等大臣激烈的争执下,武则天终于选择让李显继承皇嗣之位。但是，在做出决定的最后时刻，她轻拍狄仁杰的背说："爱卿你不是朕的大臣，你是李唐社稷的大臣啊！"一句话，足可以说明武则天的无奈和伤感。

重立李显为太子之后，周武王朝的朝廷也在悄然地改变着。渐渐地，新设的官职被废除了，周历也改成了夏历。曾经反对女人为皇帝的那些官员也不再被排挤了，拥护李家王朝的大臣也越来越多。而此时的武则天也正在被一种难以言表的情绪所包围着。

随着年纪的增长，武则天越来越感到力不从心，也越来越感到孤独了。于是，便养起了男宠，吃喝玩乐，以此来缓解苦闷的心情。朝堂上的事她也是睁只眼，闭只眼，只要不出大乱子就行。

这时，有一个叫苏安恒的知识分子，接连不断地向武则天的铜匦中投放信件，还很不客气地教训了她，并且让她退位。开始时，语气还算柔和，站在武则天的立场为她分析当前的形势和未来可能出现的局面。

在武则天看来，苏安恒的文采好，又有内容，于是便召见了他。武则天以为他真是个博学之士，能替她想出解决李武两家关系的好点子。结果一问才知，他只是个死背书的书呆子，并没有什么真知灼见。在一番好吃好喝好招待之后，便打发他回家了。

苏安恒不知道是因为没被任用而怀恨在心，还是因为确实觉得武则天不应该这么做。总之，他接连又写了好几封信，都是不客气地劝武则天退位。武则天也知道嗣位是早晚的事，她已经立李显为皇嗣了，大家不过就是要她退位罢了。但是，她在有生之年不能退位。这个王朝是她辛辛苦苦奋斗几十年建立起来的，她舍不得就这样还给李家。如果她宣布退位，就等于向世人说周武灭亡了，她只不过篡夺了李家的江山而已。

武则天不能够忍受这样的评价，她要在这个位置上坐到死去。至于死后，那就不是她能知道和管得了的事情了，这大概就是她内心真正的思考吧！但是，在神龙政变以后，中宗复位，政权又回到了李氏手中。所有的一切都恢复到了原来的模样。国家改国号为唐，宗庙、社稷、朝服、旗帜、文武官员……又都回到了高宗在位时的样子，且以洛阳为东都，长安为并州，老君为玄元皇帝。

周武王朝作为男权社会的一个异类，如流星般划过历史的长空，张柬之等人也终于达成了心愿，让李氏江山得以继续下去。接着，中宗又追尊韦后的父亲韦玄贞为上洛王、母崔氏为王妃。

中宗的荒唐行为，又遭到了朝廷大臣的强烈反对。左拾遗贾虚己上书说:"按照以前的制度,异姓是不能封王的。我们刚刚恢复李唐的统治,人们对皇上的统治都拭目以待,这样做是不能够赢得天下人赞同的。如果想让政令畅通,应该劝说皇后坚决推辞,这样才能够增加美德。"诸侯王位左拾遗就没有想到,以中宗思想,怎么能够想到给岳父封王呢!这所有的一切,还不是韦后怂恿的吗?

韦后是个有野心又贪图富贵的人,她要把这些年所吃过的苦、所受过的屈辱全都补回来。这些年他们就没过过什么好日子,自己的儿子李重润曾被封为皇太孙,后被女皇派人用鞭子打死了;大女儿下嫁给王同皎;小女儿在流放的时候出生,两个人在房州备尝艰辛。

不仅如此,李显每次听到朝廷来人了,就要玩次自杀,自己还得安慰和鼓励他,一个女人能够做到这样已经不错了。韦后一直觉得自己是有恩于李显的,中宗也曾向自己起誓,如果能够重见天日,她可以为所欲为。

中宗倒是信守诺言的人,当上皇帝后,所有的事情都听从于韦后。先封了她的父母,接着,又让她参与朝政,学着当年武则天的样子垂帘听政。

大臣一看这怎么行呢,于是便纷纷劝谏。皇上啊,我们刚取回李氏江山,不能再让异姓给夺了去啊!可是,这时的李显只会听从韦后的话,令大臣们感到十分气愤。

中宗也不想管这些,反正自己的父亲都是这样做的,也没见会怎么样,到了最后还不是李家人坐拥江山吗?这时的韦后就更不管了,武则天能做的,我为什么就不能做呢?

武则天开了先河做了女皇帝,但是,不是任何一个女人都可以做皇帝的,以韦后的才能和德行根本就没法效仿武则天。她听政后做出的第一个决定就是封一个游方的和尚慧范做银青光禄大夫、上庸县公。

慧范是个"以妖妄游权贵之门"的花和尚,受到了中宗和韦后的器重,几个人经常待在一起。大臣们见新皇帝是这么地不务正业,感到十分寒心。随后,群臣们又是一顿猛劝,中宗却始终都是无动于衷。

最让张柬之等人看不惯的是,刚恢复皇帝身份的李显,竟然与自己的宿敌武三思打得火热。看来以后不光大臣没好日子过,恐怕连国家社稷都要遭殃了。

神龙政变解决了"二张",却没有对武氏家族产生大的影响。洛州长史薛季昶曾经劝张柬之等人说:"两个小人虽然已经除掉了,但是斩草不除根，恐怕日后还是会出事端的。"

张柬之无奈地说："大局已定，你我又有什么办法呢！"

薛季昶说："真不知道会有怎样的下场啊。"

朝臣县尉刘幽求也劝说敬晖："只要武三思还活着，各位就会死无葬身之地，如果不尽早谋划，后果将会不堪设想啊！"然而，此时的他们也都没有什么好办法。

武三思为人狡猾，看到庐陵王成了太子，便与庐陵王打得火热。武则天因为让儿子做接班人，觉得有愧于武氏，于是，就亲自为安乐公主与武三思的儿子武崇训做媒，使太子和武三思结成儿女亲家，以便两家人频繁走动。

其实，站在武则天的角度这些做法也是可以理解的。她想要武氏家族保住性命甚至是荣华富贵，就只有亲上加亲了。但是，令她没有想到的是，韦后会与武三思勾结到一起。

韦后与武三思私通后，又向中宗进言重用武三思。昏庸的中宗也没有异议，之后，便任命武三思为宰相，权倾朝野，连张柬之都要受到他的管制。原右散骑常侍、安定王武攸暨也被任命为司徒、定王，武懿宗也没有被冷落，掌握着东都军权。最后发展到武三思能够公然出入皇宫，与韦后厮混。

这时，张柬之才意识到问题的严重性，他急切地向中宗进行劝谏，说道："皇上啊，在发生政变的时候，李家宗室铲除了一些乱贼，现在皇上你重掌政权，武家的人却还是封官加爵，和以前没有什么区别。这哪里是朝野所希望的事情啊！请皇上你削弱他们的势力来告慰天下吧。"

但是，此时的中宗已经不再听取大臣的劝谏了，张柬之见中宗无动于衷也只好无奈地退下了。之后，他在和别人一起讨论这件事时说道："过去我们的主子英明神武，大家都称赞他勇猛刚烈。我之所以没有对武氏家族的人动手，就是想把这个机会留给皇上，让皇上自己动手，从而来显示皇上的威严，结果，现在却是适得其反。如今大势已去，也没有任何办法了。"听了此话的人也是懊悔不已，悔恨当时没有及时把武家人给除掉。

后来，更离谱的是，中宗还经常到武三思家里微服玩乐。有的朝臣担心武则天势力再起，纷纷向中宗提醒。御史崔皎密奏："李唐的江山刚刚恢复，武太后还在西宫，还有一些人归附在她的身边；周朝的老臣还在朝廷上担当重要职位，皇上怎么能轻易地外出游玩，不去提防可能产生的祸患呢！"

可是没有想到,这个昏庸的中宗,竟然把崔皎的奏折拿给了武三思看,武三思看后十分的生气。于是,他便在朝中处处针对崔皎等人发难。

张柬之看到眼前的情形,再不进行阻止将会后患无穷啊!于是,他便命令敬晖等人带领一班文武大臣,共同跪请中宗罢免武氏成员的官位,以此来抚恤人心。可是,中宗却听不进去任何劝诫,令大臣感到无比的失望。

张柬之为了防备武三思向中宗进谗言,便安排考功员外郎崔湜作为耳目,来监视武三思的一举一动。可是没想到,崔湜却是个小人,他看见皇上是这般的信任武三思,便投向了他,并且还把张柬之等人的计划告诉了他。

于是,武三思便暗暗谋划除掉张柬之等人。殿中侍御史郑愔曾经因为与"二张"交好被贬为宣州司士参军,于是,他一直都是十分的嫉恨张柬之等人。

这天,郑愔偷偷地潜回洛阳,暗中拜见武三思,告诉他说:"大王虽得到天子宠爱,但张柬之等5人都掌握着将相的大权,而且胆谋过人,能颠覆女皇政权。张柬之等5人对你恨之入骨,若不及早铲除这5人,恐怕危在旦夕啊!"武三思感同身受,以为找到了知音。于是,便将郑愔和崔湜当谋士来看待。

之后,武三思又找到韦后,并与她商量对策。于是,便设计将张柬之等5人调离了京城。当5个人被剥夺了朝中宰相大权时,知道事情已经到了难以控制的地步了,但是,他们还是心存希望。

可是,当杨元琰知道将要大祸临头时,便请求辞官。5人还以为他在开玩笑,杨元琰却说:"功成名遂,不退将危。此乃由衷之请,非徒然也。"后来张柬之等人果然获罪,杨元琰却保住了性命。

就在他们闹得不可开交的时候,上阳宫的武则天已经奄奄一息了。自从中宗即位之后,她便被软禁在这个南邻洛水、北连禁苑的幽闭之处。虽然这里景色宜人,但终归没有自由,对她来说更像是人间地狱。

武则天想要出去走走,都要经人禀报中宗,中宗同意之后她才可以让人搀着出去逛逛;如果她想见什么人的话,也必须要有中宗的人在场才能够见到,有的人甚至连见都见不到。由此可以看出,此时的武则天真可谓是晚景凄凉啊。

这时,武则天忽然想起了被她囚禁过的王、萧等妃子们。她们过了这样的日子后自己又过,这会不会是上天的报应呢?如果时光可以倒转，她还会不会像之前那样对待王、萧二妃呢？她想到这里，不禁打了一个寒战。即使时光可以倒转，她也不会放过那些妃子。恨在帝王之家，有些事情已经变得身不由己了。

武则天又闭上了眼睛，回想起自己豆蔻年华的年纪进宫伺候太宗时的情景，太宗的英明神武让她敬佩不已，也有过短暂的心动；后来，她遇见了李治，两人爱得如胶似漆；再后来，她又进了感业寺，吃够了青灯古佛的苦；之后入宫，之后做皇后，再后来做太后，最后做到了皇帝……这所有的一切，仿佛都历历在目。

这一生的大起大落，犹如惊涛骇浪般，令武则天感到惊慌失措。曾几何时，她巾帼不让须眉，曾几何时，她锋芒万丈，可是现在，这些都已经成了过眼浮云。尽管她现在只能对着窗外残阳，寂寞叹息，但是，她却觉得这一生活得十分值得。

时间的车轮在不停地运转着，它辗过了一个又一个漫长的白天和黑夜，终于奔驶到了神龙元年的十一月，同时，也驶近了武则天女皇生命历程的终点。

其实，在武则天交出皇权的那一刻，对于她来说，就等于抽去了她生命的活力。但是，这团不屈的生命之火，就像一具摇曳晃动的风中残烛，依然顽强地燃烧了10个月。

十一月壬寅，武则天静静地安卧在上阳宫仙居殿的龙床上。中宗李显、相王李旦、太平公主、上官婉儿和几位宰相肃立于卧榻之侧，有人在呜咽抽泣，有人在唏嘘流泪。老太监武壮双肩耸动，压抑着要大放悲声的哭泣。

这时，弥留之际的武则天猛然地睁开了眼睛，她面无表情地看看众人，然后又徐徐说道："朕要走了。朕死之后，去……去帝号，称则天大圣皇……皇后。王、萧二家及褚遂良、韩瑗、柳奭等子孙亲属，受株连者，皆……皆赦其无罪……一并复旧……旧业。"

这是最早的一批冤杀者，而以后的那些被冤杀者，在清算酷吏统治时多已被平反。武则天在临走之时，不想再把今世的恩仇带到另一个世界。

在喘息了一阵之后，武则天又接着说道："将朕葬于乾陵，与先帝合墓。墓前所竖碑谒，勿须镌文。朕一生功过，任由后人评说。"说完，她又一次闭上了眼睛。

这时，床前又响起了哭声，声音越来越大。可是，在武则天听来，这声音却像是从遥远的天边传来的，它如同袅袅仙乐一般，在她的耳廓中萦绕着。

武则天觉得自己的身体轻飘飘地飞起了,穿行在一片片五彩缤纷、缥缈不定的云层里。忽然,她似乎又置身于上苑之中,皑皑白雪,凛冽朔风之中,一朵硕大的火红的牡丹花正昂首怒放,其他红的、黄的、绿的、紫的、白的各种颜色的花,也随之展瓣舒蕊,次第绽放。姹紫嫣红,绚丽灼目。

武则天又想起了几十年前她当皇后时,冰天雪地游上苑,曾见过这种景象。这也是她一生中所创造的,无数空前绝后的奇迹中的一件,为此她感到无比自豪。

直到了生命的最后一刻,武则天还在为她叱咤风云,号令天下的辉煌一生而感到骄傲。醉心的微笑在她苍老的面颊上慢慢地凝固了,她历经82个春秋的生命,终于画上了一个圆满的句号。

中宗满足了母亲的遗愿,除去帝号,称武则天为则天大圣皇后,归葬于乾陵,将她与高宗合葬在了乾陵,并在陵前留下了无字碑。

神龙二年二月,则天大圣皇后的灵柩,在中宗皇帝和文武百官的护送下前往长安。五月,举行了隆重的安葬仪式,并按照她的遗诏,与高宗李治合葬于乾陵,墓前竖起了一座高大的无字碑。

武则天是中国历史上一位集超凡魅力与无限非议于一身的皇帝,但她绝对是一位绝顶聪明的女人,她具有超人的智慧和惊人的魄力。

武则天以其顽强的意志、作风果断和不屈不挠的精神,在昔日男尊女卑传统皇权这块男人的领地里,从容不迫地施展着治国安邦的政治抱负,驾驭着李唐王朝的天下。

同时,在被视为男人领地的政治旋涡中,武则天又以其强硬的政治手段和惊人的胆略,一步一步地顽强地进行着拼杀,最终到达了权利之巅登基称帝,并建立起了自己的周王朝,取李唐江山而代之。

如今,一代女皇的生命戛然而止,可是,关于她的种种传说却从未终止过。

附：武则天大事年表

武德七年（公元624年），武则天生于并州。父亲武士彟任工部尚书，判六曹尚书事。母亲为杨氏。异母兄元庆、元爽稍长，姐一人尚幼。

武德八年（公元625年）六月初四，李世民发动"玄武门之变"。八月初八，高祖李渊传位于太子李世民。九日，太子李世民即位，为唐太宗，封武士彟为豫州都督。

贞观二年（公元628年）六月十五日，李治出生。

贞观九年（公元635年）五月初六日，高祖死于长安大安宫垂拱殿。武士彟在痛悼高祖时患病身亡，享年59岁。

贞观十一年（公元637年），唐太宗召武士彟之女二因入宫，并立为才人，赐号"武媚娘"。

贞观十七年（公元643年）四月初七，唐太宗立李治为太子。

贞观二十年（公元646年）三月初九，唐太宗病重，下诏军国机务并委太子李治处理。武则天与太子开始接触。

贞观二十三年（公元649年）五月二十六日，唐太宗下诏长孙无忌、褚遂良辅佐太子李治。唐太宗驾崩。二十八日，武则天在感业寺出家为尼。六月初一，太子李治即位，为唐高宗，时年22岁。

永徽元年（公元650年）正月初六，唐高宗立妃王氏为皇后。太宗忌日时，唐高宗到感业寺行香见到武媚娘。随后，武媚娘入宫。

永徽三年（公元652年）七月初二，立李忠，也就是陈王忠为太子。本年冬，武媚娘生下长子李弘。

永徽五年（公元654年）三月，封武媚娘为昭仪。

十二月十七日，唐高宗离京师谒昭陵，武昭仪从行，在途中生下次子李贤。

永徽六年（公元655年）十一月初一，举行隆重的册立皇后仪式，文武百官及蕃夷酋长朝皇后于肃仪门。初七，追赠武后父武士彟为司空。本月，武后处死王皇后、萧淑妃。

显庆元年（公元656年）正月初六，降太子李忠为梁王、梁州刺史，立武后子李弘为太子。

二月十七日，追赠武后父武士彟为司徒，赐爵周国公。十一月初五，武后在长安生下了第三子李显。

显庆二年（公元657年）二月十二日，封李显为周王。

显庆四年（公元659年）六月二十二日，唐高宗下诏改《氏族志》为《姓氏录》，以皇族与后族为第一等，皇朝得五品官者皆刊入士流。

显庆五年（公元660年）十月九日，改封武后母代国夫人杨氏为荣国夫人，品第一。唐高宗初患风眩病，委托武后处理部分政务。

龙朔二年（公元662年）六月初一，武后生第四子李旦于蓬莱宫含凉殿。

麟德元年（公元664年）十二月，杀上官仪等，赐废太子忠死。此后，唐高宗视朝，武后垂帘于后，中外称之为"二圣"。约于本年，武后生太平公主。次年，唐高宗、武后与太子去泰山封禅。

咸亨四年（公元673年）八月，唐高宗病重，令李弘于延福殿受诸司奏事。次年，唐高宗自称天皇，武后称天后，改元上元，大赦天下。

上元二年（公元675年）四月二十五日，太子李弘病死。五月初五，追谥太子李弘为孝敬皇帝。六月初五，立李贤为太子，大赦天下。

永隆元年（公元680年）八月二十二日，废太子李贤为庶人。二十三日，立英王李显为太子，改元永隆，大赦天下。

弘道元年（公元683年）十一月初三，唐高宗病情加重。十二月初四，改元弘道，大赦天下当夜，唐高宗崩于洛阳宫贞观殿，终年56岁。十一日，太子李显即位，为唐中宗。尊武后为皇太后。

光宅元年（公元684年）正月初一，改元嗣圣，大赦天下，中宗立韦氏为皇后。七日，立相王李旦为皇帝，为睿宗，改元文明，政事由武太后处理。三月初五，废太子李贤在巴州自杀。

四月二十二日，迁庐陵王李显于房州，二十六日迁均州。五月十五日，唐高宗灵柩运往长安，武太后作《高宗天皇大帝哀册文》，留镇洛阳。八月十一日，葬唐高宗于乾陵，庙号高宗，刻述圣记碑立于陵前。九月初六，武太后改元光宅，改东都为神都。

二十一日，武太后追王其祖：五代祖克己为鲁靖公，高祖居常为太尉、北平恭肃王，曾祖俭为太尉、金城义康王，祖华为太原安成王，父士彟为魏忠孝王。立五代祠堂于文水。二十九日，徐敬业以匡复为名在扬州起兵。

十月初六，武太后令李孝逸等率兵30万讨伐徐敬业。十八日，斩裴炎于都亭。十一月初四，武太后令左鹰扬卫大将军黑齿常之为江南道行军大总管讨伐徐敬业。十八日，徐敬业败逃，部将王那相杀徐敬业后投降。李孝逸令追捕余党，平定扬州。

垂拱元年（公元685年）正月初一，因平息徐敬业反叛，改元垂拱，大赦天下。二月初七，武太后下诏："朝堂所置肺石及登闻鼓不预防守。有上朝堂诉冤者，御史受状以闻。"

三月二十一日，再迁庐陵王李显于房州。四月，下《求贤制》，制令自举。十一月，武太后作《方广大庄严经序》，撰《臣规》两卷，普赐臣僚，以教为臣之道。

垂拱二年（公元686年）正月，武太后欲复政于睿宗李旦，李旦固让，请武太后继续理政。武太后开始起用酷吏。于次年，封皇孙成美为恒王，隆基为楚王，隆业为赵王。

天授元年（公元690年）正月初二，武太后布政于明堂。八日，下诏推行新造的字，其"曌"为己名。改"诏书"为"制书"。二月十四日，武太后策试贡生于洛城殿，数日方休。贡生殿试自此开始。

九月九日，武太后隆重登基称帝，大赦天下，降睿宗皇帝为皇嗣，赐姓武氏，改唐为周，改元天授，十二日，群臣上尊号曰"圣神皇帝"。并于次年，开始惩治酷吏。

长寿元年（公元692年）八月，女皇令严善思按问旧狱，平反冤案850余人。十月，狄仁杰请放弃安西四镇，女皇不纳。二十五日，武威军总管王孝杰大破吐蕃，收复龟兹、于阗、疏勒、碎叶四镇。置安西都护府于龟滋，发兵戍守。

延载元年（公元694年）一月初十，女皇令娄师德为河源、积石、怀远等军营田大使，令搞好边境营田。二月，王孝杰击败吐蕃、突厥各3万余人。韩思忠击败泥熟俟斤等万余人。十六日，女皇命薛怀义为伐逆道行军大总管，率18位将军讨伐默啜。

天册万岁元年（公元695年）正月初一，女皇加号"慈氏越古金轮圣神皇帝"，改元证圣，大赦天下。二月初四，杀薛怀义。十六日，女皇去"慈氏越古"之号。四月初一，天枢铸成。

万岁通天元年（公元696年）腊月初一，女皇前往嵩山封禅。九月二十一日，默啜率部讨伐契丹，女皇封其为迁善可汗。

神功元年四月初三，也就是公元697年，九州鼎铸成。五月，女皇令娄师德率兵20万讨伐孙万荣。六月初三，女皇下《暴来俊臣罪状制》，杀来俊臣。三十日，孙万荣败死，余部降于突厥。

圣历元年（公元698年）正月初一，女皇祭通天宫，改元圣历。九月十五日，李旦让位于李显，女皇立李显为太子。次年，女皇赐太子姓武氏，大赦天下。

圣历三年（公元700年）正月，以西突厥竭忠事主可汗斛瑟罗为平西大总管，镇守碎叶。三月初六，女皇令东至高丽国，南至真腊国、西至波斯、吐蕃及坚昆都督府，北至契丹、突厥，并为入蕃，以外为绝域。

神龙元年（公元705年）正月初一，改元神龙。女皇病重。二十二日，张柬之、崔玄日韦等迎太子李显，杀张宗昌、张易之，进至女皇寝宫，逼女皇让位。二十五日，太子李显即帝位，为唐中宗。

二月初四，唐中宗复国号为唐，郊庙、社稷、陵寝、百官、旗帜、服色、文字均恢复到永淳以前，也就是唐高宗时代的原状。复改神都为东都，北都为并州。

神龙元年（公元705年）十一月二十六日，武则天在上阳宫病死去世，享年82岁，遗诏省去帝号，与唐高宗合陵，称"则天大圣皇后"。